원균이야기

칠천량의 백파
漆川梁　　白波

원균이야기

칠천량의 백파
漆 川 梁　　　白 波

김인호 지음

경인문화사

칠천량의 물보라...

지난 2013년 말 평택시와 평택문화원의 의뢰를 받아서 임진왜란 당시 수군 장군이었던 원균에 대한 평전을 써 보는 것이 어떤지 의뢰를 받았다. 이런 일을 해도 될까? 이순신을 지성으로 모시는 사람들이 엄연히 많은 이때, 그동안 왜적만 보면 도망가고, 임금만 보면 아첨하고, 이순신에게는 중상모략을 일삼았다고 야유받던 원균에 대해 평전을 쓰는 것이 온당한가? 집필을 시작할 때 고민은 무척 컸다.

하지만 지난 2010년 이후 원주원씨 관련 역사자료집 제작을 진행해오면서 물경 36,000건에 이르는 역사상의 원주원씨 관련 자료를 모두 정리한 경험이 큰 자신감을 만들었다. 특히 다양한 곳에서 원균 관련 사료를 집성하면서 항간에 이야기되는 다양한 원균 관련 논쟁들이 어떤 이유로 그리 주장되는지, 그동안의 논의가 정당한지 많은 고민을 하게 되었고 역사학자로서 방대한 자료작업을 했으니 이제 무언가 대답을 해야 할 듯한 사명감도 있었다.

조선 후기 이래 원균과 이순신에 대한 인식은 그야말로 정치적 이해와 그에 따른 수단화의 연속이었다. 단순한 '패장 원균'이 아니라 정치적 목적에 따라 도덕적, 인격적 차원의 망장, 겁장, 악장, 부패관료 등 '이순신=지선(至善), 원균=극악(極惡)'이라는 이분법적 구도는 더욱 극단화되었다. 순진한 독자들조차도 이순신=선, 원균=악이라는 구도에만 머물지 않고서 극악과 지선이라는 극단화에 앞장서기도 했다. 원균이 악할수록 이순신이 위대해지는 이상한 목적이 판치는 사회. 그 안에 매몰된 수많은 독자들이 '위대한' 이순신 편에 서는 것을 주저하지 않았다. 편애를 넘어서 이윽고 정치적 신념 단계를 도달했고, 그것을 넘으니 '감히 성웅 이순신을...'과 같은 그야말로 종교적 영역까지 내달았다. 성웅이 될 수록 이순신은 외로운 모습으로 살아야했다. 물론 최근에야 나대용 · 권준 등 그를 도운 사람에 대한 이야기도 나오기 시작하지만 워낙 '별종'으로 취급되면서 편애와 성웅화된 사회적 여론에 저항하는 글을 쓰기란 참 힘들었다.

영웅을 편애하는 사람들은 영웅이란 유전자부터 달라야 하듯 말한다. 하지만 종교적 심성을 제외하고, 오직 한 사람의 영웅만이 세상의 빛과 소금이 될 수 있다는 생각은 전체주의 사회 속에서 위대한 영도자를 기대하거나 무력한 사회에서 메시아를 그리워할 때 자주 띈다. 전체주의 사회에서 레닌도 히틀러도 김일성도 외로운 영웅이었다. 외로운 영웅은 다른 우상은 존재할 수 없게 모든 영광을 독점한다.

반면, 원균은 죽어서도 자기 수하에게 남보다 더한 인격 모독을 당해야 했고 자신을 죽음으로 몰고갔던 문신 관료의 면도날보다 더 아픈 폄훼의 필주를 받아야 했다. 그래서 자신의 삶과 전혀 다른 인격으로 전변하여 진짜와 가짜가 함께 섞인 괴이한 인간으로 기억되고 말았다. 이렇게 새롭게 창조된 원균의 인격은 실제와 상관없이 각 시대별로 권력이나 지식인에 의해 정치적으로 이용당하는 수단이 되었다. 아무리 눈을 감고 그를 왜곡해도 최근까지 원균을 지키거나 그의 삶을 진솔하게 바라보기 위해 노력하는 움직임은 그다지 보이지 않았다.

특히 폄훼는 원균의 수하나 친척에서 도를 넘었다. 그런데 그들은 어쩌면 인간적으로 이해될 구석이 있다. 칠천량의 패전으로 조정에서 언제 내릴지 모를 징벌과 후대 사람들의 손가락질이 두려웠고 살기 위해서는 원균을 핍박해야만 했다. 수하는 수하대로 살려고 폄훼하였고, 왕은 왕대로 구국의 의미를 신하들에게 보여주려고, 세상을 독점한 양반들은 가문의 호구를 채우는 수단으로 원균을 이용하였다. 이처럼 '원균명장론'이나 '이순신 편애론'이 가지는 가장 큰 죄악은 이순신이든 원균이든 진짜 영웅들을 외롭게 한다는 것이다.

이순신의 공이 아무리 왜곡된 것처럼 보여도 당대부터 이순신의 위대한 업적에 대한 국민적 지지는 풍부했다. 그것은 진실이다. 권력이 만든 외로운 성웅이 아니라 본래 이순신은 당대 조선인 일반의 영웅이었다. 『간양록』을 쓴 강항의 변함없는 소신이 바로 죄도 없는 이순신을 옥에 가두고 원균을 대신하게 하는 것은 '잘못'이라는 것이었다. 이처럼 실제 이순신은 외롭지 않았다.

'원균명장론'도 문제다. 원균이 통제사가 된 것이나 칠천량에서 패전한 것도 몽땅 조정의 선조나 비변사, 도체찰사 도원수의 책임이며 '원균은 무책임'이라는 주장도 사실과 다르다. 상사화국(喪師禍國)한 원균의 죄는 장수로서 엄히 받아야 한다. 그것을 호도하면서 이순신의 몇 가지 잘못을 부각하고 이순신의 공적을 폄훼하는 방식으로 원균의 허물을 감추려 하는 것은 또 다른 역사의 왜곡이다.

이순신 장군의 전략은 신출귀몰했으며 탁월했다. 특히 명량해전에서 보인 능력은 그가 진정 민족을 구한 위대한 명장임을 증명하는데 손색이 없다. 하지만 원균이 전투에서 패배한 장수라는 도덕적·인격적 비난은 개인의 편애를 넘어 특정한 정치적 이유로 가공된 것이 대부분이다. 원균에 대한 비판의 대부분은 '유전자 시절부터의 결함' 즉 원래 호랑방탕하고, 교만나태하며, 군공만 탐하고, 부하를 폭행하며, 이순신을 모함하고, 조정 권문귀족과 연을 닿아서 출세와 탐욕을 채우는 것에만 급급한 사람으로 묘사된다. 그런데 이러한 인격적 폄훼를 자세히 살펴보면 조선후기 이래 원균이 어떻게 정치적 목적에 의해 활용되고 수단화되었는지 알 수 있다. 만일 인격폄훼가 동반된 비판이 사회적 실패자에 대한 정당한 지적이라면 오늘날 사회적으로 실패한 아버지들은 모두 인격적인 실패자인가도 되물어야 한다.

문제는 사회적 실패는 실패대로 분석하고 고민해서 새로운 삶의 원동력으로 삼으면 될 뿐이라는 점이다. 원균이 처음부터 유전자 배열에 결함을 가진 인격파탄자라도 되는 듯 꼬리표를 달고 대하는 정신에서 나오는 글은 어떤 사료든 역사의 본류에 접근할 가능성은 거의 없다. 그렇기에 색안경을 끼고 자신도 모르게 빨려든 '무엇 무엇' 혹은 '누구누구를 위한 역사'에서 이제는 조금씩 벗어나야 한다. 누구를 위한 역사는 누구를 반드시 왜곡해야 하기 때문이다.

이 같은 폄훼와 편애의 대중적 흐름과 더불어 정치권력이 만든 왜곡도 원균의 실제 모습을 이해하는데 많은 장애가 되었다. 지난 400년 동안 대부분의 국가 권력은 국난극복(조선후기), 충량한 국민 만들기(이승만 정권), 총화단결 유비무환(박정희 정권) 등 권력 연장을 위해 혹은 통치의 효율성을 위해 다양한 '시대의 교훈'을 창출하였다. 여기서 원균이 맡은 역할은 늘 겁장, 악장, 간신이었다. '간교한' 교훈 위주의 역사는 위인전기를 양산하고 대신 위인을 더욱 위인답게 하는 희생물을 필요로 하였다.

여기서 원균은 그 자신에 대한 진지한 이해보다는 외부적 환경에서 극단적인 선택을 강요한 시대적 교훈과 위인을 효과적으로 활용할 보조 수단으로 이용되었다. 수단화되면서 더 이상 글 속의 그는 실제의 그가 아니라 각 시대별로 필요한 원균만이 끊임없이 재생산되었다. '패장원균'에서 시작하여 '간신원균', '무능원균', '모함원균', '분열원균', '부패원균'에 이르기까지 400년 동안 전투에서 실패한 원균의 모습은 각 시대의 교훈을 강요하는 수단으로 탈바꿈해왔다.

그렇지만 정작 원균에 대한 진실은 『선조실록』이나 몇 개의 지극히 주관에 찌든 사서에서 출현한 사료 몇 가지를 가지고 처절하게 자기만의 사관으로 난도질하였다. 명장으로 보고 싶은 사람은 사료를 그렇게 배치하였고, 간신으로 보고 싶은 사람은 사료를 다르게 배치하였다. 누군가를 위한 역사만이 이 두 사람의 대중적 인기를 높여주었다. 색안경이 도를 넘었고, 편애가 거꾸로 사실을 규정하는 비극이 도래하였다. 하지만 그것은 실제 있었던 역사와 인물에 대한 심각한 왜곡이었다. 이들은 원균의 실제 모습과 다른 수많은 명예훼손을 자행하였다. 그리고 그것을 합리화하는데 이순신이 동원되기도 하였다. 조선의 바다를 함께 고민했던 두 장군들이 실제보다 더 험악한 모습으로 아귀다툼하는 듯 보이게 하였다. 하지만 이순신이 원균과 다르다고 이야기한들 이순신은 조선사회의 별종으로만 해석되었다.

결국 이순신이든 원균이든 권력이 만든 간악한 시대적 교훈에 희생된 인물이었다. 두 사람 모두 나라를 위해 죽었건만 산 자들의 치열한 이해다툼으로 인해 또다시 명예가 실추되고, 아픔이 왜곡되었으며, 실제와 다른 과잉되고 과장된 교훈의 전형들만 남았다. 국난극복의 화신 이순신과 가렴주구의 원흉 원균이 대비되고, 구국·단결의 이순신과 도망자·패륜의 원균이 대비되었다. 마녀사냥과 결코 다를 바 없는 극단의 찬양과 매도가 횡행하였다. 하지만 그 모든 이미지는 원래의 모습이 아니라 시대의 간교한 교훈 위주 사회가 만든 허상이었다. 이런 형태로 이뤄진 수많은 서술들은 결국 나라를 위해 죽은 두 장군에 대한 심각한 인격적 모독과 희생을 강요하였다.

이 책은 본래 평택시와 평택문화원이 지역사회의 자부심을 고양하기 위하여 본래 의뢰한 것이지만, 필자는 그러한 자부심과 자긍심을 위해서 인위적으로 특정한 사료를 강조하거나 위인전기와 같은 영웅담으로 역사적 사실을 확장하거나 왜곡하고 싶지 않다고, 간곡히 주장하였다. 이에 흔쾌히 시청, 문화원, 종중의 여러분들이 동의해주었다. 왜곡된 역사적 사실로 잠시 영웅이 된다한들 무슨 대수일까? 작은 진실이라도 얻어지면 반드시 세상의 인식을 바꿀 것이리라. 그러므로 진정한 원균에 대한 지역사회의 추모는 바로 진짜 원균이 어디 있는가를 제대로 보고, 그 안에서 진가(眞價)를 발견하는데 있다고 믿는다. 그래서 그 어떤 질시나 의심에도 불구하고 필자는 누구를 위한 글을 쓰지 않았다. 실제 있었던 원균을 보고자 했다.

원균이 왜 그리고 무엇을 잘못했는지 보는 것이 아니라 왜 그런 선택을 했는지. 그의 판단을 만들어낸 조건과 역사적 배경이 무언지 탐구하였다. 그리고 원균의 삶이 칠천량에서 종식되었어도 그의 삶에 대한 이해는 수많은 갈래로 흩어지고 있는 모습을 생각하면서 이 책을 썼고, 그래서 이름을 『칠천량의 백파(白波)』라고 하였다. 본래 평택문화원에서 제작된 초판은 『타는 바다』였으나 이 책 이후 원균에 대한 고민이 조금 더 성숙해지고, 이제야말로 칠천량의 거센 파도 속에 숨은 원균의 진실과 패전 이후 그와 수하에 닥친 수많은 모욕의 세월을 제대로 이해할 필요가 있다는 생각에서 그리 정했던 것이다. 그 속에서 원균이 어떤 사람이고, 어떤 환경에서 살았으며, 그가 꿈꾸는 사회는 무엇이며, 왜적의 침략에 대응하여 어떤 자세로, 어떤 작전으로 국가적 위기를 극복하려고 고민했는지, 정치적이고 인격적 요인이 아니라 그가 행동하고 사고했던 '실제로 있었던 일'을 탐구하였다..

이런 마음으로 썼으니, 본 저작에서는 원균의 개인적 인격적 덕성에 대한 탐구를 중요시 하지 않는다. 『난중일기』나 『선조수정실록』 자료에 대한 비판이 많은 것은 실제 원균의 행적과 개인의 감정이 복잡하게 엮인 가공되고 창조된 진실을 담고 있기 때문이다.

그러므로 이 책을 읽기 전에 독자 여러분은 원균과 이순신 중에 누가 더 훌륭한가? 누가 더 멋진가? 누가 더 충신인가? 라는 진부한 질문에 현혹되지 말기를 바란다. '잘했다', '못했다', '나는 이순신편이고 너는 원균편이다' 등 천박한 편애의 늪에서 벗어나 그들의 선택과 행동이 만들어진 합리적인 이유를 한번 찾아보길 바란다. 그동안 나온 이순신, 원균 관련 책의 상당수가 바로 그런 편애에서 크게 벗어나지 않아서 위인전기같이 되어버렸다. 일국의 수군 총사령관인 원균이 기생의 품에 안겨서 동료 수군이 죽어도 주색 잡기나 하는 그런 비상식적인 인물로 보는 그런 역사가 바로 편견의 역사인 것이다. 사서(史書)를 자세히 보면, 권율이 원균에게 곤장을 치면서도 원균의 마음을 몰랐던 것 아니었다.

조정은 조정대로 이원익은 이원익대로 권율은 권율대로 이순신은 이순신대로 원균은 원균대로 나름의 고민, 처해진 딜레마와 싸우고 있었다. 어떻게 하든 거기서 어떤 답을 찾으려고 최선을 다한 사람들이었다. 그렇다고 여러분들은 이 책에서 원균의 위대함을 찾지도 말기를 바란다. 원균이 그 많은 선택의 순간에서 왜 그런 특별한 선택을 하면서 고민했는지 왜 그런 행동을 보였는지 합리적으로 추론하고 논증하는데 마음을 모으면 원균의 새로운 모습이 보일 것이다. 이 세상에 모든 고민은 반드시 이유 있는 법이다.

돌아보면 원균이든, 이순신이든 무척 고민이 많았던 당대 조선 수군의 사령관이었다. 둘 다 바다에서 전사했고, 나라를 위해서 목숨을 버렸다. 두 사람간의 경쟁은 있었지만 임란이 일어났던 1592년부터 무려 4년에 걸쳐서 남해바다를 같이 지키고 왜적을 함께 공략했다. 원균이 통제사 이순신과 사이가 좋지 않았던 것도 사실이다. 이순신에게 무척 까다로운 선배였을 것이다. 하지만 뛰어난 지략가인 이순신은 원균이 없는 해전을 생각하지 않았고, 통제사가 된 뒤에도 2년 가까이 그와 함께 지냈다. 이순신이 바보여서 그랬겠는가?

진실로, 이 책을 읽는 독자들은 결코 잊지 말았으면 하는 것이 있다. 더 이상 누군가의 처절한 희생에 의해서만 영웅이 되거나 더 좋은 사회적 직위를 보장받을 수 있다는 교활한 세상이 없었으면 한다는 것이다. 나아가 누군가의 폄훼로 얻은 부귀영화가 세상의 모든 정당성을 독점하고, 반대로 최선을 다한 패배자들은 모든 부당함을 혼자 감당해야 하는 사회는 이제 사라지길 바란다. 우리 사회가 극단의 승패로 울고 웃는 그런 비정한 사회가 아니라 실패조차도 오히려 공정하게 여겨지고 삶의 토대가 되는 그런 사회가 되었으면 한다.

요컨대 이 책은 원균의 일생에 대한 '실제 있었던 일'의 궁구를 목적으로 하고, 일체의 인격적 미화나 모독, 특정한 정치적 개인적 목적에 따른 행적의 정당화, 나아가 특정한 위업을 미화하려는 성역화 작업에 반대하였다. 오로지 '실제 원균에게 있었던 일'을 가장 합리적으로 추론하고 선악 이분법적 사고에서 탈피하여 각각의 인물이 구체적인 상황에서 왜 그것을 선택하고 행동했는지 합당하고 합리적인 이유와 원인을 객관적으로 확인하고 추론하는데 목적을 두고자 한다.

이러한 목적 아래 본 책의 Ⅰ에서는 원균의 성장과 환경문제를 주로 살폈다. 아버지 원준량이 훈척 윤원형과의 관계로 인해 훗날 원균의 삶에 많은 영향을 주었다는 사실과 이순신과 달리 풍부한 인적·물적 뒷받침이 가능한 유복한 삶에서 출발하였다는 점을 분석하였다. 그리고 선조로부터 사랑받은 것은 단지 원균 자신의 공훈만이 아니라는 점도 주목하였다.

Ⅱ에서는 이순신과 함께 한 임진왜란을 다루었다. 원균이 없는 이순신은 공세적일 수가 없었고, 이순신 없는 원균은 갈피를 못 잡는 모습에 대한 구체적인 증명을 목적으로 하였다. 이순신만이 외롭게 이룬 공적이 아니라 원균과 함께 하여 더 큰 공훈을 세운 이순신, 그리고 이순신의 지략을 믿고 열심히 적을 쳐부순 원균. 이 두 사람이 지키는 한 조선의 바다는 그 누구도 범접할 수 없었다는 사실을 보여주고 싶었다.

Ⅲ에서는 칠천량 해전에서 원균이 일본군을 어떻게 파악하고, 어떤 대응책을 고민했으며, 조정의 요구에 어떠한 전략으로 설득하고, 실제로 어떤 작전으로 전투에 임했는지 보고자 하였다. 그리하여 1597년 7월 15일 부산포 결전의 의미를 재해석하고, 조일 함대가 바다에서 조우한 결정적 기회가 어떻게 좌절되어 가는지 살폈다.

Ⅳ에서는 칠천량 패전 이후 선조와 조정의 사건 호도와 책임 추궁이 원균이 훗날 악평을 받는데 얼마나 기여했는지 보았다. 칠천량 패전에서 도원수 권율과 도체찰사 이원익이 실제로 상당한 책임을 있음을 논증하였고, 그들이 전쟁 책임을 회피하는 순간 원균 수하가 당할 치죄의 공포와 원균의 지속적인 인격적 폄훼가 상당한 연관이 있음을 보이려 하였다. 또한 임란 이후 공신책록 과정과 광해군 시절 충신으로 인정되던 원균이 점차 사회적 제도적 실패의 대명사로서 인식되더니 결정적으로 영·정조 시절 국가 기강과 정치적 목적에 활용되어 절의와 충의를 버린 간신으로 전락해가는 모습. 특히 20세기 신문 및 매체에 나타난 원균 관련 기사를 보면서 시기별로 원균에 대한 부정적 이미지가 어떻게 축적되어 가는지 그리고 그것을 극복하기 위한 노력은 어떤 것이 있는지 살피고자 하였다.

Ⅴ에서는 원균에 대한 바른 이해를 위해 우리가 어떻게 해야 하는지 고민하였다.

이 책은 우리 동의대학교 대학원 소속 학생들과 함께 공동 작업을 기초를 잡았다. 특히 Ⅰ에서 〈원균의 가계와 인맥〉 부분은 동의대 강사인 선우성혜 선생이 오랫동안 추적하고 연구하였고, 초고를 만들었다. 같은 항목에서 〈원균의 북방 지역 활동〉에 대해선 동천고등학교 성강현 선생이 초고를 작성하였다. 이 두 부분은 원균의 조상이 남긴 유산 아래서 어떻게 성장할 수 있었는지 그리고 그동안 잘 알려지지 않은 북방에서의 활동은 어떠했는지 보여주는데 많은 공을 들였다. Ⅱ에 나오는 〈임진왜란 초기 원균의 해전〉에 대해선 동명대 군사학과 조봉휘 교수의 도움을 받았다. 원균이 이순신과 갈등을 일으키고 충청병사, 전라병사 등으로 육지로 전전할 때의 모습은 동의대 강사인 이준영 선생이 그려내고자 했다.

Ⅲ에서는 전직 육군 장교 출신이고 현재 연세대 사학과 박사과정인 신효승 선생은 본 저작의 하이라이트라고 할 수 있는 〈칠천량 해전에서 조선수

군의 전략과 전술)에 대한 큰 도움을 주었다. 그는 칠천량 패전 이유를 그냥 사서에 의존하는 것이 아니라 바람이나 날씨 등 자연적 요인과 당시 수군 장수들의 입장과 전투의지 등의 요소를 자신의 군 생활 경험에 비추어 복원하면서 초고를 작성하였다. 그리고 Ⅳ에서 원균에 대한 후대의 평가 특히 20세기 이후 평가는 전적으로 양보미(동의대 대학원 수료)의 부지런한 자료 수집과 분석 능력에 의존하였다. 온갖 신문을 다 오리고 붙이고 해서 20세기 들어서 10년 단위로 변해가는 원균에 대한 이해방식을 도식화하고 그 내용을 각 시기별로 평가의 특성을 중심으로 정리하였다. 그럼에도 불구하고 전체적인 흐름을 비롯하여 공동연구에서 얻어진 자료를 종합화하고 각자의 편향을 극복하고 일관된 원균 이해의 방법이나 원균의 고민 그리고 다양한 행적의 이유를 밝히는 데는 전적으로 필자가 주도하였다. 그러니 이 책으로 나오는 모든 공은 우리 공동연구팀에 있으며, 반대로 그에 따른 모든 책임은 필자에게 있다는 점을 분명히 해둔다.

이 책을 쓰면서 원주원씨 대종회(회장 원유철) 여러분과도 많은 대화를 나눴다. 하지만, 특정한 문중의 구미에 맞는 그런 곡학의 글을 쓰려는 마음은 추호도 없었다는 점은 분명히 밝혀둔다. 역사학자로서 누구의 협박이나 요구에 응한 글이 아니라 양심과 논리로 불편부당의 정신을 담으려 했다. 그러니 원균에 대한 조그마한 미화도 스스로 경계했으며, 그에게 '실제 있었던 일'을 중심으로 명명백백한 합리적 추론에 힘썼다. 역사학자로서 열정과 자존심을 걸고 한 치의 이념적 왜곡이나 미화가 없었다는 것을 밝히고 싶고 그것을 이 책을 쓴 필자의 큰 자부심으로 생각한다. 혹여 필자가 사료 해석을 게을리 해서 뜻하지 않은 곡해가 있다면 언제든 수정할 의사가 있음도 밝힌다.

끝으로 이 책을 내는데 평택시를 비롯해 평택문화원 김은호 원장님과 황수근, 고아름 학예사님 등의 헌신적인 지원과 노력에 깊이 감사드린다. 그리고 선뜻 출판에 임해준 도서출판 경인문화사 임직원 여러분께도 감사의 마음을 전한다.

2015년 2월 28일
엄광산 기슭에서 김인호

원균 장군,
역사의 왜곡을 넘어서다

때때로 원균장군이 태어나고 유년기를 보낸 평택시 도일동을 찾곤 합니다. 경기도기념물로 지정된 원균장군묘를 비롯해 원릉군사우, 애마총, 울음밭 등 여러 유적과 이야기가 남아있는, 원균장군의 얼이 서려있는 이곳을 찾아 그를 상기하곤 합니다.

원균장군은 총 5등에 해당하는 수준의 을과 2등으로 무과에 급제하여 북방의 여진족을 몰아내 명성을 얻기 시작하였습니다. 그는 임진왜란 발발 후에 해전에서 수많은 승전으로 그 공을 인정받아 이순신, 권율과 함께 선무공신 1등에 책록되었으나 사회적 목적으로 인하여 저평가 된 인물입니다.

이번에 발간되는 '원균이야기, 칠천량의 백파'는 원균장군의 가계와 생애뿐 아니라 그가 왜 수단화되었으며, 어떻게 왜곡되어 갔는지에 대해서도 다루고 있습니다. 따라서 원균장군이 나라를 구하기 위해 온 몸을 바친 것에 대해 정당한 평가를 받고 그에 대한 인식을 바르게 고쳐 나갈 계기가 될 것으로 기대가 됩니다.

예리하고 깊이 있는 통찰력으로 '원균이야기, 칠천량의 백파'를 집필해주신 김인호 교수님께 감사드리며, 많은 어려움 속에서 이 책이 충실하게 발간될 수 있도록 애써주신 경인문화사 관계자 여러분께도 감사의 말씀을 드립니다.

2015년 3월
평택문화원장 김은호

차례

원사립 묘비 이수(평택시 도일동)

I
무인의 아들,
원균

1. 원균의 성장과 환경

2. 원균의 출사와 야인 정벌

1. 원균의 성장과 환경

가. 원균의 가계와 인맥

(1) 원선의 은둔과 원몽의 평택 이주

원균의 파시조는 삼사좌윤이었던 원성백의 14세손인 원선(元宣)이다. 고려시대 삼사좌윤은 지금 같으면 조달청 부청장급이다. 성안부원군 원호(元顥)의 아들이었다. 일찍부터 도학을 공부하였고 조견, 정구와 지기였다. 고려가 망하자 함께 양주 송산(현재 의정부시 낙양동)에서 은거하였다. 조견과 밤마다 퉁소를 불면서 서로 응대했다고 하는데 그 소리가 참으로 슬펐다고 한다. 유언에 묘 앞에 비를 세우지 말라고 하고 또 자손들에게는 결코 과거를 보아서 등과하지 말며, '불사이군' 하라는 유언을 남겼다. 물론 원선의 형제는 조선 개국 후에도 관직에 진출하였으나 원선은 형제의 의를 끊으며 끝까지 고려에 대한 충절을 지켰다.

원균의 고조부 원몽(元蒙)은 원선의 손자로서 양주 송산에서 진위현 여좌동(현 송탄시 도일동)으로 이주했다. 원몽은 훗날 원준량의 출세로 정3품 하계 통훈대부 군자감정에 추증되었다. 그가 진위현에 이거한 것은 진주 소씨와의 혼인이 계기가 되었다. 소씨 부인의 아버지는 판각 벼슬을 한 소을충, 할아버지는 오늘날 재무부 장관에 해당하는 판도판서 소약우, 증조부는 총리급인 정당문학 소정이었다. 진주 소씨 집안은 신라 말 고려 초에 활약했던 소격달 장군 이후 9명의 대장군을 배출한 전통 무인 집안이었다. 고려 말 하동에 세거하던 진주 소씨들은 항몽을 이유로 탄압을 받아 진위 · 익산 · 남원 · 순천 등지로 흩어졌다.

당시 소함이라는 장군이 진위에서 항몽 활동을 하였는데 그 이후 진위현

원몽의 묘(평택시 도일동)

의 땅을 하사받았다고 한다. 하동에서 흩어진 소씨들은 진위에 정착한 후 하사받은 진위현 땅을 기반으로 세거하였다. 원씨와 소씨 집안이 혼인을 맺으면서 진위현의 소씨 소유 땅은 원씨 집안으로 분배되었다. 그런데 원씨 집안이 소씨 집안에서 진위현 땅을 받았다는 흔적은 현재 발견되지 않는다. 원몽의 아버지 원유문은 무주현감을 역임하였는데 인근 익산과 남원은 진주 소씨의 주요 세거지였기 때문에 이들 문중 간에는 교류가 있었을 가능성이 크다. 두 가문은 각각 무인과 문인으로서 고려에 대한 충절을 지킨 가문이라는 공통점이 있었고 처가의 덕으로 평택(진위현)지역에 정착할 수 있었다.

한편 원균의 증조부는 원숙정(元淑貞)이고 부인은 흥덕 진씨로 아버지가 군수 진숙량이며 증조부는 판내시부사 한림학사 진택후였다. 원숙정은 원준량의 출세로 통정대부 형조참의로 추증되었다. 증조부 원숙정이 큰 벼슬을 하지 않았는데도 이렇게 군수 집안의 진씨 부인과 혼인할 수 있었던 힘은 어디에 있었을까? 조선이 개국하면서 원선이 고려에 충절을 지켰던 것과 달리 그의 형제들은 새로운 왕조에 참가하면서 창녕 성씨, 여흥 민씨, 문화 류씨, 순흥 안씨 집안과 사돈을 맺으며 자리를 잡았다. 그렇지만 원몽집안은 그러지 않았고, 그런 지조나 절개의 평판이 사대부 사이에 큰 반향을 일으켰을 것으로 보인다.

원균의 조부는 원임(元任)인데, 역시 원준량의 출세로 가선대부 호조참판 겸 의금부사 5위도총부부총관에 추증되었다. 원선의 유언 때문인지 원균의 조부까지 관직으로 진출한 사람이 많지 않았다. 그 점에서 원준량의 출세는 아들의 입사에 중요한 본보기가 된다. 《원주원씨 족보》(1989)에는 원준량의 아버지 원임이 처음으로 무주에서 현감을 했다고 하였다. 그러다가 원준량 이후 본격적으로 관직에 진출하였다. 『성소복부고』(권 24 '성옹·직소록')보면 원성군 원균과 이순신 류성룡의 이름이 나오는데 아버지 원준량이 조정의 고관이 되면서 어릴 때 서울 건천동에서 류성룡, 이순신 등과 함께 성장했다는 증거로 자주 인용된다.

"나의 친가는 서울 건천동에 있었다. 청녕공주 저택의 뒤로 본방교까지 겨우 서른네 집인데, 이곳에서 국조 이래로 명인이 많이 나왔다…근세에는 류성룡과 가형 및 덕풍군 이순신·원성군 원균이 한 시대이다. 서애는 국가를 중흥시킨 공이 있고, 원·이 두 장수는 나라를 구한 공이 있으니 이때 와서 더욱 성하였다"

하지만 이들이 친구나 특별한 인연을 맺었는지는 의문이다. 건천동은 현재 서울 중구 인현동 지역으로 조정에 입사하거나 부속 관서의 관료들이 집단적으로 거주하는 곳이었다. 그러므로 집안간 유대를 유추할 증거로는 부족하다.

원임의 묘(평택시 도일동)

(2) 아버지 원준량, 원균의 기회이자 멍에

원균 집안은 원몽에서 조부 원임에 이르기까지 이렇다 할 가세를 떨치지 못했지만, 명망 있는 집안과 혼인 관계로 진위현에 정착해 안정적인 기반을 형성하였다. 1540년에 원균이 태어났다는 점을 고려한다면 원준량은 적어도 1520년 이전 출생한 것으로 추측된다.《원준량신도비》(1800, 찬자 김재찬, 서자 민병승, 각자 미상, 『경기금석대관』, 1992)를 보면, '나면서부터 기골이 장대하여 무인의 자질이 있었으며, 어려서 소학을 배우면서부터 무(武)에 대한 관심이 많았다'고 하였다. 무인이 되는 것을 집안에서 반대하였다고 하였으나 결국 천거로 무관직에 진출했다고 한다. 집안에서 관직 진출을 반대한 것은 파시조 원선의 유언 때문으로 보인다. 원준량이 무(武)에 관심과 재능을 보였던 것은 외가인 소씨 문중의 가풍과 관련된다. 《원준량신도비》에 의하면 그는 역리에 조예가 있었다고 한다. 하루는 원준량이 봄옷을 차려입고 지팡이를 잡고 부성에 있는 누산(擻山)에 올라서 돌아보며 "이 산은 삼남의 요로이니, 만일 국가에 뜻하지 않은 변란이 일어난다면 한쪽의 버팀목이 될 만한 곳이다"라고 탄식했다고 한다. 그런데 결국 정유재란 당시 아들 원균이 영등포에서 순절하였을 때 둘째 아들 원연이 이곳에서 의병을 일으켜 적을 막은 것도 원준량의 예측대로 라고 했다. 원준량의 대단함을 보여주려는 창작이라 여겨지지만 그가 대단히 영민하고 감을 잘 잡는 사람이라는 점은 유추할 수 있다.

언제 어떤 이유로 음참하에 천거되었는지 알 수 없다. 기록에 1544년 선전관을 역임했다고 하니 출사한 시기는 25세 전후가 아닐까 추정한다. 감군(도성의 야간순찰 담당관인 순장의 부관) 직분이었다고 하니 선전관 중에서도 하급직이나 임시직인듯 하다. 그런데 곧바로 감군 임무를 제대로 하지 않았다고 사헌부에서 내사를 받기도 했다(『중종실록』, 1544년 3월 27일). 원준량이 직무를 유기했다는 평가를 받은 이유는 무엇일까? 아직 사대부관료 사이에서 그다지 평판있는 집안사람으로 인정받지 못한 결과로 보인다.

그런데 을사사화는 원준량의 입신에 큰 영향을 준 사건이었다. 《원준량신도비》에 따르면 '을사사화가 발발하자 그는 병을 구실로 사직하고, 향리에 내려가서 아이들에게 충효를 가르치고 권농하였다'고 했다. 을사사화는 1545년

원준량신도비(평택시 도일동)

문정왕후가 이기·정순붕 등과 모의하여 윤임과 인종 재위 때 중앙관계로 진출한 유관·유인숙 등 사림이 봉성군(중종의 여덟째 아들)을 왕으로 세우려는 역모를 꾀한다고 하여 이들을 처형한 사건이었다. 이 공으로 윤원형은 보익공신 3등이 되고, 이어 위사공신 2등으로 개봉되어 서원군에 봉해졌다. 이후 윤원형은 일취월장하였다.

원준량은 이 과정에서 윤원형과 연계를 맺거나 을사사화 와중에 '역할'을 하여 높은 관직에 오른 것으로 추정한다. 《원준량신도비》에서는 마치 당시 핍박받는 사림(士林)의 입장을 대변한 사람으로 묘사하고 있지만 이후 그가 보인 행적은 대체로 훈척 윤원형과의 깊은 관계를 보여준다. 그러던 중 1548년 10월 종3품 춘천부사로 부임하였다. 한미한 임시직 감군을 하던 1544년에서 불과 4년 만에 종3품으로 승차한 것은 마치 이순신이 정읍현감에서 전라좌도수사로 전격 승진한 것처럼 파격적이었다. 급속한 승차에는 여러 이유가 있을 수 있지만 대체로 두 가지 가능성을 추측한다.

하나는 앞서 언급한 것처럼 을사사화에 적극 가담했거나 윤원형과 깊은 관계를 가졌을 경우이고, 하나는 현직 관리가 승진하기 위해 치르는 중시(重試)라는 과거 시험에 응시하여 장원을 한 경우이다. 두 가지 가능성 모두 의심스럽지만 일단 급속한 승차는 여러 가지 구설수나 시기심을 유발했다.

불안은 곧 현실이 되었다. 춘천부사로 부임한지 1년이 채 안된 1549년 6월 '전패실파(殿牌失罷)'와 '구본전파(舊本殿罷)'라는 이유로 자리에서 쫓겨났다. 전패란 왕을 상징하는 일종의 위패로 평소에는 관아의 객사에 모셔둔다. 만약 전패가 훼손되거나 문제가 있을 경우 고을 수령은 파면되고, 해당 고을의 관청이 폐지되기도 하였다. 이런 일은 자주 있었던 것 같다. 예를 들어 현종 때 '음성현의 전패가 없어진 사실을 보고하였더니 예조가 "그것은 간악한 백성이 수령을 겁박하려고 계획한 것이니 수령의 허물이 아니며 이미 이런 일들이 있었다"(『현종실록』, 1659년 11월 13일)고 한 것처럼 당시 지방민들은 부임한 수령에 불만이 있을 경우 일부러 전패를 훼손하기도 하였다. 따라서 부임한지 1년도 못되어서 전패가 훼손된 것은 단순히 관리 소홀이 아니라 원준량에 대한 지역 사림의 반발일 가능성이 컸다.

어쨌든 파직 후에도 승차는 계속되어 1552년에는 종2품 전라도 수사를 제수 받았다. 그렇지만 곧장 '제주도 왜변에 적극 대응하지 않았다'는 이유로 파직되면서 파지도(波知島 : 충남 서산 고파지도)로 유배를 갔다. 그 시기가 이량 · 이정빈 등의 견제로 윤원형이 잠시 실각하던 시기와 일치한다.

1553년 유배가 풀렸으나 원준량은 여전히 사관에게서 매관매직하고 양역의 폐단을 조장하며, 성품이 거칠고 사나우며 백성들과 관군들을 잘 돌보지 않고 사리사욕만 채운다는 평가를 받았다. 아버지와 아들의 기록이 묘하게 일치하는 것은 부자간이라 성격이 닮은 점도 있겠지만 아버지의 사회적 인상이 자식에게도 투영되어 지속적으로 원균의 이미지를 규정하던 사정을 말한다. 당시 윤원형이 척족대신으로 온갖 매관매직과 가렴주구를 일삼았던 것은 천하가 아는 일이었는데, 실록을 보면 '윤원형은 시도 때도 없이 뇌물을 받으니 다른 대신도 그것을 본받아 후안무치하게 온갖 수단으로 뇌물을 받아 천거로 매관매직해왔으며 윤원형에게 뇌물만 잘 바치면 병사나 수사로 금방 승차'(『명종실록』, 1553년 윤3월 14일)했다는 기록이 도처에 나온다. 윤원형의 부패한 삶과 연대한 원준량 또한 사림(士林)에게는 사실여부와 상관없이 부패한 훈척의 앞잡이로 여겨졌을 것이다.

그렇다면 원준량이 윤원형에게 뇌물을 쓴 것이 사실일까? 그토록 부패했다면 곧장 상소가 올라서 품계가 강등되거나 죄를 받았을 텐데 이후로도 여전히 지방의 수사와 병사를 계속 역임한 것으로 보아 모함일 가능성이 크다. 원준량에 대한 윤원형의 비호는 분명해 보이지만 적어도 이 사안은 부패에 대한 지적뿐만 아니라 척족대신의 힘으로 높은 관직에 오른 것에 대한 당대 사림들의 비판이었다.

원준량을 부패한 인물로 만든 또 하나의 사건은 1563년 경상우병사를 역임할 당시 아들이 부정으로 과거를 본 것이었다. 이 기록은 원준량의 부패를 꼬집는 것도 있지만 당시 사림들의 무과 출신에 대한 멸시와 적대의식을 단적으로 보여준다. 최옹은 상소문에서 경상우병사 원준량이 자기 아들을 무과 초시에 응시하게 했다고 고발하였다. 당시 원균의 나이 23세 정도였으니 원균일 가능성이 크다.

그런데 이 일을 상소한 최옹조차 '당시로선 과거 사목이 문과는 상세한데, 무과는 일정한 규정이 없어' 생긴 일이라고 할 정도였다. 따라서 법적으로는 상피에 어긋나는 일이었지만 당시로선 관례라는 것이며, '그 자제들이 군관으로서 구례대로 응시하도록 허락'한 것이라고 했다. 즉, 문제는 되지만 관례이니 임금이 잘 참작하여 처결해달라는 것이었다. 따라서 당시로서도 원준량이 아들을 무과 초시에 올린 것을 크게 잘못된 것이라고 여기지 않았던 것 같다.

그러나 사림계 사관들은 이에 대해 큰 의미를 부여하였다. 『명종실록』말미에 사신이 논한 글을 보면 여실하게 드러난다.

(A) [1563년(명종 18년) 11월 11일 경상우병사 원준량이 관직을 사양했으나 명종이 임용한데 대한 사신의 평가]"사신은 논한다. 원준량의 욕심 많고 사납고 무지함은 이원우보다도 더했다. 그런데 이원우는 공박하고 준량은 보냈으니, 이는 필시 준량의 뇌물이 권신의 힘을 얻고 간관의 입을 막을 수 있었던 것이다"

(B) [1564년(명종 19년) 6월 21일 사인 최옹의 상주에 대한 사신의 평가]"원준량은 갖가지로 재물을 긁어 들여 군졸들이 원망하고 괴로워하면서 날마다 파직되어 가기만 고대하였다. 그런데도 윤원형 등이 일찍이 그의 뇌물을 받았기에 파직되어 갈릴까 염려되어 이렇게 임금을 속이어 아뢰었으니, 앞으로 저런 재상을 어디에 쓰겠는가"

원준량과 양씨부인의 묘(평택시 도일동)

　평가내용은 주로 원준량의 비행과 부패에 대한 것으로 뇌물을 썼다든가, 간관을 매수했다든가, 혹은 재물을 긁어모았다거나 군졸이 원망한다는 내용 그리고 윤원형에게 뇌물을 주거나 임금을 속였다는 내용이었다. 실제로 원준량이 파평윤씨 윤언성과 사돈을 맺는 시점이 원균의 나이가 18세쯤인 1558년경인 듯한데 아직 문정왕후가 살아있을 때(1565년 죽음)였으니 이처럼 윤원형과의 관계를 크게 문제삼았던 것이다.

　이같은 사관의 평가는 『명종실록』이 편찬되던 시점(1568~1571)에 쓰였다는 점에서 윤원형에게 괴롭힘을 당했던 사림계 문신 관료들이 가졌던 원준량에 대한 좋지 않은 인상이 반영되었다. 바꿔 말해 새롭게 등장한 사림은 사소한 원준량의 잘못이라도 훈척세력과 연계 혹은 뇌물이나 가렴주구 등의 부패 행위와 연결하여 폄훼하였다. 문제는 그러한 반(反)원준량 인식이 팽배한 경우 아들 원균에게도 영향을 미친다는 사실이다. 『명종실록』에서 '원준량의 성품이 거칠고 사납다'는 말은 마치 훗날『선조수정실록』에서 원균을 묘사할 때 쓰는 말과 무척 유사하다. 이런 언술은 원균을 묘사하는 관료들에게 옛날 아버지 원준량의 기억이 영향을 미친 것일지도 모른다. 1566년 원준량은 다시 길주목사에 부임했다. 목사나 수사, 병사 모두 정3품직이라서 등급 차이는 없었으나 문정왕후 죽음(1565) 이후 척족 윤원형이 몰락하던 상황에서 상당한 정치적 위기감을 느끼던 상황이었다.

다시 원준량은 창고에서 물건을 팔아 은(銀)을 구매했다는 이유로 파직되었다. 원준량이 은(銀)을 대량으로 샀다는 점이 흥미롭다. 16세기 당시 '은'은 비공식 화폐로서 가치가 매우 컸다. 국가에서는 은 생산과 사용을 통제하였지만 사적으로 거래가 많았다.『중종실록』을 보면 명나라에 사절로 다녀온 사절들이 은으로 고가의 물건을 구매하여 문제를 일으키기도 하였으며. 1544년에는 친척인 원혼이 윤원형과 은을 가지고 밀무역하다 적발된 적도 있었다. 원준량은 과거 윤원형이 은(銀) 무역으로 이익을 얻는 방법을 알았고, 그것으로 훗날을 기대했음도 추측할 수 있다. 그런데 이번의 '은 스캔들'은 그동안 혐의만 가지고 있던 윤원형과의 염문(뇌물이나 부정부패)을 사실로 확인시켰다.

이후 더 이상 관직에서 원준량의 이름을 볼 수 없다. 1567년 원균의 과거 급제 기록을 보면 원준량이 절충장군용양위부호군 겸 오위장으로 기재되어 있다(『융경원년 정묘식년 문무과 방목』). 관계가 정 3품이었지만 실질적인 직책이 종4품 무관인 용양위 부호군이라는 점은 말년에 그가 요직에서 배제된 사실을 보여준다. 고급 품계에 있는 사람이 낮은 행정부서에 앉으면 권고사직이나 마찬가지였다. 당시 용양위는 조선의 중앙군인 5위의 하나로 좌위라고도 불렸다. 1571년 원준량은 원주 변씨 시조인 변안열의 묘표를 세울 때 참여했다는 기록이 있는데, 이로서 대체적인 생존기간을 추정해보면 1520년경 태어나서 최소 1571년, 최대 1575년경까지 생존한 것으로 보인다.

아버지가 살아있을 때 원균은 무과에 급제하여 선전관이 된다(1567). 그러나 아버지가 권력 일선에서 한발 물러서면서 아들 원균도 급제한 후 약 14년간 승차를 하지 못했다. 사림정권 아래서 정치적으로 배제되었는데 그 이유가 주로 원준량의 도덕적 흠결과 관련된 듯 보인다. 원준량의 행적은 원균이나 그의 아들이 이후 입사나 관직생활을 하는 데 나쁜 영향을 주었던 것은 자명하다. 특히 사림정치가 활성화되고 도학(道學)이 강조되면서 부패한 집안의 아들이라는 비난이 원균을 괴롭혔을 가능성이 크다.

그렇다면《원준량신도비》에 '을사사화가 발발하자 그는 병을 구실로 사직하고, 향리에 내려갔다'는 기록은 어떤 의미로 볼 수 있을까. 이는 점증하는 사림의 지탄과 멸시에서 해방되기 위한 원준량 측의 대응으로 봐야 할 것이다. 아킬레스건인 윤원형과의 이별과 사림정권과의 연계를 위해 원준량도 사림적인 가치관과 행적을 보인 사람이었다는 이야기가 필요했던 것이다. 원준량은 아들 8명과 딸 하나를 두었고, 둘째 아들 원연은 형인 원수량의 양자로 들어갔다. 원연의 아들 원사립은 그의 동생인 원전의 양자가 되었다. 참판으로 추증된 아들 원용 · 원지 · 원곤 · 주부 원감 · 원해 등의 아들이 있었다.

(3) 부인 파평 윤씨와 아들 원사웅

원균은 1567년 선조 즉위년 식년시 무과에 합격하여 관직에 진출했다. 십여 세에 파평 윤씨 판도공파 21세손 생원 윤언성(尹諺誠)의 딸과 혼인한 것으로 보이며 장인인 윤언성과 권신 윤원형은 같은 파평 윤씨 판도공파 20세 및 21세손으로 인척간이었다. 따라서 원준량이 파평 윤씨와 사돈을 맺었다는 것은 그가 파평윤씨 집안과 깊은 관계를 가진 사실을 반영하며 특히 윤원형이 혼인 관계에 개입되었을 가능성을 말한다.

파평 윤씨와 가깝다는 것은 앞서 말한 것처럼 양날의 칼과도 같았다. 윤언성은 호조참의로 추증된 윤임형의 아들인데 1549년 생원시에 겨우 합격할 정도로 그다지 출세한 사람은 아니었다. 대신 그의 아들이자 원균의 처남인 윤동로는 율곡의 문인으로 1573년 진사가 되었다가 1595년 사과라는 관직 있을 때 별시 문과에 을과로 급제한 재원이었다. 1596년에는 공조좌랑까지 올랐으나 행동이 단정치 못하고 공식회의에도 불참했다고 하여 사헌부의 탄핵을 받았다.

정유재란 당시 삼도수군통제사 종사관에 기용되었다가 이원익의 탄핵을 받았다. 나중에 공이 인정되었으나 1604년 울산 판관을 지내면서 백성들을 탄압한다고 해서 처벌되었다. 죽은 후 이조참판에 추증되었고 파흥군에 봉해졌다. 『난중일기』에는 윤언성의 동생 윤언심과 원균의 동생 원전(元㙉)이 함께 이순신과 만난 기록이 있다. 이는 두 가지 가능성이 있는데 원

1740년 족보상의 원균과 원사웅

1959년 족보상의 원사웅

1989년 족보상의 원사웅

전과 윤언심이 본래 친한 사이였거나 원균과 윤언성이 사돈을 맺어 가까워졌을 가능성도 있는데, 일단 사돈으로 무척 친한 사이로 나타난다.

원균은 슬하에 딸 5명과 아들 1명을 두었다. 우선 외아들 원사웅(元士雄)은 능성 구씨 만호 구삼락의 딸 그리고 창녕 성씨 성여학의 딸과 혼인을 하여 각각의 부인으로부터 아들 1명씩을 두었다. 원필(元玭)과 원염(元琰)이 그들인데 그 중 필이 가계를 이었다. 1740년에 간행된《원주원씨족보》를 보면 원사웅의원자는 대기이고, 1575년에 태어났다고 한다. 임진왜란 당시 원릉군 원균을 도와 적을 무찔러 공을 세웠고, 2등 공신이 된 다음 훈련원정이 되었으며, 녹공 후 무과에 급제하여 벼슬이 동지중추부사에 이르렀다고 나와있다.

아버지 원균의 녹공을 이어받았다는 기록도 있다. 그런데 1959년에 간행된《원주 원씨 족보》에는 통제사 원균을 따라 많은 공을 세웠으되 자신을 비방하는 사람이 많아서 그 일을 제대로 알리기 위해 서장을 만들었고 훗날 훈련원정이 되었다고 적혀 있다. 그러면서 2등공신으로 책훈된 사실도 기록하였다.

그러나 1989년 족보에는 칠천량 해전에서 원사웅이 순절한 것처럼 되었다. 이처럼 원사웅은 1740년 족보에도 임란 후에도 생존한 것으로 나오지만 1959년 족보에는 원사웅이 어떻게 사망했는지 언급이 없다가 1989년 족보에는 칠천량 해전에서 죽은 것처럼 바뀐 것이다. 엄밀하게 말해 원사웅의 칠천량 사망설은 최근에 기록한 것이다. '칠천량 사망설'이 나온 것은 새로운 자료 발굴 때문으로 보이는데, 일차적인 이유는 이재범이『원균정론』(201쪽, 1983)에서 원사웅이 칠천량 해전에서 전사한 것처럼 기술하자 영향을 받은 것으로 보인다.

하지만 당대에도 원사웅이 전사했다는 기록이 있다. 이응희(李應禧, 1579~1651)의『옥담(玉潭)시집』에는 통제사 원균의 부인이 세상을 뜨자 그것을 조상하면서 작성한 만사 만곡원통제균부인(挽哭元統制筠夫人)이 있다.

묘령 때부터 규문에서 교양을 쌓아서	/ 閨門陶德自芳齡
군자의 배필 되니 사람들이 부러워했어라	/ 君子爲逑衆所榮
제사의 예법 잘 갖추어 효성이 일컬어졌고	/ 禮執蘋蘩稱孝祀
정경부인 작위에 올라 높은 작명 누렸지	/ 爵封貞敬享尊名
과부로 지낸 반평생에 비록 후사는 없지만	/ 孀居半世雖無嗣
전성으로 봉양하는 사위가 있어 기뻤어라	/ 奉養專城喜有甥
나이 백년에 미쳐서 세상을 떠나시니	/ 齒及百年乘化去
마침내 맹서한 대로 지아비와 함께 묻혔구나	/ 竟同泉穴副前盟

이 글에서 특별히 '과부로 지낸 반평생에 비록 후사는 없지만/ 전성으로 봉양하는 사위가 있어 기뻤어라'라는 부분은 원균의 자손이 딸밖에 없었다는 것인데 족보를 보면 그 어디에도 원사웅의 아들이 양자였다는 기록은 없다. 다만 집안의 이야기로 원균 이후 6대를 양자로 이었다는 말이 전해질 뿐이다. 이응희가 원균 부인의 장례를 직접 확인한 것인지 알 수 없지만 당시에도 원균의 대가 끊어진 것으로 믿던 사람이 있었음은 분명하다.

만가에는 든든하게 원균 부인을 봉양한 원균 사위에 대한 이야기가 나온다. 원균에게는 딸이 몇 명 있었다고 한다. 1740년판 족보에 의하면 2명의 딸이 나오는데 큰 딸은 현감 한억(韓嶷)과 혼인하였다. 한억은 청원부원군 한경록의 증손이며 아버지는 판관 한사성이었다. 서녀는 경기도 이천군에 사는 종실인 의신군 이비와 혼인하였다고 한다. 서녀였으니 아마도 첩실로 들어간 듯하다.

1959년 족보에는 딸이 5명이었고, 각각 한억·의신군 이비·승지 조정견·동중추부사 이신춘·병사 정항과 혼인하였다고 한다. 다만 다섯 딸의

적서 구분은 알 수 없다. 따라서 세월이 흐르면서 족보상에 새로 딸이 몇 명 더 추가된 것을 알 수 있다. 어쨌든 원균의 사위들은 서열상으로 낮지만 종친이 많았다. 그 이유는 역시 원균 가문이 왕실에 굳건히 충성한 점이나 의병장이나 임란 공신이 많았던 것과 관련된다.

물론 원사웅이 칠천량 해전에서 죽지 않고 이후 인조 대까지 관직을 하거나 가자를 받았다는 기록은 많다. 첫째, 《십오공신회맹문》(1604년 10월)에 '숭록대부 의정부 좌찬성 겸 판의금부사 원릉군 원균 적장자 어매장군 훈련원정 신 원사웅'이라는 내용이 나온다. 『승정원일기』(1628년 9월 26일)에도 '원사웅이 가의대부를 가자 받았다'는 기록이 있고, 같은 해 12월 7일에는 원사웅을 가선대부로 낮추는 기사가 나온다. 따라서 인조시기에도 원사웅은 생존하였음을 알 수 있다.

이어서 심기원의 난(1646) 진압에 공을 세운 영국공신과 개국공신 등이 '회맹제'를 하고 명단을 기록한 《이십공신회맹록》에 '선무공신 원균 장손 전력부위행 충좌위 부사용 신 원필(元怭)'이라고 하여 원사웅의 아들 원필 이름이 나온다. 1728년(영조 4년)에 편찬된 《이십일공신회맹록》에도 그 이름이 또 나온다. 이런 정황을 볼 때 칠천량에서 원사웅이 전사한 것은 아닌 듯하다.

그렇다면 왜 당대에 원균 부인이 아들도 없이 쓸쓸한 노후를 보냈다는 기록이 쓰였을까? 문학적인 수사로 원균 부인이 가난하여 여러 차례 조정에 국록을 요청했다는 이야기가 와전된 것으로 보인다. 왜냐하면 선무 1등 공신에게는 녹봉 이외 호위병 10명, 노비 13구, 하인 7명, 전지 150결, 은자 10냥 내구마 1필이 지급(『선조실록』, 1604년 10월 29일)되었는데, 이 정도의 경제력이면 원균 부인이 품위를 유지하면서 살아가는 데는 문제가 없었을 것이기 때문이다. 광해군 때 품록이 중지된 것은 녹봉이 없어진 것을 말하는 것이지만 생활고는 그다지 없었을 것이다.

그렇다면 충신각에 원균의 이름을 올린 광해군은 왜 원균 부인에 대해 국록을 폐했으며 인조는 다시 부활했을까? 일설에 원균 부인 윤씨는 1642년 6월 96세로 홍성군 홍주에서 사망했는데 당시 시신을 거둘 사람이 없었고, 그해 7월 호노(戶奴) 백종(白從)이 왕에게 상소하여 비로소 예장하였다고 한다. 하지만 이 이야기는 사실이 아닌 것 같다. 왜냐하면 당시 원필이 충좌우부사용의 직함으로 이십공신회맹에 공신으로 참가하고 있었기 때문이다.

　　그러므로 원균 집안이 완전히 몰락한 흔적은 없다. 오히려 인조 세력과 친분이 다시 만들어져서 국록이 부활했을 가능성이 크다. 따라서 원균 부인이 쓸쓸하게 죽고 호노 백종이 예장했다는 기록은 칠천량에서 원사웅이 죽어서 후사가 끊겼다는 사실을 극적으로 표현하기 위해 후세 사람들이 지어낸 과잉해석으로 보인다. 물론 임란 이후 원균 집안이 극성했다는 뜻은 아니다.

『선조실록』1604년 10월 29일

(4) 아버지의 끈, 원혼과 원계검 그리고 남원 양씨

아직도 미스터리한 부분은 왜 원준량이 천거를 받아서 관직에 올랐던가 하는 부분이다. 원준량의 출세와 관련하여 또 한명 주목되는 인물이 원혼(元混)이다. 그는 원유룬의 아들로 1525년 식년시 문과에 병과로 급제한 이후 전라도관찰사, 대사간, 병조판서, 좌참찬을 거쳐 1580년 판중추부사를 지낸 뒤 퇴임했고 기로소에 들어갔다. 93세까지 살아서 땅의 신선이라고 불려졌다. 원혼은 1543년 동부승지가 되고 명나라에 사절단으로 파견되었는데 1544년 2월 사헌부는 원혼과 윤원형이 자신의 군관을 성절사의 사행에 따라가도록 하여 그들이 가지고 간 은으로 밀무역을 했다는 사실을 고발하였다. 그 해는 원준량이 선전관으로 출사하던 해였다.

원혼은 윤원형과 무척 친하였고, 원준량과 계촌상 가까운 것은 아니나 할 아버지 때부터 세거지가 가까워 면식은 있었을 것이다. 그런데 원혼이 이렇게 윤원형과 깊은 관계가 있었다면 윤원형이 실각한 이후 사림들과의 관계가 대단히 어려웠을 것인데, 비교적 평온한 노후를 보냈고 이후 판중추부사까지 지낸 것으로 보아 척족정치에 관련했지만 사림에게 그다지 나쁜 인상을 준 것은 아닌 것으로 보인다.

또한 원준량의 출세와 관련한 또 하나 인물이 원계검(元繼儉)이다. 생몰 연대는 알 수 없으나 원순조의 아들이자 대사헌 원계채의 동생으로 원혼과 같은 해인 1525년에 진사가 되었고, 1533년 별시문과에서 급제하여 춘추관 기사관이 되었다. 1544년에는 국장도감 낭사를 거쳐서 1550년에는 도승지가 되었다. 국왕의 최측근이었다. 이후 대사간, 대사헌을 거쳐서 이조판서, 찬성, 판중추부사를 두루 역임하였다. 1563년 당시의 권신 이량이 파직되자 이량의 일당으로 지목받아 대사헌 이탁, 대사간 강사상 등에게 탄핵을 받았다.

원균의 어머니 즉, 원준량의 부인은 남원 양씨로 양성지의 현손이다. 양성지는 세종 때부터 성종 때까지 문교(文敎)와 정치, 언론 등에서 뛰어난 활동을 벌인 인물로서 세종은 그를 '해동의 제갈량'이라 불렀다. 성종의 스승이기도 했는데, 다방면에서 뛰어난 실력을 갖춘 인재라 평가받았다. 원준량이 양성지의 후손과 인연을 맺게 된 것은 양성지가 은퇴했던 세거지와 원몽의 어머니인 양천 허씨 집안의 세거지가 같았기 때문이다. 양천 허씨는 김포 양촌면 일대에 세거했는데 양성지가 노후에 정착한 곳이다.

(5) '원균은 내 인척', 해평윤씨 윤두수

1596년 11월 7일 비변사는 일본군 침입에 대한 대책을 논의하고 있었고 그 자리에서 윤두수는 원균을 자신의 친지라고 소개하였다. 윤두수는 이중호, 이황의 문인이며 해원부원군으로 보익공신(補益功臣)이었다. 당시 윤근수와 함께 명종 시절에는 신진사류의 영수로 활약하였는데 1563년 이량의 탄핵을 받았으나 윤원형 등이 계문을 올려 무죄로 밝혀지면서 다시 서용되었고, 이후에는 이수(李晬)의 옥사에 연루되어 파직되었다가 대사관 김계휘의 주청으로 복직되었다. 문제는 무슨 이유로 윤두수가 원균을 인척이라고 했는가 이다.

일단 윤두수가 시중공계 원호(元豪)와 친한 사이였는데, 원호는 원균과 같은 해에 무과에 급제하였으니 원균의 동기생인 셈이었다. 그런데 윤두수와 원호 두 사람이 죽은 다음 원호의 손녀와 윤두수의 증손자가 혼인하였다. 하지만 그것은 훗날의 일이기 때문에 윤두수가 원균이 자신의 인척이라고 한 이유는 될 수 없다. 하나의 가능성은 원주원씨 원성백계의 원붕(元崩)은 원균 시절 사람인데 그의 부인이 해평 윤씨였다. 따라서 원붕과 연관해서 원균과 윤두수는 멀지만 인척 관계로 여겨진다(선우성혜).

같은 시대 같은 이름의 원혼 3사람

원성백계 원혼(元混)이 살던 시기에 이름도 같고 벼슬도 비슷하여 마치 한 사람인 듯한 착각을 주던 원혼이 한 사람 더 있었다. 사실 원혼은 동명이인 이었다.

먼저, 원성백계 계통인 원혼1은 자는 태초 증조부는 원지어 조부는 원호달, 부는 원유륜이었다. 그것 [그림1]과 같은 『국조방목도감』(규장각한국학연구원 소장)에서 중종 시기 인물로 확인되는데, 원혼은 『선조실록』21년(1588) 5월 22일(갑진)자에 사망기록이 나온다. 원혼(元混)이 죽자 왕은 재신 출신이 죽을 때 하던 전통적 의례를 잘 살펴서 아뢰라고 전교하고 각종 제물과 가자를 더하여 주었다. 죽을 때 나이가 90여 세였다고 한다.

[그림1] 『국조방목도감』

그런데 문제는 이시기 판중추부사까지 오른 원혼이 한사람 더 있었다는 것이다. 『선조실록』 1599년 1월 7일자 기록을 보면 "근년에 와서 원혼은 80살이 다 되었는데 숭정으로 삼았다."라고 한 데서 1599년 즈음에도 원혼2의 생존 사실을 확인할 수 있다.

원혼1은 이미 1576년 3월 16일 기록에 숭정대부를 가자하라는 임금의 명령이 나온다.

따라서 원혼1과 원혼2가 모두 숭정대부를 하였고, 공교롭게도 원혼1도 90살이 넘었고, 원혼2도 위의 사료에서 이미 80살이 넘었다. 조선시대 당시 80수, 90수를 한다는 것은 무척 오래 살았다는 것인데, 동명이인(同名異人)이기 때문에 후대의 많은 원씨 집안사람들이 혼란을 겪었다. 원혼2는 시중공계 원순좌의 아들로 나온다. 모두 같은 시기에 나온다고 하여 대단히 의아해 했던 것이다. 그래서 서로 원혼이 자신의 조상이라고 우기기까지 할 정도로 감쪽같이 한자이름까지도 같은 원혼이었다. 일단 원성백계 원혼1은 그의 아버지가 원유륜이라는 내용이 진주 류씨 대종회 인터넷 족보에서도 확인되며, 이에 원성백계 원혼이 진주 류씨 백참판공파 13세 손인 류흡의 사위였다는 사실이 확인된다. 그 사안은 [그림2]의 표시부분과 같다.

원혼1의 일화에 대해선『연려실기술』(제18권, 원혼)에 나오는데, "판중추부사 원혼1은 원주인으로 을축생인데, 어려서부터 술을 마시지 않았고, 여색을 멀리하여 정기를 잘 보양하였으니 나이가 90이 넘어도 총명이 쇄하지 않고 정신력이 여전히 건재하니 진실로 신선이다. 말에 규풍이 남아 있다고하니 임금이 크게 기뻐하였다."라고 하였다. 그런데 1740년(경신보)《원주원씨 족보》에는 원혼1이 아예 나오지 않았으나 1959년 족보에 비로소 나오는데, 아들 이름도 원응곤이라고 한다. 원응곤은 1740년 이전에는 원혼1 자체가 원성백계로 인식되지 않은 상황이었기에 확인할수 없는 아들이었다.

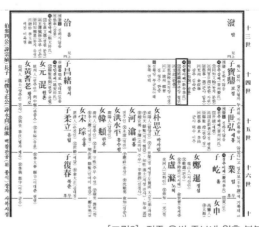

[그림2] 진주 유씨 족보내 원혼 부분

그런데 1959년 족보에는 나온다. 그렇다면 원응곤이 본래 원혼1의 아들이 었는지, 아니면 1740년 이후 족보 정리과정에서 원혼1이 족보에 들어오면서 생긴 아들인지 여부는 알 수 없다. 따라서 원혼1이 무자(無子)인지 여부도 확인할 수 없다.

다음은 원혼2에 대한 이야기이다. 시중공계 음성공파 족보에는 원극인의 사위가 원혼2이고, 아버지는 원순좌로 나온다. 운곡계 족보에 있는 원혼2는 원순좌의 아들로 되어 있어 원혼2는 시중공계 사람임이 확실하다. 다만, 운곡계 족보에는 원혼2의 아내가 족보상 강릉 최씨라고 했지만 강릉최씨 족보에는 원재임이 사위로 나온다.

운곡계 족보에 약간 착오가 있었던 것 같은데 문제는 실록에서 원혼1과 원혼2의 행적이 섞여서 어느 자료가 원혼1인지 원혼2인지 명확하지 않다는 것이다. 일단 원준량과 함께 한 원혼은 원혼1로 보인다.

그런데 제3의 원혼이 있다. 1740년 원성백계 족보(경신보)에 원혼은 원순좌의 아들이고, 할아버지는 원욱(元頊)이고, 증조부는 원수량의 계자이자 원연(원균 동생)의 아들인 원사달이었다. 기묘하게도 운곡계 족보와 같이 아버지 이름이 원순좌이다. 여기에 나오는 원혼3은 무자이면서 1녀만 두었다고 나오는 데, 딸은 최익망(수원사람으로 현감출신)에게 시집을 갔으나 자식이 없었다고 한다. 그런데 1959년 원성백계 족보에도 원혼3은 동일하게 증조부는 원사달이며, 그 손자인 원순흠의 아들로 나오는데 숙부인 원순좌의 양자로 갔다고 되어있다. 물론 나머지는 같게 나온다. 그러면서도 원유륜의 아들 원혼1도 족보에 나타난다.

정리하면 1740년 경신보에는 원혼1이 없었다고 봐야 한다. 왜 없는 것일까? 1740년까지 원혼1의 존재를 몰랐으나 『국조방목』이 정비되는 정조 이후 원혼1의 존재가 확인되면서 원성백계 족보에 들어간 것으로 보인다. 적어도 1740년까지는 후손으로 나오지 않지만 이후부터 원목의 직계(원목-원숙-원지어-원호달-원유륜-원혼1-원웅곤)가 새롭게 원학 아래로 편입된 것이다. 아마도 이시기『국조방목』이 정비되면서 그동안 집안에서는 존재 여부가 아리송했던 이름들이 공식문서 속에서 나타나면서 족보상에 재조정 과정을 거친 것으로 보인다. 다만, 원성백계에 나오는 원혼3은 공교롭게도 운곡계 원혼2와 마찬가지로 아버지 이름이 원순좌로 동일하다.

좀 더 확인이 필요한 추정이지만 공교롭게도 운곡계, 시중공계, 원성백계 모두 원순좌-원혼 이라는 이름이 비슷한 시기에 나온다. 이것은 재미있는 결과를 보여주는데, 뛰어난 인재였던 원혼을 원씨 3계파 모두 자기 집안의 족보에 편입함으로써 집안의 위인으로 높이고자 한 것은 아닐까 한다.

뛰어난 인재 원혼을 끌어들이려는 원씨 각 계파의 염원은 고스란히 족보 개수과정에서 극심한 족보기록의 왜곡을 초래하였다. 확인할 수 없는 진실을 진실인양 버젓이 족보에 등재한 것이다. 이는 족보의 공신력을 떨어뜨리는 원인이었다. 교란된 족보가 다시 진실을 왜곡하는 악순환으로 이어지면서 가문의 실질적인 영광에 대한 폄훼도 그만큼 확대되고 가계 정통에 대한 불신도 커졌다. 앞으로 보다 진실에 근거한 족보 편찬이 이뤄져야 한다. 그렇게 하려면 먼저 족보 기재 사실에 대한 냉정한 이해와 진실을 확인한 것을 필요로 한다. 영웅이나 위인을 자기 집안으로 끌어들이려는 염원이 주는 유혹에 냉정하지 못한다면 거꾸로 자신 집안의 정통성은 심하게 왜곡되면서 훗날 그 누구도 족보의 진실성을 믿지 않을 것이다.

나. 원균 집안은 공신 집안

(1) 계보

선조에게 원균은 '가상하고, 죽기를 각오하며, 지와 용을 겸한 장수'였다. 혹자는 동인이 집권한 당시 그들이 지지했던 이순신이 지나치게 힘이 강해지자 세력균형 차원에서 원균을 두둔했다는 생각도 있을 수 있다. 또는 원균의 칠천량 패전이 선조와 조정의 실책 때문이었기에 그에 대한 보상차원에서 원균에 대한 찬탄의 소리가 커졌다는 논리도 있다. 나아가 선조의 군사전략에 대해 평가하면서 원균이 정유재란 직전 선조의 '해로 차단책'에 적극적으로 동조하여 선조의 관심을 받았다는 점이 언급되기도 하였다.

왜 선조와 조정은 후대의 평가와는 달리 이렇게 원균을 따뜻하게 바라보았을까? 아마도 원균 자신에 대한 선조의 깊은 신뢰가 있었다는 것이다. 더

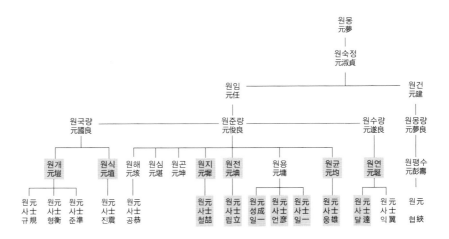

[그림 1] 원균 집안 가계도

비고 : ■ 표시는 가계도 내 임난공신으로 책훈 받은 사람들.
출전 : 원주 원씨 대종회, 『原州元氏族譜』(1740, 1959), 『功臣都鑑儀軌』

불어 원균 집안 전체가 임란에 처해서 나라를 위해 창의한 전통 때문에 존숭을 받은 것은 아닐지 생각해본다. 흥미로운 점은 원균의 직계존비속을 포함해 5촌 이내 친족들 중에 대부분이 임난 공신에 올랐고 5촌 이내 친척 중에서도 각종 원종공신으로 책록된 사람만 12명이다 [그림 1].

문중에서 50여명 이상의 임난 공신이 책훈되었고 그 중 원균의 5촌 이내 가족에서만 12명이나 공신으로 선정되었다는 것은 원주 원씨 집안자체가 임진왜란 당시 상당한 활동을 전개하였다. 그러니 원균은 혼자만의 원균이 아니었다. 공신이 많은 만큼 원주원씨 집안과 종실과의 통혼도 많았다.

『원주원씨 족보』(1740) 편자가 서문에서 원주원씨 집안을 평가하길 "일심으로 왕실을 섬겨 그 충성되고 노고함이 극히 현저하니 그 이름은 중국에도 떨쳤다. 참으로 융성하도다(一心王室° 克著忠勞而名動於中國° 何其盛也)"라고 했다. 그런 배경이 있어서 였을 것이다. 나아가 원호의 시장에서 나타나듯이 역대 원씨 집안의 양반 관료들은 한결같이 왕조에 대한 충성심이 강했다고 한다. 실제로 원씨 문중은 원선과 같이 '일편단심'의 충성 혹은 원균, 원전과 같이 진충보국의 무용으로 왕실에 헌신하려는 인물이 많았다.

(2) 종실 인척인 동생 원연, 의병을 일으키다

원균의 친동생 원연은 숙부 원수량에게 양자로 갔다. 원수량은 『실록』에는 군자감 부봉사로 나오나 방목에는 나오지 않는다. 원수량의 부인은 전주이씨로 아버지는 연성군 이지이고, 조부는 세조의 아들 덕원군 이서였다. 그러니 외가가 종실인 셈이다. 종실과 혈맥이 있었다는 점에서 원연이 의병을 일으킨 이유를 추측할 수 있다. 아울러 집안이 종실과 인척인 원수량에게 원연을 양자로 보낸 원준량의 속내는 형 원수량의 대를 이어주겠다는 우애도 있었지만 척족의 일당 혹은 부패한 탐관오리로 매도된 정치적 고립에서 원연만큼은 벗어나게 하려는 목적도 있었다.

그런데 원연이 수록된 사마시 방목(융경 원년 정묘 10월 19일 사마방목)에는 시험 당시 아버지가 원준량으로 되어 있었다. 따라서 원연이 원수량의 양자로 간 것은 식년시 과거에 합격한 1567년 이후였다. 그는 1567년(선조 즉위년) 식년시에 급제했지만 향리에 은거했다고 하는데, 구체적인 이유는 밝혀지지 않았으나 아버지 원준량의 영향이 컸을 것이다.『명종실록』(1569년 6월 21일)을 보면 당시 원준량이 윤원형에게 뇌물을 주었다고 하는 등 생부인 원준량이 권신인 윤원형과 한통속이었다는 비판이 자자한 상황이었다. 그래서 원연은 과거에 합격하고도 진사로 향리 경기도에 은거한 듯하다.

당시 원연은 처가인 평택에서 기거한 것 같은데, 부인이 소을경의 7세손이며 소세량의 조카인 소수연의 딸이라는 점에서 진주 소씨 집안과의 유대도 느껴진다. 원연의 은거는 미스터리지만 의병의 속성을 볼 때 고향인 평택에서 나름의 지역적인 신망과 사회적 기반을 착실하게 마련한 집안의 배경도 있었다고 볼 수 있다. 이후 임진왜란이 발발하자 의병을 일으켜 용인 금령에서 왜군을 물리쳤는데(조경남,『난중잡록』) 정유재란 때에는 적성 현감으로 재임 중 일본군과 싸우다 전사하였다. 그의 행적 중 일부는 현재 용인시 처인구 김량장동에 있는 햇골 이야기로 전해진다. 1829년 조정은 그의 높은 절의를 기리기 위해 이조참의로 추증하였다.

원연의 슬하에는 원사익·원사달 등 두 아들이 있었다. 원사익은 참봉으로 부인은 순흥 안씨, 장인은 판서 안세복 외조부도 관찰사 수군절도사를 지낸

원연 · 원사립 부자의 양세충효정문(평택시 도일동)

贈
忠卓通大吏從行訓夫城監楊鎮兵節都元之
節異政夫曹議通大積縣兼州管馬制尉埏門

안종도였다. 형 원사익은 공신으로 책록되지 않았으나 아우 원사달은 선무3등 원종공신이 되었다. 원사익의 부인은 수원 최씨로 아버지는 판관 최경숙이었다.

원연의 큰 딸은 전주 이씨 이문익에게 시집을 갔다. 이문익의 아버지는 호조정랑 이응, 조부는 관찰사 이억손이었는데 이억손은 종실 신종군 이효백의 증손, 완성군 이귀정의 손자였다. 즉, 왕실 인척 집안으로 시집을 간 것이다. 큰 딸이 낳은 손녀는 해평 윤씨 윤상과 혼인하였는데, 윤두수와 16촌이었다. 촌수는 멀지만 원주 원씨 집안은 해평 윤씨와도 인연이 계속 이어지는 것을 보여준다. 원연의 둘째 딸은 창녕 조씨 집안의 조명욱과 혼인하여, 낳은 딸이 선조의 왕자 경창군의 정비가 되었다. 따라서 원연의 아들은 주로 당상관 집안과 딸들은 주로 왕실 인척과 혼인을 하였다.

(3) 동생 원용(元墉)은 완산군 이순신의 사돈이었다

원균의 큰 동생 원용은 임란 공신은 아니었지만 그의 슬하에 있던 세 아들 원사일 · 원사언 · 원성일은 모두 임난 공신이었다. 원사일은 수문장 출신으로 선무3등 원종공신에 올랐다. 그의 부인은 전주 이씨로 아버지는 사과 벼슬의 이덕수였다. 둘째 아들 원사언은 서자였다는 이야기도 있으며 무과에 급제하여 도정 벼슬을 했다. 도정이란 본래 훈련원이나 종친부 혹은 돈녕부의 업무를 총괄하는 관직인데, 원사언은 무반이기에 훈련원 소속으로 추정된다. 그러나 한품서용, 서얼금고라는 제약 속에서 이런 벼슬에 오르기 힘든 시절이므로 '서자설'은 사실 무근이다.

셋째 아들 원성일은 판관으로 선무2등 원종공신, 청난3등 원종공신, 호성 3등 원종공신에 책훈되었다. 아들 둘이 모두 선무·청난·호성 관련 원종공 신이라는 점에서 선조 측근에서 수족처럼 신속하게 원균의 행적을 왕에게 전달한 전령과도 같은 존재로 보인다.

원용의 딸은 완산군 이순신(李純信)의 아들 이숙과 혼인하였다. 이순신(李 純信)은 충무공 이순신(李舜臣)의 신임을 받던 인물로, 이순신 사후 뒤를 이 어 조선 수군을 이끌었다. 완산군 이순신은 양녕대군의 후손이며, 임진왜란 때의 전공으로 선무공신 3등에 책록되고 완산군에 봉해졌다. 그야말로 충무 공 이순신의 인물인데도 그의 아들을 원균의 큰 동생인 원용의 딸과 혼인하 도록 한 것은 그들 사이가 무척 가까웠다는 사실을 보여준다. 아니라면 원 균 집안이 완산군(이순신)과의 교분을 통하여 나름의 '생존'을 모색한 것일 까? 다양한 궁금증을 만드는데 공신 집안간의 유대결속이라는 현실적인 이 해관계도 있었고, 당시 원균이 여전히 충신으로 인정되던 시기라는 점에서 양가의 결속이 부자연스러운 것은 아니다.

(4) 선조가 동생 원전을 물어보다

원전(元㙉)은 1740년에 간행된 족보에 정3품 상계인 통정대부로 경상도 고성현령 벼슬을 했다고 기재되어 있다. 임진왜란 당시 그는 원균 수하에서 주부 벼슬을 하고 있었다. 그런데 한산해전에서 활약하여 5품으로 승차하였 다(『선조실록』, 1592년 7월). 통제영이 설치된 이후 삼도수군통제사 군영의 종 사관에 기용되어 선전관으로 활약하였다. 정유재란 당시 고성현령으로 재 임하였는데, 원균이 칠천량 해전에서 죽자 원균의 시신을 찾기 위해 노력한 것으로 전해진다. 후에 그 공을 인정받아 선무1등 원종공신에 책훈되었다.

그의 부인은 덕수 이씨라서 이순신이 『난중일기』에도 그와 만났다는 기록이 있을 정도로 이순신과 무난한 관계였다.

그런데 무슨 이유에서인지 족보에 장인의 이름이 기재되지 않으며, 현존하는 원주원씨 족보 중 가장 오래된 1740년 간행 족보에도 덕수 이씨로 나오지만 1800년에 간행한 족보에는 풍덕 이씨로 기재되어 있다. 덕수 이씨는 통제사 이순신의 집안이다. 원주 원씨 원성백계 개성윤공파 원윤(元胤)의 딸도 행주 기씨 집안의 기분에게 시집을 갔고 거기서 낳은 딸이 덕수 이씨 8세손인 이효조와 결혼한 사례가 있다. 바로 이효조의 직계 현손이 충무공 이순신이다. 족보상으로는 먼 인척이라고 해도 당시로서는 면식정도는 있는 사이라고 할 수 있다. 다만《이충무공전서》원전과 그의 사촌 원식(元埴)이 조방장으로 이순신을 찾아가 전황을 전했다는 기록을 볼 때 서로 배척하거나 적대적이었던 흔적은 없다.(『난중일기』, 1594년 2월,『이충무공전서』권6)

원전은 자식이 없었다. 때문에 그의 형 원연의 아들 원사립을 양자로 맞이하였다. 원사립은 1591년 무과에 급제한 다음 진주 목사를 역임하였고 후에 선무2등 원종공신과 호성2등 원종공신에 책훈되었다. 그의 부인은 고성 이씨로 아버지는 사과 벼슬을 지낸 이애였다. 원사립은 임난 초기 경상 우병사 김성일 휘하에 있었다. 김성일이 일본군과 대적하였는데, 당시 군관이던 원사립은 이숭인과 함께 적의 목을 바치고 장계를 올렸으며, 양주 순찰사의 비장으로 있으면서 전장의 상황 등을 보고하였다. 임난 이후 진주 목사, 김해 부사 등을 역임하였다.

그런데 원전은 이순신의 하옥과 관련된 인물이었다. 1597년 2월 4일 선조가 우연하게 이덕형에게 '원전이 지금 무슨 일을 하고 있는지' 물었다. 그러자 이덕형은 이순신이 원균을 모함한 이야기를 했고, 그 일로 이순신의 옥사가 시작되었다. 선조가 원전의 근황을 물을 정도라면 당시 원전에 대한 선조의 관심이 상당했다는 것을 보여준다. 아마도 당시 수많은 원씨 집안 사람의 적극적인 대일 항쟁에 나서 준 것에 대한 감동의 표현이었다고 볼 수 있다.

(5) 동생 원지와 양자 원사철

원지(元墀)는 원균의 넷째동생이었다. 원지 역시 정3품 하계 통훈대부 삭주부사를 역임하였고, 선무2등 원종공신과 청난 1등공신으로 책훈되었다. 부인이 전주 이씨, 사천 육씨, 영천 이씨, 양성 이씨 등 4명이다. 원지가 자식을 보기 위해 4명의 부인을 두었지만 정작 자식은 없었다. 그래서 원균의 사촌 원식(원국량의 아들)의 아들 원사철을 양자로 입양하였다. 원사철도 선무3등 원종공신에 책훈되었으며, 용양위부장군 동지중추부사를 역임했다. 부인은 경주 이씨, 장인은 부사를 역임한 이유삼이었다. 원국량의 큰 아들 원식도 선무3등 원종공신으로 책훈되었으며, 정4품 봉정대부 예자사부정을 역임하고 나중에 정3품 통정대부 좌승지 겸 경연참찬관으로 추증되었다. 부인은 파평 윤씨 소정공파 22세, 통훈대부 평강현령 윤자운의 딸이었다. 작은 아들 원개도 선무3등 원종공신으로 책훈되었다.

(6) 원씨 문중의 임란 공신

[표 1]과 같이 원균 집안 이외 원주 원씨 문중에서 배출한 임란 공신은 총 31명이다.[1] 관직을 보면 전직 상호군·수문장·절충장군·목사·우림위·현감 등 이었지만 그 외 학생도 많았으며, 포작이나 정병과 같은 평민도 있었다.

원신(元愼)은 시중공계 사람으로 알성시 무과에서 급제하였고, 부인은 청송 심씨와 김제 조씨 두 사람이었다. 전란 당시 포수초관으로 공을 인정받아 포상도 받았으며, 전라도 방어사를 역임하면서 명군과 함께 활약하였다. 이순신이 노량에서 전사한 이후에는 충청 병사를 역임하였다. 원신은 군민을 가혹하게 다스린다거나 과장된 장계를 바치는 일로 물의를 빚었다.

원균과 함께 임란 당시 크게 활약한 장수가 원호(元豪, 1533~1592)이다. 아버지는 첨지중추부사를 역임한 원송수였고, 어머니는 순흥 안씨였다. 1567년 35세 때 원균·신립·변언수 등과 함께 무과에 급제 하였다. 그후 비국랑(備局郎, 비변사 낭관), 경주 통판, 운산군수, 단천군수 등을 역임하였다. 니탕개의 난 이후 경원부사로 가서 녹둔도에 둔전을 설치하는 등 북방을 호령하였다. 아들 원계공(元溪公)도 급제하였다. 1587년 원호는 전라우수사가 되

---

1 이름은 원○○이지만 특별히 문중의 가계에 속하지 않는 천역직(賤役職) 인물들과 사위 1명은 제외하였다. 그리고 원균의 직계 및 5촌 이내의 임난 공신들은 [그림 1]에서 별도로 표시하였기 때문에 여기에 기재하지 않았다. 출처 : 원주 원씨 대종회,『宣武原從功臣錄券』, 규장각한국학연구소

[표 1] 원주 원씨 문중의 임란공신

이 름	공 훈	비 고
원신(元愼)	宣武原從功臣 1등	行牧使
원호(元豪)	宣武原從功臣 1등	贈判書
원길(元吉)	宣武原從功臣 2등	部將
원손(元孫)	宣武原從功臣 2등	司僕
원수남(元秀男)	宣武原從功臣 2등	上護軍
원대인(元大仁)	宣武原從功臣 2등	折衝
원옥진(元玉珍)	宣武原從功臣 2등	守門將
원유남(元裕男)	宣武原從功臣 2등	折衷
원상(元上)	宣武原從功臣 2등	羽林衛
원상(元祥)	宣武原從功臣 3등	保人
원색(元穡)	宣武原從功臣 3등	縣監
원연(元連)	宣武原從功臣 3등	鮑作
원진(元禛)	宣武原從功臣 3등	箅員
원기수(元麒壽)	宣武原從功臣 3등	學生
원기치(元起治)	宣武原從功臣 3등	守門將
원덕린(元德麟)	宣武原從功臣 3등	出身
원몽득(元夢得)	宣武原從功臣 3등	學生
원몽린(元夢麟)	宣武原從功臣 3등	學生
원몽협(元夢俠)	宣武原從功臣 3등	學生
원수겸(元守謙)	宣武原從功臣 3등	司僕
원영생(元水生)	宣武原從功臣 3등	出身
원례영(元禮榮)	宣武原從功臣 3등	學生
원충서(元忠恕)	宣武原從功臣 3등	引儀
원충량(元忠良)	扈聖原從功臣 2등	大宗贊成公曾孫左參贊公 제2파, 원균과 11촌
원윤하(元允夏)	扈聖原從功臣 3등	司僕
원개(元介)	淸亂原從功臣 2등	正兵
원계수(元戒水)	淸亂原從功臣 2등	正兵
원수겸(元守謙)	淸亂原從功臣 2등	出身
원수의(元守義)	淸亂原從功臣 2등	원충량의 아들

었지만 왜구 침입을 제대로 막지 못했다고 하여 강진으로 유배되었다. 만포 첨사와 평안 우후를 역임한 다음 고향에 은거하였다.

임진왜란이 발발하자 강원도 조방장으로 원주·여주 등지에서 의병을 모아 여주 신륵사에서 일본군에 승리하였고 적을 추격하여 구미포에서 격퇴하였다. 그 공으로 가선대부 여주목사 겸 경기강원 양도 방어사를 제수받았다. 얼마 후 강원 감사의 격문을 보고 거병하였다가 김화에서 복병을 만나 전사하였다. 조정에서는 병조판서를 증직(『선조실록』, 1597년 2월 25일)하고, 좌의정에 추증하였다. 시호는 충장공이었다. 원준량이 원호의 먼 인척인 변안열 묘표 제작에도 참여했던 것으로 보아 세거지가 원균집안과 인근인 듯하다. 특히 원호와 윤두수·윤근수 형제와 절친했다는 점에서 윤두수가 선조에게 자신이 원균을 친척으로 이야기했던 이유도 알 만하다.

2. 원균의 출사와 야인 정벌

가. 야인 정벌에서 명성을 얻다

(1) 원준량의 아들, 무인 원균

원균은 고려 태조 원년(918) 벽상삼한개국익찬일등공신 겸 정의대부 병부령 관직에 있던 원성백 원극유(元克猷)의 후손이었다. 1540년 1월 5일 경기도 진위현(오늘날 평택시 도일동)에서 영의정으로 추존된 평원부원군 원준량의 큰 아들로 태어났다. 아버지가 무인으로 전라수사, 경상병사 등을 역임했고 어려서 아버지를 따라 서울 건천동에 와서 살았다.

원균은 6형제 중 장남이고 아버지가 무인이라서 책임감이 강조되거나 위

「1872년 지방지도 진위현」

계가 중시되는 경향이었을 것으로 추측된다. 아버지 원준량은 원균이 자신과 같은 무반으로 크게 이름을 떨치길 희망 했을 것이다. 이 점에서 이순신과 무척 대비되는데, 이순신은 아버지 이백록이 1540년에도 종8품 평시서 봉사에 머물렀으니 두 사람의 출신 성분은 극히 대조적이었다.

1564년 원균의 아버지 원준량은 당시 경상우병사로 있었는데 이때 아들을 무과 초시에 응시하게 했다는 죄로 탄핵을 받았던 것이다. 동생 원연이 문과 출신인 점을 고려할 때 이 사건에 연루된 아들은 원균일 것으로 추측된다. 1564년에 원균은 식년시 무과에 낙방했지만 결국 1567년 식년시 무과에서 급제하였다.

급제 당시 원균은 양반들의 군역지인 충순위에 소속되어 있었다. 충순위는 3품 이상 고위관리 자손을 대상으로 600명을 뽑아서 윤번제로 입직시키고 일정 기간 복무하면 다른 관직으로 거관될 수 있게 한 제도였다. 나중에는 타성 왕족이나 왕비족 등도 입직했으며 정원은 딱히 정해진 것이 없었고 7교대로 2개월씩 근무하였다. 근무기간이 끝나면 5품 영직으로 옮길 수도 있었다. 나중에는 동반 6품 서반 4품의 현직에 있는 자나 문무과 출신 생원 진사 출신자 및 양반 말단 계층도 들어갔는데 급료와 보급은 없었다.

원균의 무과 급제 기록은 현재 하버드 옌칭 도서관에 소장되어 있는 『융경원년정묘식년문무과방목』에 나온다. 이 자료는 국사편찬위원회에서 촬영해 와서 마이크로필름으로 보관하고 있는데, 거기에 "을과 두 번째는 충순위 원

원균 생가 추정터(평택시 도일동)

균, 자는 평중이고 경자년 생(1540)이다. 본관은 원주이고 서울에 산다. 아버지는 절충장군 행 용양위부호군 겸 오위장 원준량이다"라고 되어 있다. 절충장군은 조선시대 정3품 당상관의 서반(무관)에게 주던 관계로 무신계에서 최고 관직이다.

원균의 과거 성적은 을과(乙科) 2위 즉, 전체 5위에 해당하는 '뛰어난' 성적이었다. 을과로 합격했으므로 정 8품 품계를 받았는데 처음 급제하면 보통 종8품을 받는 관습을 고려할 때 남들보다 2~3년 정도 앞선 셈이다. 원균과 같이 급제한 동기로는 장원을 차지한 이지시를 비롯하여 신립 · 원호(元豪) · 변언수 · 신호 등이 있었다. 과거에 급제한 후 그는 선전관에 임명되었다. 그런데 1567년에서 1581년까지 약 14년 간 원균의 승차 기록이 없다. 1582년경 비로소 거제현감이 된 것을 보아 무과 급제 이후 상당기간 승진이 어려웠던 것을 알 수 있다. 거제 현감이 되어서도 근무성적 평점이 하점(居

下)이었다.

　왜 근무성적이 낮았는지 알 수 없다. 하지만 훗날 원균에 대한 악평이 주로 ①피로한 군졸들을 잘 어루만지지는 못한다(류성룡) ②한번 해전을 치른 다음에는 반드시 착오를 일으킨다(류성룡) ③군졸을 사랑할 줄 모르고 또 인심도 잃어버린 사람(이정형) 이라한 것을 보아 융통성 없고, 단순하고, 돌격적이며, 제 몸을 돌보지 않아서 전투 능력이 있는 장수였지만 그다지 덕을 쌓지 못하고, 눈치를 몰라서 여러 사람으로부터 인심을 잃었던 것을 알 수 있다. 하지만 직접적인 이유는 아버지 원준량이 훈척 세력인 윤원형과 긴밀한 관계가 있었기 때문으로 보인다. 이 것을 눈에 가시처럼 보았던 사림 세력이 이후 정권을 잡게 되자 원균을 심하게 견제하는 것은 아닐까?

　사실 원균은 '북방에서 전투할 때 보였던 성격'이나 훗날 그에 대한 평가에서 보듯이 누구에게 아부를 하거나 뇌물을 쓰는 사람은 아니었다. 아버지가 주로 은(銀) 매매나 뇌물 등으로 구설에 올랐던 사실을 어릴 적부터 체험하였던 장남 원균은 늘 아버지와는 다른 삶을 살아야겠다는 고민을 가졌을 법도 하다.

융경원년정묘식년문무과방목 원균부분(국사편찬위원회 소장 마이크로필름)

그런 반작용들이 마침내 입사 초기에 그런 경직된 생활을 하게 한 것은 아닐까? 통제사가 된 상급자 이순신에 대해서도 거침없이 소신을 말하는 성격은 아버지와 크게 다른 부분이었다. 그런 성격이라면 당연히 자신의 근무 능력과 상관없이 좋은 평가를 받기가 어려웠을 것이 자명하다. 물론 개인적으로 당시 횡행하던 무관천시의 풍조가 작용했을 수도 있다. 거제 현령의 근무 점수가 하점[居下]이라면 다른 직책을 맡지 못하는 관료로서 딱한 상황이었다. 하지만 그에게도 기회는 왔다.

(2) 드디어 이름을 날리다.'니탕개의 난'

함경도 북부 지역의 두만강 너머는 여진족이 거주하고 있었다. 그 중에는 조선에 좋지 않은 감정을 가진 여진족도 있었기 때문에 이들의 침입을 억제하고 방어하는 것은 조선의 중요한 대외정책 중 하나였다. 그렇기 때문에 이 지역의 지휘관은 무예가 뛰어난 젊은 무장들이 주로 맡았다. 선전관을 맡으면서 군사적 실무를 익히고 무예와 병법을 익힌 원균은 1583년 1월 조산보 만호로 임명되어 변방에서 근무를 하게 된다. 만호란 각도의 진에 딸린 종 4품 무관이었다. 진을 관할하는 병마동첨절제사와 절제도위는 지방 수령이 겸직했으나 만호만은 진을 지키는 일을 전담하였다. 수군 만호는 가족을 동반했을 때 임기가 900일 정도였다. 조산은 함경도 북부의 두만강 하류에 위치한 요충지로 조선 초기 6진개척 때 설치된 경원부의 전방기지였다. 조산보는 특히 두만강 너머 시전평야에 사는 여진족 침입에 대비하는 국경 방어의 최전선이었다.

원균이 조산보 만호로 임명된 1583년에는 북쪽 여진이 대규모로 침입했다. 개국 이후 임진왜란 이전까지 최대의 외침인 '니탕개의 난'이었다. 1570년대 당시 만주 정세를 보면, 건주좌위가 쇠퇴하고 건주우위의 추장 왕고

(王杲)와 아들 아태(阿台) 세력이 강성해서 자주 명나라 변경을 침입하였다. 1574년 명과의 공시(貢市) 관계를 끊고 요양과 심양 등지를 침범하자 그해 10월 명나라 요동총관 이성량이 수만 군사를 거느리고 왕고의 소굴을 토벌하여 1천 명을 참수하였다. 왕고가 죽은 다음 그의 아들 아태가 아버지 원수를 갚고자 명나라의 변경을 노략질하면서 1583년 2월 이성량이 다시 아태의 소굴인 고륵을 공격하였다. 이성량은 고륵을 함락하고 많은 야인을 정벌하였다. 이 정벌을 계기로 누르하치가 유갑13부(遺甲13副) 군사로 건주여진을 통일하였다. 이 시점에 니탕개의 난이 발생한 것이다.

니탕개의 난은 1583년(선조 16년) 1월 니탕개를 중심으로 회령 지방의 여진족이 반란을 일으키면서 시작되었다. 당시 동북 지역의 여진족은 김종서의 6진 개척 이후 잘 다스려졌으나 중종 이후 점차 통제가 이완되었다. 선조 초년에 여진족의 움직임이 활발해지더니 결국 니탕개가 율보리와 합세하여 난을 일으킨 것이다. 선조 초기 니탕개가 예의를 갖추며 6진을 드나들자 조정에서는 그에게 관록을 주고 우대했다. 그러나 1583년 1월, 인근 여진의 여러 부가 진장 대우가 신통치 않다는 이유로 경원부를 침입하고 아산(阿山)·안동(安東)의 각 보를 점령했다. 2월 9일 조정에서 이 사실을 알았다.

선조는 그날 즉각 '성을 지키지 못한 경원부사 김수와 양사의 등을 참수하라'하고 신립에게 기병 500명을 동원해 반란군을 소탕하도록 하였다. 5월까지 이어진 소탕전에는 원균도 포함되었다. 원균은 종전 거제 현감으로 근무성적이 나빠서 바로 직무에 나갈 수 없었다. 그러나 그런 북방에서 전운이 감돌자 1583년 1월 조산보 만호로 임용되었고 2월 초 본격적으로 니탕개 소탕전에 참가하여 군공을 세운 듯하다. 전투에서 원균의 활약에 대해 훗날 조인득이 "비록 만군이 앞에 있더라도 횡돌(橫突)하려는 의지가 있었고, 행군이 매우 박실(朴實)하였다"(『선조실록』, 1596년 10월 21일)라고 한 것처럼 전투에 임할 때는 물불을 가리지 않고 적진을 향해 돌진하는 모습이었다.

당시 온성부사 신립은 니탕개 소탕의 일등공신이고 덕분에 자신의 명성을 크게 떨치는 계기가 되었다. 신립은 원호·원균과 함께 1567년의 무과에 같이 급제했다. 그러니 신립과는 대단히 협조적이었을 것이다. 아울러 원호도 당시 경원부사로 옮겨가서 녹둔도에 둔전을 설치하였고, 원균도 선조가 파견한 어사 성락의 장계에 의하여 공훈이 인정되어 부령부사로 특진되었다. 이렇듯 세 명의 무과 급제 동기생이 북방 부령·온성·경원 등에서 함께 부사를 하였으니 서로 큰 힘이 되었을 것임은 불문가지다.

(3) 녹둔도 사건과 시전부락 전투에서의 원균

부령부는 북방의 군사요충지로 고려시대부터 조선 초기까지 석막성으로 불렸다. 1431년 6진을 설치할 때 연북진이 설치되어 절제사가 경성군과 함께 관할하였고 이후 1449년 부거현을 폐지하고 민호를 석막성으로 옮겨 명칭을 부령으로 개칭했다. 부령에서 임기를 마친 후 원균은 1587년 종성부사

[그림] 「대동여지도」의 경원부 조산 부분, O는 위에서 아래로 시전부락, 조산 그리고 녹둔도

로 옮겼다. 종성은 부령과 마찬가지로 6진을 설치할 때 여진의 침입을 방비하기 위해 마련한 함경도 최북단의 요새였다. 특히 1583년 5월 제2차 니탕개의 난 때에도 습격을 받은 요충지였다. 여기에 원균을 임명한 것은 당시 조정이 원균의 능력을 나름 인정했다는 의미이다.

1587년(선조 20년) 두만강 하류의 여진족들이 녹둔도를 습격하였다. [그림]에서 보듯이 녹둔도는 두만강 하류에 위치하였고, 6진을 개척 당시 우리 영토가 되었다. 그런데 반대쪽(대안)에 살던 여진족이 자주 침범하면서 섬안에 토성을 쌓고 높이 6척 높이의 목책을 친 다음, 병사들의 보호 아래 농민들이 배를 타고 오가며 농사를 짓게 하였다. 1583년부터 원호가 둔전을 관리하였는데 1587년 가을 추수할 무렵 여진의 시전부족이 습격해 온 것이다. 이로 인해 수자리 부대 대장[戍將]이었던 오향과 임경번 등 11명이 죽고 160여 명이 잡혀갔으며 말 15필도 약탈당했다. 그러자 부사 이경록과 조산만호 이순신이 반격을 가해 60여 명을 구출하고 적을 죽였으나 아군의 피해도 상당했다. 북병사 이일은 이 싸움의 책임을 물어 이경록과 이순신을 처형하려고 했다.

이일은 본시 경기도 용인 사람으로 이순신보다 11살 많았다. 뒷날 임진왜란 때에도 순변사로서 일본군에 패전한 사람이었다. 이순신은 녹둔도 병력만으로 오랑캐와 맞서기 어려운 줄 알고 수차례에 걸쳐 북병사 이일에게 증원을 요청하지만 받아들여지지 않았고 결국 녹둔도 사건이 발생한 것이다. 북병사 이일은 이순신의 증원군 요청을 거부한 잘못을 호도하고자 이순신에게 모든 잘못을 전가하려는 의도를 가지고서 자기에게 유리한 작전결과 보고서를 만들어 조정에 올렸다.

이것을 본 조정은 "이순신은 패전한 사람으로 볼 수 없으니, 백의종군하여 공을 세우도록 하라"는 명령을 내렸다. 1588년 1월 북병사 이일은 400여 명의 군사를 이끌고 추도를 기습 공격하여 여진족 부락 200여 호를 태우고 야인 380여 명을 죽였으며, 말 30필과 소 20두를 획득하였다. 이 싸움에서는 아군의 피해가 전혀 없어 백의종군하던 이순신과 이경록도 사면을 받았다.

원균이 시전부락 전투에서 활약한 것은 조산보 만호시절 녹둔도 둔전관리와 시전부락에 대한 감시 경험이 충분했기 때문이었다. 『장양공 정토 시전부호 도(壯襄公征討時錢部胡圖)』에 의하면 당시 원균은 종성부사로 전투에 참가했는데 역할은 '우위의 일계원장'이었다고 한다. 이렇게 원균은 무과에 급제한 이후 북방에서 일어난 두 번의 여진족과의 전투에 참가하여 자신의 이름을 알림으로써 그의 부친이 지고 있던 집안의 어두운 부분을 씻고 출세가도를 달리는 호기가 되었다.

(4) 두만강변의 원균과 이순신

당시 선조는 원균의 활약에 무척 고무된 듯하다. 그리고 원균의 군공은 입신출세에도 큰 기회가 되었다. 반면, 녹둔도 전투에서 이순신은 적의 화살에 맞아 가며 용전분투했지만 이일의 모함을 받아서 백의종군하게 되었다. 이순신은 이러한 대조적인 삶의 굴곡 앞에서 깊은 고민을 하였을 것이다. 이순신이 원균을 미워하게 된 첫 번째 이유가 이처럼 특정한 인맥으로 둘러싸인 원균이 모든 공훈을 독점하는 데 대한 분노였을 것이다. 이런 마음이 『난

「1872년 지방지도 가배량진」(경상우수영)

경상우수영지인 가배량성벽(거제시 동부면 가배리)

중일기』에서 원균을 깊은 증오하는 글을 남긴 배경이었다.

1591년 2월 원균은 전라좌수사에 제수되었다. 하지만 사간원은 원균이 "전에 수령으로 있을 적에 근무평가[考積]가 하점[居下]이었는데 겨우 반년이 지난 오늘 좌수사를 제수(超授)하니 상벌[黜陟勸懲]을 제대로 하는 것이 아니므로 다들 옳지 않게 여긴다"고 하였다. 결국 원균은 전라좌수사로 옮겨가지 못했다(『선조실록』, 1591년 2월 4일). 자칫했으면 1591년 원균이 전라좌수사가 되어 이순신을 대신할 뻔 했다.

사간원의 상소로 옮겨가지 못했지만 임란이 있기 두 달 전인 1592년 2월 경상우수사로 부임했다. 북방에서 여진족과 전투한 경험은 수군시절 도움이 되었을까? 육전에서 승리한 기억을 가진 장수가 할 수 있는 것은 자신의 경험에 대한 자부심일 것인데 과연 그러한 돌격적이고 직접적인 전략이 수군에도 먹혀 들어갈까? 사실 여진족은 군사들을 모아서 쳐들어가서 겁주고 물리치면 되지만 바다 위에서는 육지에 숨은 적을 소탕할 수 없어 보다 치밀한 작전과 육군과의 제휴가 필요하였다. 맹장보다는 지장이 필요한 수전에서 그의 자존심의 근거인 북방에서의 전술은 개선되어야 했다. 그런데 원균은 어떻게 임진왜란을 맞이하고 있었을까? 왜 그렇게 포악하다는 소리를 들었을까? 수군은 수군인데 말이다(성강현).

나. 전쟁 전야, 조선도 급하다

(1) 위험은 감지했으나

1555년(명종 10년) 발생한 을묘왜변은 삼포왜란보다 피해가 심각하였다. 5월에서 6월 사이에 왜선 70여 척이 전라도 해남 달량포에 침입하여 전라병사 원적(元績)과 장흥부사 한온을 살해하고 영암까지 침입하였다. 당시 영의정 심연원은 왜구의 군사력은 중국으로부터 조선기술을 배우고 총통 쓰는 법이 정교하여 조선병력으로는 감당하기 힘들다고 할 정도였다. 그 와중에 정정도 불안하여 1575년(선조 8년) 기성관료와 신진관료 사이에 심의겸의 정치 참여를 놓고 동·서인으로 분당되었다.

동·서 분당 초기에는 이황, 조식의 문인이 많던 동인측이 이이와 성혼의 학맥으로 이뤄진 서인을 압도하였다. 하지만 1589년 기축옥사 이후 서인이 대두하였고, 1591년 건저의(建儲議) 사건을 계기로 동인은 남북으로 분열하였다. 이러한 정정의 불안과 함께 사회 경제적인 위기도 심화되어 중종 시절 203만 석에 달하던 삼창의 저치미(儲置米)가 임란 직전에는 50만 석밖에 없었다. 아울러 면천을 조건으로 북방으로 이주했던 사람들이 도망하자 엄격하게 환천(천인으로 되돌리는 일)하는 등 사회적 불안이 고조되었고, 그

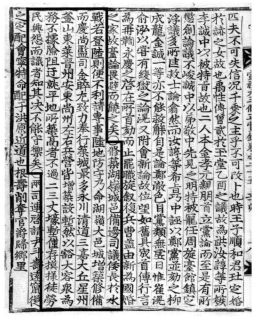
『선조수정실록』1591년 7월 1일

여파로 명종 때는 임꺽정의 난을 비롯하여 선조 초년에는 옥비의 난, 임란 직전에는 정여립의 난으로 혼란스러운 상황이었다.

도요토미 히데요시가 일본 전국을 통일하고 명나라 정벌이라는 허황된 꿈에 휩싸여 대마도주로 하여금 조선 국왕의 입조를 전달하도록 했다. 조선에 생존선이 있었던 대마도주 입장에서는 양측의 입장을 고려하지 않을 수 없었다. 이에 조선 정부에 통신사 파견을 누차 요구하였고, 조선에서도 수락하여 황윤길과 김성일을 통신사로 파견하였다. 히데요시를 만나고 돌아온 통신사 일행이 선조에게 각기 다른 보고를 한 것은 잘 알려진 사실인데, 그럼에도 불구하고 조선정부는 일본의 침략을 어느 정도 예측하고 있었다. 일본의 방약무도한 주청에 공주의 조헌은 1587년 일본 정벌을 상소하기도 하였다. 그리하여 조정은 각도의 성곽을 수축하고 무기를 점검하며 무신 중에서 뛰어난 재질이 있는 자는 서열에 구애받지 않고 발탁하였다. 그 과정에서 원균이나 이순신과 같이 야인 정벌에서 두각을 드러낸 장수들을 지휘관으로 발탁하였다.

그런데 성곽 공사는 거센 저항을 받았다. 조정은 일본이 육전보다 수전에 능하다는 판단 아래 경상·전라도지역 성곽 수축에 특별히 힘쓰도록 하였다. 그래서 영천, 청도, 삼가, 대구, 성주, 부산, 동래, 진주, 안동, 상주 및 좌우병영의 성을 증축하고 해자(성벽을 두른 물구덩이)를 깊이 파게 하였다.

이에 대해 일부 양반들은 왜국이 침공하지 않을 것이라고 반대하였고 성곽 수축과 군사훈련에 동원된 백성들은 지방 통치관인 수령과 군사 지휘관인 병사 등에게 원망을 품었다. 임란이 일어나기 1개 월 전인 1592년 3월 전라도 강진에서는 서울에서 내려온 순찰사 신립(申砬)의 독촉으로 성곽을 수축하는 승군과 군사훈련에 동원된 백성들의 원성이 극에 달했다. 류성룡의 『징비록』을 보면 '우리 마을 앞에는 내가 흐르고 있어 아무리 잘하고자 해도 뛰어 넘을 수 없는데 하물며 동래 부산 앞은 망망대해인데 왜인이 어떻게 넓은 바다를 넘어올 수 있겠는가' 하며 성곽 수축을 반대하였다고 한다.

군기 문란도 심각하였다. 한 예로 1578년(선조 11년)에 일어난 경상도 병영의 난동사건을 들 수 있다. 엄격한 군기를 요구하던 우후의 처사에 원망하던 병영군이 병사가 교체되는 시기를 틈 타 밤중에 성문을 열고 탈출하였다. 우후가 사과하자 농성을 풀었는데 이 소식을 들은 무장들은 이러한 일이 '늘 있는 일'이라고 하였다. 1590년 정월에는 선공화원 은장이(銀匠)와 종묘의 노복[守僕]등이 공모하여 태묘의 보물을 훔치고 증거를 없애려 방화하는 일도 있었다. 그리고 왜군이 부산에 상륙하기 불과 13일 전에 선조는 각처의 수사들에게 "해도의 수군을 없애고 수군 장수들을 모두 육지에 올라와 수비에 임하게 할 것"을 명령하여 사실상 전쟁 발발 전에 해상 방위와 수군 해체를 꾀하기도 하였다(『선조수정실록』, 1591년 7월 1일).

반면, 히데요시는 전쟁준비를 착착 진행시켰다. 이미 1591년 정월 전국에 걸쳐 군량, 병선 및 군인을 할당하였으며 큐슈의 한 촌락이었던 나고야에 행영을 설치하였다. 1592년 1월 일단 침공군의 편성을 마쳤다. 나고야를 비롯한 일본국내 잔류 병력은 118,300명이었다. 선봉대로 최전선에 투입된 병력은 고니시 유키나가(小西行長)를 주장으로 하는 1번대 18,700명, 가토 키요마사(加藤清正)의 2번대 22,800명, 구로타 나가마사(黑田長政)의 3번대

군 별	지휘관	병력(명)	비 고
주둔군	도쿠가와 이에야쓰	118,300	나고야
제1군	고니시 유키나가	18,700	선봉대
제2군	가토오 키요마사	22,800	선봉대
제3군	구로타 나가마사	11,000	선봉대
제4군	모리 요시나리	15,000	
제5군	후쿠시마 마사노리	24,700	
제6군	고바야카와 다카카게	15,700	
제7군	모리 데루모토	30,000	
제8군	우키타 히데이에	10,000	쓰시마섬
제9군	도요토미 히데가쓰	11,500	이키섬

임진왜란 일본군 병력

지휘관	병력(명)	비 고
쿠키 요시타카	1500	안골포해전
도도 다카토라	2000	칠천량해전
와키사카 야스하루	1500	한산도대첩
가토 요시아키	1000	칠천량해전
구와야마 마사하루	1000	
구루시마 미치후사	700	명량해전
도쿠이 미치토시	700	당포해전
스가이 에몬쇼우	250	
호리우치 요지요사	850	
스기와카 덴사부로	650	

임진왜란 일본수군 병력

11,000명 등 52,500명이었다. 쿠키 요시타카(九鬼嘉隆), 와키자카 야스하루 (脇坂安治), 가토 요시아키(加藤嘉明), 도도 다카도라(藤堂高虎) 등은 별도의 수군을 편성하였다.

(2) 우리 수군은 건재하다

조선에서 선군, 기선군으로 불리는 수군이 제도적으로 정비된 것은 고려 말이었다. 우왕 때부터 전라도의 수군 정예자를 선발하여 도성의 관문인 교 동과 강화에 정착하게 하고 구분전(口分田)을 지급하였다. 공양왕 때에는 섬 사람을 모아서 장정 세 사람을 1호(戶)로 하는 수군 충당 원칙을 세웠다. 이 때 각도 연해의 경작지에 대해 면세하였고, 조선 초기에는 태조 때부터 군 적이 작성된 후 태종 때 '군선가조책(軍船加造策)'이 이뤄졌다. 수군 모집방 법은 조선 초까지 고려시절처럼 연해 지역민이 초군의 대상이 된 듯한데, 일정한 자질을 갖춘 인적자원은 늘 부족하여 먼 곳에 있는 내륙 사람들도 충원된 경우가 있었다. 이렇게 되자 수영에서도 수군을 보유하지 못하여 정기적으로 실시하는 해상훈련[水操]에도 군사를 임시로 고용할 정도였다.

그럼에도 임진왜란 이전부터 조선의 수군은 만만치 않은 전력을 가지고 있었다. 그 이유를 보면, 먼저 진관체제가 1555년 을묘왜변 이후 제승방략이라는 새로운 제도로 바뀌어 감에 따라 해방체제에도 적잖은 변화를 가져왔다는 점이다. 수군의 경우 행정구획과 관련시키지 않고 연해지역 요해처에 설치된 수군 진만 묶어 진관 조직을 유지해왔다. 즉, 진관체제 하에서는 수군이 연해안의 각 진포에만 소속되었으나 이제는 연해지역 각 읍에 수군 기지를 설치하여 수사 관할 하에 둠으로써 종전의 해안방위 체제를 크게 바꿔 놓았다.

또한 연해지역 전역을 수군 관할 구역으로 묶어서 평소에 바다와 선박에 익숙한 주민들을 현지의 수군으로 편성하였다. 연해지역에 거주하는 다양한 신분이 다양한 형태의 수병으로 편성되었는데, 포작(鮑作)·토병(土兵)·시노(寺奴)·사노(私奴) 등 하층민들이 조직의 하부를 채웠다. 그중 포작과 토병은 전라좌수사 이순신이 강건하고 활을 잘 쏘며 노젓기에 익숙한 군사라고 평가할 정도로 정예병에 버금가는 용사들이었다. 포작은 일정한 거처도 없이 해상을 떠돌면서 고기잡이로 생계를 영위하던 천민이었다. 전라도에서는 을묘왜변이 있는 직후부터 이들을 해상방위의 보조병력으로 활용하였는데 실제로 옥포해전 당시 이순신은 46척의 포작선을 동원하였다.

그러나 수군의 군역은 무척 고단하였고 백성들도 수군 동원을 무척 꺼렸다. 이는 『경국대전』에서 육군의 번상병·유방(留防)병·정병(正兵)은 1년 4교대제(각 3개월씩 복무)였지만 수군은 1년 2교대제(매년 6개월씩을 복무)로 과중하였기 때문이다. 뿐만 아니라 수군은 조운, 둔전, 궁궐수축, 성 쌓기 등 온갖 잡역에 동원되었다. 그리하여 수군 군역의 기피로 주변 백성들의 유망 현상이 두드러졌다. 이순신도 수군 동원만큼은 폭압적으로 강제동원하다시피 하였다. 왜냐하면 200명이나 타야 하는 판옥선을 움직이려면 적어도 100

유린당하는 조선 -『동국신속 삼강행실도』중 열녀도

명 이상의 노꾼이 필요한데 그 일을 하려는 백성이 많지 않았던 것이다.

그래서 다소 부유한 자들은 군적을 작성할 때부터 뇌물을 주어 빠져 나가고 가난하고 힘없는 자들만 남았다가 결국 유망하니 기본 병력을 채울 수 없었다. 정유재란 시 원균의 수군이 칠천량에서 패전한 것도 수군 부족과 관련이 있다. 판옥선 1척에 100명도 채 타지 못하니 노꾼들이 부산까지 오는 것도 힘들었는데 폭풍우를 만나면 배를 제어하기 힘들었다. 그래서 1597년 7월 초 부산포에서 20척이 실종되는 사건이 발생한 것이다.

임진왜란 당시 백성들이 얼마나 험한 고초를 당했는지『선조실록』(1593년 9월 계축)을 보면, '창고에 남은 양곡이 없어서' 조정이 구제하려고 끼니를 나눠주는 장소를 만들어도 "굶주리는 사람들을 모두 구제할 수 없어 하루에 죽어가는 사람이 몇 명이나 되는지 알 수 없을 정도였다"고 한다. 그래서 '쓰러져 죽은 사람이 길에 가득하고 썩어가는 인육(人肉)이 하천을 막을 정도' 라고 했는데, 그나마 "살아 있는 자라해도 모두 모습이 도깨비 같았다"고 하였다. 또한 '서울을 둘러싼 수백 리에는 초목금수(草木禽獸)의 장소로 변하여 혹시라도 살아있는 백성들이 돌아와 파괴된 집[壁間]' 에 들어가 살기라도 하면, 명나라 군사들에게 보내야 하는 지원물품이나 사신접대비를 공출하다보니 "기름이 다하고 피가 말라서 생존할 방도가 없으며 원망하고 울부짖으며 하늘에 외쳐대며 죽여 달라"는 소리가 차고 넘친다고 했다. 그래도 달리 방법이 없으면 "혹 나무에 목을 매달아 죽거나 말 앞에 엎드려 짓밟혀 죽는 상황이었다"는 것이다.

백성들이 이런 처지라서 수군의 충원이나 물질적인 유지가 대단히 힘들었다. 이에 1594년 8월 23일 비변사는 수군을 증원하기 위하여 다음의 계책을 제안했다. 즉, ①임진왜란 이후 경상도의 백성이 다른 지방으로 떠도는 자 ②일본군에 잡혔다 도망한 자 등이 수천 명에 달하니 이들을 충원하자는 논리였다. 이를 위해 각 지역의 장수들이 '지성으로 보살펴서 남해 연안에 안주시켜 노약자는 농사를 짓게 하고 장정은 노꾼으로 삼으면 그 수가 반드시 번을 서는 수군보다 많을 것'이라고 보았다. 이 조치는 임금의 승낙을 받아 곧바로 실시되었다(『선조실록』, 1594년 8월 23일).

하지만 모집은 제대로 되지 않았다. 특히 1595년부터 전염병이 돌아 수군의 십중팔구가 병들면서 수군 모집이 더욱 어려웠다. 가뭄과 전염병으로 백성들이 유리하자 각 장수를 보내서 각 읍의 사람들을 강제로 연행하였고, 각 시장에서 물건을 모조리 징발해도 제대로 수군 충원이 어려웠다. 더구나 1596년 말 정유재란이 염려되는 상황에서도 충원이 어렵자 조정에서는 영·호남의 공사천을 모두 수군으로 편입시키는 조치(『선조실록』, 1596년 12월 무인)와 더불어 각종 산성에서 역을 지고 있는 병력도 수군으로 편입하였다.

옥포루(거제시 옥포동)

II

임진왜란 발발,
원균이 이순신과 함께 하다

1. 원균과 이순신이 합동한 해전

가. 가덕도에서 원균은 무엇을 하였나?

(1) 임란과 원균의 대응

　조선 조정에서 왜란이 발생한 것을 알게 된 것은 4월 17일 경상좌수사 박홍의 장계였다. 이때 우리 조정의 인식은 일본이 명나라와 외교 관계가 단절된 것에 대한 불만을 품고 그 분풀이를 조선에 하려는 것으로 판단하였고, 1만 명 규모의 왜침은 부산에서도 충분히 방어할 수 있다고 믿었다. 그런데 이미 4월 15일 영남 우수사 원균은 이순신에게 왜선 90여 척이 부산 앞바다에 나타났다고 알렸고, 경상좌수사도 공문으로 왜선 350척이 벌써 부산포 건너편에 대었다는 소식을 전했다(『인왜경대변장1』). 처음 이순신은 장계를 띄우고 전황을 살폈으나 상황을 그다지 심각하게 보지 않은 듯하다.

　임란 초기 원균의 행적과 관련하여 의미 있는 기록 중의 하나가 『강덕룡 행장』과 초유사 김성일이 올린 장계이다.

　　(A) "임진년 여름에 왜구가 졸지에 이르니 공은 원균의 군영으로 달려갔다. 이때에는 아직 전선을 갖추지 못하였고, 무기도 없어서 원균에게 계책이 나올 바가 없기에 공이 계책을 마련하여 밤새 걸어 다니며 사천·고성·곤양 등지에서 군사들을 불러 모아 기한에 맞춰 정제(整齊)하였다"(『강덕룡 행장』).

　　(B) "신(김성일)이 본 바로는 우수사 원균은 군영을 불태우고 바다로 나가 다만 배 한 척만을 보전하였습니다. 병사와 수사는 한 도의 대장인데 하는 짓이 이와 같으니 그 휘하의 장졸들이 어찌 도망하거나 흩어지지 않겠습니까"(『선조실록』.

1592년 6월 28일).

(C) "김수의 장계에서도 "원균은 수군 대장으로서 여러 장수들을 거느리고 내륙으로 피하고, 우후 우응신을 시켜 관고를 불태우게 하여 2백 년 동안 저축한 물건들이 하루아침에 없어져버리게 하였습니다"(『선조실록』, 1592년 6월 28일).

(D) 전라수사 이순신이 경상도에 구원하러 가서 거제 앞바다에서 왜병을 크게 격파하였다. 왜병들이 바다를 건너오자 경상우수사 원균은 대적할 수 없는 형세임을 알고 전함과 무기[戰具]를 모두 물에 침몰시키고 수군 1만여 명을 해산시키고 나서 혼자 옥포 만호 이운룡, 영등포 만호 우치적과 남해현 앞에 머물면서 육지를 찾아 적을 피하려고 하였다. 이운룡이 항거하여 말하기를 "사또가 나라의 중책을 맡았으니 의리상 관할 경내에서 죽는 것이 마땅하다. 이곳은 바로 양호(兩湖, 호남과 호서)의 요해처로서 이곳을 잃게 되면 양호가 위태롭다. 지금 우리 군사가 흩어지기는 하였지만 그래도 모을 수 있으며 호남의 수군도 와서 구원하도록 청할 수 있다"하니, 원균이 그 계책을 따라 율포 만호 이영남을 보내 이순신에게 가서 청하게 하였다 (『국조보감』, 31권).

(E) 선조의 비망기에 나오는 사신의 논증 "임진년에 이순신이 전라 좌수사로서 전함을 거느리고 경상우수사 원균과 함께 거제도 앞바다에서 왜적과 싸워 크게 쳐부수고 왜적의 배 50여 척을 포획하여 전란 이래 제 일의 공을 세웠었다. 그러나 그때에 계책을 마련하여 먼저 올라갔던 것은 모두 원균의 솜씨에서 나온 것이고, 이순신은 다만 달려와서 구원했을 뿐이었다" (『선조실록』, 1603년 4월 21일).

(A) 『강덕룡 행장』를 보면, 개전 초기 원균 군영은 전선을 갖추지 못하고 전구도 없었기에 계책이랄 것이 없었다고 했고, (B)는 모두 『선조실록』, 1592년 6월 28일자 기록으로 김성일이 증언하기를 우수사 원균이 군영을

불태우고 바다로 나가 다만 배 한 척만 보전하였다고 했다. (C)는 김수의 치계로 원균이 우후 우응신을 시켜서 관고를 불사르고 도망했다는 기록이다. (D)는 『국조보감』(31권)에 나오는 원균의 행적으로 원균이 겁을 먹고 미적 거리자 이운룡이 이순신에게 원병을 청하라고 윽박지른 내용이다. (E)는 광해군 시기의 사관이 초기 전승의 공은 원균에게 있다는 내용을 담았다.

과연 이들 기록을 어떻게 해석해야 하나? 먼저 이들 기록은 비교적 객관성이 높은 『선조실록』의 기록으로 그동안 원균을 폄훼하는데 자주 사용되던 『선조수정실록』이 아니라는 점에서 개전초기 원균의 모습을 이해하는데 도움을 준다.

사실 (B)와 같은 김성일의 장계는 이미 남해안에서 원균과 이순신의 함대가 일본을 대대적으로 격파한 다음에 올라온 것이었다. 즉, 임란초기 군영의 혼란상을 따지기 위한 언술일 뿐 치죄나 논공으로는 해석하기 어렵다. 당시 경상우병사 김성일도 치계에서 이렇게 단서를 달았다.

> "도내에 감사[관찰사]가 없으니 모든 적변을 당연히 신이 아뢰어야 합니다. 신이
> 도내에 있으면서 여러 성이 함락된 사유와 여러 장수들이 패전한 상황을 목격하
> 였는데, 말하는 자는 모두 '군졸이 명령을 따르지 않고 적과 대진하자 무너져 흩어
> 졌기 때문에 장수가 속수무책이었다'고 합니다"(『선조실록』, 1592년 6월 28일).

'장수가 속수무책인 상황'을 전제로 한 언급이라는 점에서 김성일은 우리 수군이 초기 대응이 미흡한 사실을 비판한 것이며, 원균도 처음엔 잘못했지만 알고 보면 원균 개인적 과실이 아니라 '속수무책'이었던 상황때문이라는 것이다. 전쟁 중의 속수무책은 장수의 능력과 관련되지만 선제공격을 당한 초기의 혼란상이 마치 모두 개인 잘못처럼 보는 것은 문제이다.

오히려 그날 『선조실록』에 나오는 김수의 치계를 보면 원균의 활약에 대

임난 초 원균활약 -『선조실록』1592년 6월 28일

한 의미심장한 기록이 남아 있다.

> 김수가 치계하기를 "남해의 섬들은 비록 왜적의 난을 겪지는 않았으나 군량과
> 군기를 전라좌수사(이순신)가 먼저 불태워버려 이미 빈 성이 되었습니다. 성 안에
> 있는 왜적은 수가 많지 않아 조대곤이 전력하여 잡았으며…" (『선조실록』, 1592년
> 6월 28일).

그러면서 "남쪽 변방을 침범한 왜적을 수사 원균이 여러 장수들을 거느리
고 잡았다"고 하여 당시 원균이 이순신과 함께 일본군을 격파했던 사실을
알려준다. 이순신이 남해안의 섬에 있는 창고를 불태웠다고 하는 것도 이순

신의 잘못이 아니라 초기에 군기와 군량을 적들에게 빼앗기지 않으려는 계책이었다. 이처럼 김성일과 김수의 기록은 비교적 임란 초기 목격자들의 기록으로 원균의 초기 행적을 이해하는데 도움을 준다. 요컨대, 6월 28일 같은 날 원균에 대한 김성일의 치계와 김수의 치계는 형식으로 대조적이지만 내용은 결국 하나였다.

원균의 초기 대응은 역시 가장 근거리에서 원균의 상황을 정리한『난중일기』에서도 유추할 수 있다. 1592년 4월 27일 이순신이 조정에서 보낸 문서에서 '이미 원균의 장계가 서울에 도달'했다고 한다. 또한 장계에서 "경상우수사(원균)은 각 포의 수군을 이끌고 바다로 나가 군사의 위세를 자랑하고 적선을 엄습할 계획"이라고 하면서 자신(이순신)에게 "원균의 뒤를 따라 나아가 원균과 합세하여 적군을 공파"할 것을 요청했다는 기록이다. 이러한 사정은 1592년 4월 30일자『선조실록』이순신의 〈부원경상도장〉(2)에도 나온다.

"이달 4월 29일 정오 경상우수사(원균)의 회답 공문에는, 왜선 500여 척이 부산·김해·양산·명지도 등지에 정박하고 제 맘대로 상륙하여 연해변의 각 고을 포구 병영과 수영을 거의 다 점령했으며 봉홧불도 끊어졌으니 매우 통분합니다. 본도(경상우수영:원균)수군을 뽑아내어 적선을 추격하여 10척을 쳐부수었으나, 나날이 병사를 끌어들이는 적의 세력은 더욱 성하여…본영도 이미 함락 되었다고 합니다"(〈부원경상도장〉).

이처럼 원균이 초기에 적선 10척을 쳐부순 사실은 원균 측 기록이 아니라 이순신의『임진장초』에도 나온다. 즉, 이순신은 원균의 편지글을 옮기면서 옥포해전 이전에 이미 "경상도 우수영 수군을 이끌고 적선과 조우하여 10척을 쳐부수었다"는 사실을 전했다. 그러면서 원균은 "두 도가 합세하여 적선을 공격하면 상륙한 왜적들이 후방을 염려하여 사기가 떨어질 것이니 전라도 군사와 전선을 남김없이 뽑아내어 당포 앞바다로 급히 나오라"고 공문을 보내왔다고 했다.

이것이 이순신의 기록이라는 점에서 언어적 신빙성에 대한 여러가지 고려를 감안하더라도 경상우수영이 이순신의 도움없이 21일 간 단독해전을 벌인 것은 분명하다. 이 문제는 김간의 『원균행장기』에도 나오는데, 행장기이기에 일부 과잉 해석된 내용도 있다. 하지만 공세적인 전투는 아니고 후퇴하면서 몇 차례 조우한 것으로 특히 이 전투로 원균은 적들의 허실을 정확히 이해하여 옥포해전을 비롯한 이후의 전투를 효과적으로 이끄는데 중요한 경험이 되었던 것으로 보인다.

그런데 처음 이순신은 조정의 명령도 있어서 4월 30일경 경상도지역으로 출동하려 하였으나 사정이 악화되어 연기되었다. 그런 상황에서 단독해전은 여러모로 의미를 더한다. 원균이 개전 당시 우왕좌왕한 사실은 앞에서도 말했지만 이순신이 출동하기 직전 원균이 소수의 배를 이끌고 일본군의 소수 함대를 괴롭힌 것은 일본군의 특성을 이해하는데도 큰 도움이 되었을 것이다. 일단 전투를 시작하기 전 우리 수군은 너무도 두려웠고 일본군의 조총이 주는 공포가 커서 많은 시행착오를 했을 것이지만, 원균을 통하여 4월에 체험한 전투경험을 이순신이 알게되면서 근접전을 피하고 지리에 능한 이운룡을 앞세운 경상우수군이 선제 돌격하는 전술을 채택하게 된 것이었다.

그런 경험이 조선 수군의 우세를 가져오게 한 것이었다. 원균은 여기서 엄청난 독전력을 보여준 듯하다. 비교적 공정한 역사의식을 보유한 한음 이덕형이 "원균이 전에 경상우수사로 있을 때에 전쟁에 임하여 주저하는 자가 있으면 가차 없이 칼로 내리쳤습니다. … 아울러 '원균수사는 미쳤다'는 소리를 들었습니다"(『선조실록』, 1601년 1월 17일)라고 할 정도였다.

앞서 10척 공파는 사실과 가깝지만 옥포해전 이전에 원균이 이미 적선

30척을 무찔렀다는 주장은 오해의 여지가 있다. 즉, 선전관 민종신은 선조에게 "자신은 1592년 4월 29일에 경상도 순찰사가 있는 곳으로 갔으며, 그때 원균이 바다에 나가 적선 30척을 격파(『선조실록』, 1592년 5월 10일)한 사실을 들었다"고 전했다. 과연 4월 중에 원균이 적선 30척을 공파한 기록은 사실일까? 마치 4월 29일 경상도 순찰사를 만날 때 이미 이룩한 전과로 들리지만 냉정하게 말해서 원균이 옥포해전 이전에 그런 30척을 격파할 상황은 아니었다. 이는 훗날의 원균 군세를 보아도 이해하기 어려운 주장이다. 따라서 민종신 이야기는 옥포해전에 대한 이야기를 천안으로 올라가는 도중에 들었고 이를 선조에게 전한 것이라고 보는 편이 합리적이다.

(2) 원균은 수군을 버렸는가?

인조 27년(1650년) 서인들은 선조대의 공신 책록에 불만을 품고 남인 저서 (『징비록』, 류성룡)나 비문 등을 인용하여 『선조실록』을 수정하고자 하였다. 이에 사관 이식(李植)이 주도가 되어 예문관 검열 심세정과 함께 지리산 적상(赤裳) 사고에서 『선조실록』을 열람하고 수정할 부분을 가지고 왔다. 그리하여 이식은 역사상 처음으로 '사초'에 의하지 아니하고, 비문글 및 행장록과 『징비록』 등을 기초로 항간에서 원균을 폄훼한다고 자주 오해를 받는 『선조수정실록』을 찬술하였다. 그런데 『선조수정실록』은 한해의 기사를 월별로 소략하게 정리한 것이다. 따라서 정확하게 그날의 기록을 이해하고 전모를 파악하는데에는 어려움이 있다. 원균과 관련하여 『선조수정실록』에는 원균이 "임란 초기 전선 100척을 수장하고 수군 만 명을 해산시키고 도망했다"는 기록이 있다. 『국조보감』에도 이 내용이 여과없이 실렸다. 과연 이것이 사실일까?

당시 경상도 수군이 처한 상황은 어떠했을까? 이순신의 경우와 연관해보면 이해가 쉬울 것이다. 이순신이 전라좌수사로 부임한 것은 전쟁 발발 1년 2개월 전이었다. 이순신이 부임한 후 장부를 보니 장부상으로 30척의 판옥선이 있었으나 쓸 만한 전함은 겨우 5척이었다고 했다. 게다가 무기들도 녹이 슬고 못쓰게 되어 건질만한 것도 별로 없었다. 그럼에도 이순신은 1580년 7월부터 1581년 1월까지 발포 만호를 역임한 적이 있었기 때문에 전라좌도 수군을 재건하는데 노하우를 축적할 수 있었고, 그런 노하우와 시간을 들인 다음 이순신은 수영 앞바다에 철쇄(鐵鎖) 장치를 하여 적들이 들어오는 것을 막고, 적들의 등선을 막거나 돌격에 용이한 거북선을 제작하게 된 것이다.

원균은 전쟁 발발 2개월 전에 부임하였다. 이순신과 비교하면 상당히 열악한 사정이었을 것이다. 이순신만큼 유비무환의 마인드를 가졌다고 보기도 힘들다. 임란 초기 탄금대에서 결전을 벌였던 신립장군이 처음 군대를 소집했을 때 모인 군사가 고작 몇 천 명밖에 되지 않았다. 따라서 당시 경상우수영 군대가 1만 명이 있었다는 것은 사실과 거리가 멀다. 다만, 완전한 허구가 아니라면 『선조수정실록』을 찬술한 이식이 주장하던 만 여 명 즉, 원균이 해산시킨 만 명은 아마도 수군에 동원할 지역 내 군액(동원가능한 장정수)총수를 말하는 것일 수도 있다.

그럼 두 번째 의문을 제기해보자. 전라좌수영 관할은 5관 5포였어도 24척의 판옥선을 동원할 수 있다면 경상우수영은 관할이 8관 20포이니 그 3배는 된다는 주장이다. 과연 원균은 100척의 전함을 보유했는가? 100척은 그렇다고 해도 경상우수영이니 적어도 이순신보다 수십 척이 더 있을 것이라 추정되는데 정작 원균이 옥포해전에서 동원한 배는 3척에 불과했다. 있어야 할 배가 없으니 원균이 임란초기에 판옥선을 상당수 침몰시켰다는 주장은 나름의 근거가 있다. 하지만 이는 일부 가능성만 가지고 하는 주장이다. 당시 경상좌·우수영의 전함들이 전라좌수영과 마찬가지로 거의 썩어서 폐선이 되었거나 아니면 전함을 운용할 만한 수군이 없었던 사정도 고려해야 한다. 즉, 전함이 있어도 전함 당 80~100명 정도의 노꾼이 없으면 판옥선을 운행할 수 없다. 그냥 놔둔 채로 도망가면 함선과 무기가 적의 수중에 떨어지기 때문에 일단 몇 척은 불을 질러 태워버렸을 가능성도 있다. 어쩌면 개전 초기 불가피하게 청야(淸野)하는 것은 전술의 기본이라고 볼 때 원균이 전선을 하나도 불태우지 않았다고 하는 주장도 설득력이 없다. 오히려 원균이 한 일을 잘했니 못했니 평가하는 것보다 원균이 그렇게 선택한 사실에 대해 냉정히 당시의 마음으로 돌아가보는 것이 중요하다.

정리하면, 당시 경상우수영과 좌수영에 쓸 만한 전선이 몇 척이 있었고, 화약 무기가 얼마나 비축되어 있었으며, 복무하고 있는 수군이 몇 명인지에 대한 정확한 기록은 아무 데도 없다. 5관 5포니 8관 20포니 하여 수군의 규모를 추정하는 것도 설득력이 없다. 왜냐하면 기록상으로 정확한 가용 전력을 알 수 없기 때문이다. 그동안 판옥선 관리도 문제였을 것이다. 즉, 배가 육지로 오래 떠 있으면 자연히 배 밑바닥에 해초가 달라붙고 조개와 굴 껍질 등이 들어붙어 배 밑바닥이 상하게 되므로 가끔 물에 끌어올려 배 밑바닥을 청소해야 한다. 또한 건조 후 5년이 지나면 배 밑창을 한 번 갈아야 하고, 9년째가 되면 교체해야하며, 10년이 지나면 배의 수명이 다 한 것으로 간주해서 퇴역시키는 것이 원칙이다. 그러나 장부상에 있는 배가 이런 원칙을 제대로 지켜서 실제로 쓸 수 있는 멀쩡한 배인지 아닌지 당시 상황을 알 수가 없다.

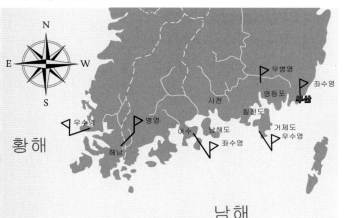

[그림1] 남해안 지형도

따라서 가덕도 해전에 동원될 수 있는 배는 옥포해전에서 동원되었던 원균의 판옥선 3척 정도였을 것으로 보인다. 그렇다면 이순신의 《임진장초》에 나오듯이 일본군이 침략한 4월에 이미 원균 경상우수사가 10척 정도의 일본 군함을 분멸한 기록(가덕도 해전)은 앞서도 언급한 것처럼 초기 전투 상황이라 정확한 사정은 어렵지만 10척 정도의 적 수송선이나 세키부네를 물리친 사건 정도로 보인다.

원균의 전력으로 충분히 이 정도 적선은 공격해서 물리쳤을 가능성이 크다. 왜냐하면 숫자는 많지만 일본 배는 보기에도 우리 전함에 대적할 만한 모습이 아니었다. 그래서 이미 서전에 일본 전함의 약점을 알 수 있었을 것이며, 훗날 옥포해전 당시 조선 수군이 자신있게 적을 무찌를 수 있는 자신감의 토대가 되었을 것이다. 즉, 원균도 박홍의 경상좌수군이 자멸한 이후 영남 해역에서는 경상우도 수군이 단독으로 일본 수군과 맞서고 있었다는 사실은 반드시 역사가 확인해 주어야 한다.

셋째는 원균은 왜 곤양으로 갔을까? 일단 도망이라는 표현은 정당하다. 그렇지만 '무책임한 도망'이 아니라 [그림1]처럼 이순신의 수영과 인접한 사천(곤양)으로 후퇴한 뒤 시간을 벌어서 경상우도의 수군을 재건하고자 했던 '작전상 후퇴'였다. 이는 이식이 찬술한 「이운룡묘비문」에서도 나온다. 이식은 원균 수하였던 이운룡(1562~1610)의 공은 높이 칭송하지만 원균에 대해선 평가가 무척 인색하였다. 그 이유는 나중에 언급할 것이지만 원균이 이 지역에 온 것은 이순신과 인접한 지역이어서 서로 협조할 수 있었기 때문이다. 도망이지만 비겁한 도망이 아니라 작전상 후퇴로 보는 것이 타당하다. 요컨대, 원균은 서전에 중과부적으로 도망은 했지만 자신의 위수 지역을 벗어나지 않았다는 점과 지속적인 수군 재건에 노력한 점은 부정할 수 없다 (조봉휘).

나. 옥포해전 그리고 빼앗긴 전공

일본 수군에 대항하기 위해 연합 수군을 편성하는 것이 중요하였다. 그러나 그 과정은 순탄치 않았다. 원균과 이순신은 서로 인접한 해역을 담당하고 있어 유사시 서로 협조하고 도와줄 수 있었다. 원균은 곤양으로 가서 이순신에게 지원을 요청했는데, 원균이 여러 차례 출진을 요청하였음에도 이순신은 움직이지 않았다. 결국 원균은 거제만호 이운룡을 보내 지원을 요청하였고 5월 3일 이순신이 수하인 녹도만호 정운, 방답첨사 이순신 등이 칼을 뽑는 등 강력하게 출정을 요구하자 5월 4일 드디어 판옥선 함대 24척과 협선 15척, 포작선 46척을 거느리고 여수를 출발했다. 그리고 원균과 이순신은 한산도에서 회합하였다.

1592년 5월 6일 원균 함대(판옥선 4척, 협선 2척)와 이순신 함대는 당포 앞바다에서 함선 91척(판옥선 28척, 협선17척, 포작선 46척)으로 합동수군을 편성했다. 여기서 지휘권은 원균과 이순신이 공동으로 맡았다. 그리고 옥포바다는 원균 수사의 관할 해역이었다는 점에서 숫자는 적었지만 원균의 역할이 중요하였다. 당시 4월 23일 선전관 조명이 가져온 좌부승지의 서장에도 원균의 역할을 추측할 수 있는 내용이 있다. 즉, "원균이 수군을 이끌고 나가 군사의 위세를 과시하고 적선을 엄습할 계획을 하고 있으니 그대가 원균과 합세하여 적선을 쳐부순다면 적을 물리칠 수 있을 것"이라는 부분이다. 이처럼 당시 경상우도의 관할 해역에서 치뤄진 해전은 원균이 비록 함대 수는 적었으나 역할은 무척 중요하였다. 바꿔 말해, 아직은 경상도 수군을 지원하러 온 이순신 부대에게 이곳은 낯선 해역이었으므로 관할 경상도 수군이 앞장을 서는 작전으로 옥포해전이 진행되었다는 것이다.

5월 7일 드디어 옥포해전이 벌어졌다. 옥포는 거제도 동쪽에 있는 포구이다. 조선 수군은 6일 밤을 거제도 북단의 송미포에서 지내고 7일 아침에 낙

당포(통영시 산양읍 삼덕리 삼덕항)

동강 하구에 인접한 가덕도의 천성포로 항진하던 도중 정오 무렵 우리 정찰선이 옥포 앞바다에서 주둔중인 적선을 발견했다. 우리 함대는 급거 옥포로 항로를 변경하였다. 일본 수군도 나름의 우리 수군의 후방을 공격하려는 의도가 있었다. 적들이 협공할 것을 미리 안 것은 이순신이든 원균이든 조선 수군의 정찰 능력이 우세하며 조직도 체계적이었다는 사실을 보여준다. 가덕도로 곧장 갈 경우 후방에서 몰려오는 도도의 군대와 전방의 쿠키 함대를 양방으로 막아야 하는 위급한 상황이었다.

옥포에 숨어 있던 일본 수군은 도도 다카도라(藤堂高虎)와 호리우치(掘內氏善)소속 함대 50여 척이었고, 우리 수군은 원균과 이순신의 함대 91척이었지만 실제 전투가 불가한 포작선 46척을 제외하면 전함은 45척(판옥선 28척, 협선 17척)이었다. 함대 수는 1 대 1로 비슷했다. 하지만 거제도 일대 지형과 해류의 흐름에 익숙한 우리 수군이 지리를 이용할 줄 알았다는 점에서 유리했고, 이는 원균 수군의 몫이었다. 『선조실록』(1592년 6월 21일)을 보면

옥포앞바다(거제시 옥포동)

"적선 30여 척이 사면에 휘장을 두르고 긴 장대를 세워 홍기·백기를 현란하게 달았으며, 나머지 왜적들은 육지로 올라가 마을 집들을 불사르고 겁탈하였다. 왜적들은 수군을 보고는 노를 빨리 저어 진지를 나와 아군과 바다 가운데서 만났는데 아군이 적선 26척을 불살라 버렸다"라고 하였다.

우리 수군은 포구 안으로 진입하여 일본 수군을 공격하였다. 이때 원균과 옥포만호 이운룡이 선봉장이 되어 돌격했다. 이운룡이 이 지역을 담당하고 있는 현장 지휘관이라는 점에서 선봉을 맡겼던 것이다. 그가 옥포해전에서 선봉장으로 보인 용맹은 조정에 짙은 인상을 주었다. 그 덕분에 1596년 경상좌수사가 되었으며, 1604년에는 선무공신 3등의 식성군으로 봉해졌다. 이후 도총부 부총관·포도대장·삼도수군통제사가 되었다.

이운룡의 용맹 아래서 전투태세를 아직 갖추지 못한 일본 수군은 6척이 선봉이 되어 황급히 해안선을 따라 탈출을 시도했다. 원균은 중앙에 위치하였고, 옥포만호 이운룡과 영등포 만호 우치적이 좌·우로 편성하여 일본 함대를 찾아 해로를 개척했다. 선봉장 이운룡의 뒤를 이어 중위장 이순신, 우

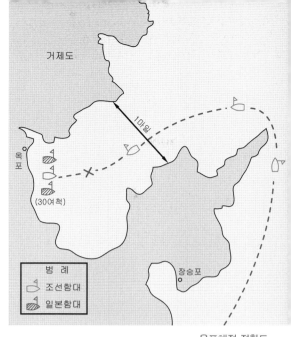

옥포해전 전황도

척후장 김완, 좌척후장 김인영 등이 함대를 몰아 일본 군함을 포위하고 총통을 발사하였다. 일본군도 활과 조총으로 대항하였다. 하지만 곧장 적들은 패퇴했고, 그러자 일본군은 배에 실려 있던 물건들을 바다에 내어 던졌다. 이 전투에서 일본군 중화살을 맞은 자, 헤엄치는 자가 헤아릴 수가 없을 정도였다. 조선수군은 적선 26척을 격파하였다. 일본 수군은 사력을 다해 포위망을 뚫고 마산 합포 방향으로 탈출했으나 대부분 배를 버리고 해안으로 상륙하여 도주하였다. 일본 수군이 육지로 도망갈 수 있었던 것은 전투가 주로 해안에서 펼쳐졌기 때문에 가능한 일이었다.

　조선 수군은 일본군의 탈출로를 봉쇄한 다음 총통과 궁시로 집중 공격하면서 일본 함선들을 해안선 쪽으로 압박하였다. 당시 우리 수군의 주된 전술은 백병전이 아닌 근접전 및 화력과 포격 전술이었다. 당시 총통은 사거리가 짧지만 일본의 조총에 비해 파괴력이 뛰어났다. 또한 전함에 총통을 장착하려면 판옥선과 같은 전함이 필요했다. 판옥선은 직접 당파에 나서지 않았지만, 충격에 강하기 때문에 혹시 모를 적선과의 충돌에도 유리했다. 판옥선은 포대를 상갑판에 위치하게 하여 사정거리를 멀리할 수 있어서 학익진으로 적을 공격하기 편하고, 적들이 종렬로 공격할 때 횡렬로 선체를 회전시켜서 6문에서 10문의 총통을 구사할 수 있었다. 임진왜란의 첫 해전은 원균과 이순신의 연합함대가 승리하였다. 승리한 이튿날 다시 모여서 대전을 전개하기로 하였다. 하지만 임금의 가마가 서쪽을 향하고 있다는 소식을 듣고 통곡하면서 전투를 중지하고 본진으로 돌아왔다(『선조실록』, 1592년 6월 21일).

원균과 이순신, 두 장군의 분란은 여기서 시작되었다. 본래 원균과 이순신은 옥포해전을 치르고 나서 공동으로 장계를 올리자고 약속하였다. 하지만 1592년 5월 10일 이순신이 단독으로 장계를 올리면서 자기 부하의 공은 높인 반면, 원균이 참으로 한심한 작태를 보였다는 사실을 전했다. 또한 원균 수하 장수에 대한 아무런 공적도 올리지 않았기 때문이었다.

"전라좌도수군절도사 이순신은 삼가 적을 쳐서 무찌른 일을 아룁니다. 5일에는 꼭두새벽에 출항하여 두 도의 수군들이 지난번에 모이기로 약속한 곳인 당포 앞 바다로 급히 달려갔으나, 경상우수사 원균은 약속한 곳에 있지 않았습니다. 신이 거느린 경쾌선으로써 '당포로 빨리 나오라'고 공문을 보냈더니, 6일 진시(辰時 : 07:00~09:00)에 원균이 우수영 경내 한산섬에서 단지 1척의 전선을 타고 왔습니다. 그래서 왜적선의 많고 적음과 현재 머물고 있는 곳과 접전할 절차 등을 상세히 묻곤 했습니다. …(중략)…한창 싸울 때, 순천 대장선의 사부이며 순천에 사는 정병 이선지는 왼쪽 팔 한 곳에 화살을 맞아 조금 다친 것 이외에는 아무도 다친 사람은 없습니다. 오직 경상우수사 원균은 단 3척의 전선을 거느리고 신의 여러 장수들에게 사로잡힌 왜적선에 활을 쏘면서 빼앗아 가니, 사부와 격군 2명이 다치게 되었습니다. 이것은 주장으로써 부하들의 단속을 잘못한 일이니, 이보다 더 심한 것은 없을 것입니다. 뿐만 아니라, 경상 지방 소속인 거제 현령 김준민은 멀지 않은 바다에 있고, 그가 관할하는 지역 안에서 연일 교전하고 있었습니다. 그래서 주장인 원균에게 빨리 오라는 격문을 보내었으나, 끝내 그는 나타나지 않았습니다. 이런 꼴은 엄청 놀랄 일이니 조정에서 조처하시옵소서"

옥포루(거제시 옥포동 옥포대첩기념공원)

위 장계에 대하여 조정은 "원균이 승전 보고를 하려고 했을 때 이순신이 소소한 보고는 할 필요가 없다고 하면서 혼자 비밀리에 사람을 보내 보고했다"고 했다. 어쨌든 이 장계는 원균과 이순신이 반목하게 된 이정표였다.

비록 원균이 많은 함대를 거느리지 못해 자위력이 부족하다고는 하나 당시 상황은 원균이 주도가 되어 이순신에게 지원을 요청했고, 이순신은 지원하는 입장이었다. 지원군이 주군이 되어버린 것이다. 더구나 전투 해역은 원균 관할이었다. 두 달 후 원균이 이 사실을 알았을 때 그의 고민은 말로 다할 수 없었을 것이다.

당시 옥포해전에서 조선 수군의 전략적인 측면을 생각한다면 역시 이순신은 한산도, 견내량 등 경상수군의 해역에서 일본군이 이순신의 관할인 전라수영으로 오지 못하도록 하는 전략을 구사했다. 반면, 원균은 원해에서 일본 수군을 차단하여 아예 일본군이 조선 땅에 발을 붙이지 못하도록 하는 전략을 구사하는 등 두 장군이 병립하여 적을 무찌른 전투였다. 이러한 전략은 당시 조선 함대(판옥선)와 함포(총통)가 일본 수군에 비해 훨씬 유리하며, 또 수군이 원해에서 전투 시 조선 육지에서는 사전에 진관을 통해 전투를 준비할 수 있는 시간적 여유가 있었기에 가능하였다. 그런 면에서 원균의 전략이 나름의 의미를 가진 전략이었다. 전투 결과도 포작선을 제외하고 40여 척이 참전한 이순신 함대는 21척의 일본 함대를 격파했고, 6척이 참전한 원균 함대는 5척의 일본 함대를 격파했다.

옥포해전의 의미는 무엇보다도 총통 등 화포를 이용한 원거리 타격 전술로 일본군을 격파하여 전쟁국면을 호전시킴으로써, 파천한 조정에 큰 희망을 갖게한 것이다. 아울러 육지에 진출한 일본군의 병참선을 차단함으로써 군수품 부족으로 전략에 차질을 빚게 했는데, 이로 인해 일본군은 지상군 위주의 전쟁에서 수군을 편성하여 해상병참선을 보호해야하는 상황이 되었다.

다. 적을 향해 돌격하는 전사들

(1) 원균 수하 옥포만호 이운룡의 분전

이순신은 1차 출동에서 원균과 연합 수군을 편성해 승리를 거두었지만 원균이 선봉장으로 일본 함대에 돌격하여 전과를 거두자, 돌격의 중요성을 깨달은 조선 수군은 사천해전에서도 돌격전을 감행하였다. 원균의 돌격전과 더불어 거북선은 대단히 도움이 되었다. 이 전투에서 원균은 이순신과 합심하여 일본 함대를 외양으로 유인하고 퇴각이 불리한 조선수군의 빈틈은 거북선이 맡도록 했다. 중무장한 거북선은 일본군에 큰 심리적 압박을 주어 함부로 우리 배에 덤비지 못하였다. 당시 일본은 일부가 조선 수군에 의해 격멸된 뒤에도 육군의 북상에 호응하기 위하여 서해안으로 북상하려고 했다. 그런데 이순신의 전라좌수군이 출진을 준비하던 5월 27일에 경상우수사 원균으로부터 "적선 10여 척이 이미 사천과 곤양 해안까지 침입하였으니 경상우수영을 노량으로 이동한다"는 급보를 받았다. 김간의『원균행장기』를 보면 "5월 21일 일본 수군이 당포 방향에서 공격해 들어왔기 때문에 원균 함대가 맞서 싸웠지만 주위의 여러 섬에서 왜적의 무리가 일제히 나오는지라 중과부적이라서 이순신에게 원병을 청했다"고 했다.

이순신은 원균이 노량으로 물러난 것에서 전라좌수영조차 일본군의 위협을 받을 것이라고 보고 출전 계획을 변경하였다. 일단 긴박한 상황을 전라우수사 이억기에게 통고하고 6월 3일로 계획된 출전 일자를 5월 29일로 앞당겼다. 옥포에서 승전했기에 자신감이 충만하였다. 이순신은 군관 윤사공으로 하여금 잔류 병력을 지휘하여 여수 본영을 지키도록 하고 출정을 서둘렀다. 그런데 29일까지도 이억기 함대가 여수에 오지 않았으므로 좌수영 함대만 이동했다. 이순신이 거북선을 포함한 함선 23척을 이끌고 노량으로 항진하여 하동 포구에 대기 중이던 원균의 경상수군(전선 3척)과 합류하였다.

당시 원균의 활동은 이순신의「당포파왜병장」을 보면 잘 나온다. 연합함대가 된 후 경상우수사 원균은 6월 1일 새벽, "기왕에 잡아 놓은 일본 수군 전함 2척이 도망한 사실을 말하고 상황을 파악한 뒤 화살에 맞아 죽은 일본군을 찾아 목을 베어오겠다"고 하면서 나갔다. 그리고 진시(오전 7~9시)경

원균의 경상우수군이 대기하였을 것이라고 추정되는 곳(하동군 고전면 전도리 선소마을 앞 섬진강변)

돌아와서는 "일본군들이 육지로 멀리 도망갔고, 남겨둔 배만 불태우고 왔으며 왜놈의 목을 셋 베었다"고 하였다. 아울러 6일의 전투에서도 원균은 남해현령 기효근 등과 함께 격전지에서 물에 빠져 죽은 일본군들을 돌아다니며 목을 베었는데 50여 급이나 되었다고 했다. 보기에 따라서는 원균이 거짓 공을 세운 것처럼 하려는 행동으로 보인다.

하지만 당시 원균 수하의 수군이 미약한 것도 사실이고 주로 전투현장에 가서 배를 불태우거나 직접 해안가에서 적의 목을 베어오는 일을 담당한 것도 사실이었다. 그런데 이런 일은 원균의 경상도 수군이 할 수 있는 최선의 임무였다. 경상도 수군은 지형적인 이점을 알기 때문에 구석구석 왜군과의 격전지를 돌며 전과를 확인할 수 있었다. 사실 군공을 탐해서 일본군의 목을 가져오는 일이 쉬운 듯해도 다른 도(道)의 수군은 그렇게 하기 어려운 법이다. 그런 면에서 경상도 수군의 행동은 타도 수군들에게 많은 부러움을 주었을 것이다. 그런 이유로 한산대첩 이후 '한산도에 가득한 왜병'들을 원균 부대가 가서 처단했던 것이다. 하지만 이순신은 "원균이 실수하여 당시 한산섬에 상륙했던 400여 명의 일본군을 도망가게 하였다"고 장계하였다 (『임진장초』, 1592년 9월 10일).

원균과 이순신의 합류지점인 노량해협

그리고 「당포파왜병장」을 보면, 방답첨사 이순신(李純信)이 이룬 전공을 마치 원균이 빼앗은 듯이 쓴 부분이 있다. 이순신 자신은 적의 목을 가져오는 것으로 군공을 정하지 않을 것이라고 했지만 원균은 협선까지 동원하여 일본군의 목을 탐내는 것에 대해선 크게 노하였다. 전투도 하지 않고 폐물만 주우려 다녔다는 원균의 도덕적인 결함을 지적하였다. 그런데 이 글은 이순신이 원균을 '도덕=능력'을 일체화하면서 전투할 능력도 없는데도 공만 탐내는 인물로 폄훼하려는 의도가 담겨있다. 원균의 수하들이 자칫 비웃을 일을 저질렀다면 재발하지 않도록 충고하거나 권면하는 것이 동료의 의무이다. 따라서 이 글은 일상이나 혹은 평상심으로 원균의 행위를 바라본 것이 아니라 라이벌에 대한 경계심이 담겨있는 내용이기에 오히려 이순신의 인간적 행위의 일부로 볼 수 있다.

아무리 전쟁판이지만 재주는 이순신이 넘고 돈은 원균이 번다는 느낌으로 장초를 기록할 정도로 두 사람의 관계는 어색하게 변했다. 도덕적인 문제를 일방적으로 판단하는 일은 '실제 있었던 사실'을 흐린다는 점을 생각하면서 조심스럽게 『난중일기』를 읽을 필요가 있다.

당시 원균 부대의 활약은 「이운룡신도비문」에서도 일부 드러난다. 즉, "6월에 적을 쫓아 진해양에 이르렀는데, 공(이운룡)은 영등포 만호 우치적과 종일 역전하면서 화포를 쏘아 적의 누선을 부수었다"고 하였다. 그런

이운룡영정(경상북도 유형문화재 제89호)

데 "날이 저물어 전군이 일단 물러가려고 하자 이운룡은 '우리가 죽을지언정 싸움을 중지하고 물러갈 수 없다'고 하면서 쇠줄을 써서 남은 적들의 배를 얽어매어 바다 한복판으로 끌고 가서 뒤엎어 버렸다"는 것이다. 그는 원균의 부장이었다. 「신도비문」에 원균의 이야기가 언급되지 않는 것은 이 비문을 『선조수정실록』을 찬한 이식이 썼기 때문이다. 근원적으로 보면 인조시절 이후 원균이라는 이름은 칠천량 패전으로 수하들이 그 이름을 거론하는 것조차 부담이 되었기 때문이다. 그럼에도 이운룡의 분전은 원균의 공적과 함께 한 경상우수영 부대의 분전이라 보아도 손색이 없다.

(2) 거북선이 마음껏 누비다

사천해전 이후 거북선이 사용되었다. 거북선은 선체를 0.4척인 목판으로 건조하였고 배 위에 덮개를 덮었으므로 적병의 접근을 거부하고 자체를 방호하는 성능이 뛰어난 장갑선이었으며, 용두에서 유황연기를 발산할 수 있도록 설계되어 연막 차단도 가능하였다. 그리고 양면에 각각 22문의 총통을 발사할 수 있는 총안(총구)이 설치되었으며, 노 20개와 돛을 병용하여 항해할 수 있도록 설계되어 방호력과 파괴력 및 기동력을 고르게 갖추고 있었다.

원균과 이순신의 연합함대는 노량을 지나 적선을 포착하기 위하여 사천 앞 바다로 항진하였다. 도중에 이순신 함대는 곤양에서 사천 쪽으로 항해하는 적선 1척을 발견하였다. 전부장 이순신(李純信)·한후장·기효근 등이 추격한 결과 일본 수군이 배를 버리고 도주하였으므로 해안에 유기된 적선에 화공을 가하여 소각시켰다.

조선 함대가 사천 앞 바다에서 적들의 동태를 살펴본 바, 적선 13척이 선창에 정박해 있었다. 때는 바야흐로 간조기로 해안의 수심이 얕아진 상태였으므로, 원균과 이순신은 다시 연합함대를 해안에 근접시킬 경우 위험하다

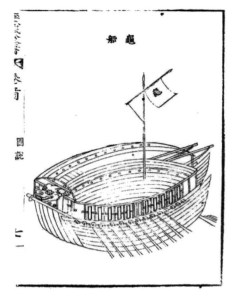

『충무공전서』의 거북선

고 판단하여 선수를 돌려 외양 쪽으로 후퇴하였다. 일본 수군은 퇴각하는 것으로 오판하고 해안에 진을 치고 있던 병력 일부를 승선시켜 우리 수군의 후미를 추격하였다. 이때 우리 수군은 판옥선이 활동하기에 유리한 해역까지 끌어낸 다음 선수를 돌려 전투태세를 갖추었다. 그러면서 일본 수군이 전투 대형으로 바꾸기 전에 거북선을 내세워 돌격을 감행하였다.

이어서 우리 수군이 총통 등 각종 화력을 총동원하여 공격을 가하자 적선은 사천 포구 쪽으로 밀리기 시작하였다. 만조가 되자 우리 수군은 사천 선창까지 일본 함선을 밀어붙였다. 이때 전라좌수사 이순신은 진두에서 지휘를 하다가 왼쪽 어깨에 적탄을 맞았다.

사천 선창에서 더 이상 물러날 수가 없게 된 일본 수군은 육지에 잔류하고 있던 병력의 사격을 받으며 육지로 탈출하였다. 하지만 대부분의 선상 병력은 함선과 함께 수장되고 말았다. 이 전투에서 조선 함대는 적선 13척

사천해전 전황도

을 격파하는 전과를 거
두었다. 이러한 전과를
올린 우리 수군은 날이
저물자 모자랑포로 이동
하여 부상한 장병을 치
료하였다.

이처럼 사천해전에는
거북선이 처음 등장했
고, 원균과 이순신 함대
가 서로 연합하여 일본
군 함대를 격파하였다. 그리고 서서히 경상도 해역에서 일본 수군의 제해능
력은 쇠퇴하기 시작했다.

(3) 이순신은 대포로, 원균은 돌격으로

『기재사초』에는 "적들이 모름지기 전라도로 감히 쳐들어오지 못하는 것
은 대개 원균과 이순신이 한곳에서 합전한 힘 때문이다(賊自是不敢直犯全羅
道 蓋元均李舜臣°一處合戰之力)"라는 말이 있다. 이 처럼 거제 일원의 모든 싸
움은 바로 이러한 '일처합전'의 원칙 아래 이뤄졌다. 1592년 5월과 6월에 조
선 수군이 연전연승을 하였으나, 육전 상황은 반대로 조선군이 패퇴일로에
있었다. 전라 수군이 율천리에서 일본 수군을 격파하고 본영에서 부대를 정
비하는 동안 일본 수군은 육전에서의 승세에 고무되어 6월 하순부터 가덕
도와 거제도 부근으로 진출하고자 하였다. 6월 28일 히데요시는 연이은 수
군의 패전을 질책하고, "구기·가토·와키자카 등과 합동하여 조선 수군을
단번에 무찌르라"는 엄명을 내렸다. 이에 와키자카 함대와 부산포를 지키고

사천 선진리왜성에서 본 사천해안(사천시 용현면 선진리)

있던 구키, 가토의 함대가 합세하여 조선 수군을 격파하고자 하였다. 이에 이순신과 이억기는 7월 5일 여수의 좌수영에서 작전 회의를 개최한 다음, 6일에 각기 함대를 이끌고 출동하여 노량에서 원균(함선 7척)과 합류하였다.

이순신 함선 24척과 이억기 함선 25척 및 원균 함선 7척으로 편성된 총 56척의 함대는 창선도에서 1박하고, 7일 저녁 당포에 도착하였다. 당포에서 정박하던 중 지역 주민으로부터 "왜선 70여 척이 영등포 앞 바다에서 견내량으로 진입하여 그 곳에 정박하고 있다"는 제보가 들어왔다. 견내량에 정박하던 부대는 와키자카 함대였다. 그는 히데요시의 엄명에 따라 웅천에서 출동하였다. 당초 와키자카 야스하루 부대와 부산의 구키 및 가토 부대가 웅천 앞바다에서 합세하기로 했으나 와키자카는 자신의 능력을 과신하였다. 따라서 구키 함대와 가토 함대가 웅천 앞 바다에 도착하기 전인 7월 6일 먼저 자신의 함대(대선 36척·중선 34척·소선 12척)를 이끌고 조선 수군을 찾아 나섰다.

7월 8일 아침 우리 수군은 당포 앞 바다에서 견내량으로 항진하였다. 한산도 서쪽 해로로 북상한 수군은 견내량 포구에 정박해있는 적선을 확인하고 전투태세에 돌입하였다. 그러나 견내량은 포구가 좁고 암초가 많은 해협이므로 포구에 정박한 적선을 공격할 경우 일본 수군이 배를 포기하고 육지로 올라갈 태세였다. 따라서 견내량의 적선들을 한산도 앞 바다로 끌어내어 포위공격하기로 하였다. 원균은 옥포만호 이운룡의 판옥선 수 척을 견내량 포구 쪽으로 접근시켜 일본군을 자극하였다(『이운룡신도비문』). 와키자카 야스하루는 판옥선들이 접근하자 일시에 전 함대를 출동시켜 공격하였다. 우리 판옥선은 당황한 듯 선수를 돌려 한산도 앞 바다로 물러났다. 와키자카는 더욱 기세를 올려 원균과 이운룡 함대를 추격하였다.

양군의 함대가 한산도 앞 바다에 이르자 조선 함대는 학이 날개를 펼친 듯 횡으로 진형을 전개시켜 와키자카를 포위한 다음 총통으로 일본 함선의 선체를 격파하고, 군사들이 기울어지는 적선을 향해 활을 쏘아 사살하였다. 그리고 거북선을 출격하여 사면으로 포를 쏘아 적선을 파괴하였다. 또한 비단 휘장으로 장식을 한 적의 층각선(層閣船)에 화공을 가하였다. 이리하여 포위망 속에 든 적선 50여 척이 차례로 격침되었다. 적장 와키사카 야스하루의 부장 와키자카 사베에(脇坂左兵衛) 및 와다나베 시치우에몬(渡邊七右衛門)를 비롯한 수백 명의 일본군이 수장되었으며 마나베(眞鍋左馬允)는 부하 4백여 명과 배를 버리고 한산도에 올라갔다. 마나베는 패전의 책임을 생각하며 할복하였고, 남은 군사들은 한산도에 고립되었으나 뗏목을 만들어 간신히 탈출하였다. 적들의 수장인 와키자카는 구사일생으로 포위망을 벗어나 김해로 들어갔다. 이 해전으로 조선 수군은 적선 66척(대형 층각선 7척·대형 전선 35척·중형 전선 17척·소형 전선 7척)을 격침시켰으며 적병 100여 명의 목을 베었다. 반면 아군(전라 좌수군)의 피해는 전사자 19명, 부상자 115명이었으며 함선은 단 1척도 파괴되지 않았다.

비변사는 승첩 소식을 듣고 특별히 이억기의 공을 높이 평가하였는데, 상주문에 의하면 한산도에서 "전라우도 수사 이억기가 좌수사 이순신, 경상우수사 원균과 협동하여 적선 39척을 부수었다"고 하고, 베어 온 수급은 적지만 왜란 발생 이후 전투에서 이처럼 크게 이긴 적이 없었다는 의미를 달았다. 그러면서 특별히 이억기를 크게 포상하라고 했고 선조도 승인했다.

아울러 이억기 등이 노획해서 바친 회갑(盔甲) 등을 중국 장수에게 가져다가 보였다(『선조실록』, 1592년 7월 9일). 워낙 육전에서 승전을 하지 못하여 오합지졸로 여겨지던 조선 군대의 체면을 우리 수군이 세우게 되자 임금은 이억기가 획득한 회갑을 중국 장수에게 보여주며 자랑할 정도로 고무되었던 것이다. 특별히 이억기를 칭찬한 것은 그가 많은 전리품을 노획하여 중국군에게 과시할 수 있게 하여 그동안 몸을 사리던 중국군이 조만간 참전하게 하는데 기여했기 때문이었다. 이처럼 조정에게 한산도 대첩은 '가뭄에 단비' 같은 승전이었다. 류성룡도 한산대첩의 의미를 이렇게 기록하였다.

> "적은 본래 수군과 육군이 서쪽으로 병진하려 하였는데, 이 전투로 그들의 한쪽 팔이 잘리게 되었으므로 그들이 비록 평양을 점령하였으나 고립되어 더 이상 전진하지 못하였다. 이로써 우리나라는 전라 · 충청도와 황해 · 평안도의 해안을 보전할 수 있게 되었으며…중국도 요동 지방과 산동지방이 위협을 받지 않게 되어 명나라 원병이 육로로 우리나라를 지원할 수 있게 된 것이니, 이 모두가 한산도해전의 승리에서 얻어진 것이다"(『징비록』).

『원균행장기』에서도 선조가 임란 초기 해전 승리를 보면서 "당항포에서 수십차 결전하니 참수한 적의 머리가 강을 막았고, 한산도에서는 적선 70여척을 불태웠다. 소수의 군사로서 큰 적을 무찌른 일을 오늘에야 보았노라"라는 상찬을 했다고 전한다. 사실 이 해전에서 일본을 대표하는 수군 장수들이 모두 대패함으로써 히데요시는 일본 수군에게 '해전금지령'을 내리고 해안에 축성하도록 하는 등 전략을 수정하였다. 이후 일본군은 전투를 회피하는 전술로 일관했다. 한산대첩은 이순신의 전략이 주효했고, 원균의 선봉 유인과 착실한 이억기의 공격이 어우러진 것이다. 특히 원균의 입장에서 한산도해전은 원균의 저돌적인 돌격과 정찰과 당파전술, 대형총통을 이용한 화력의 집중 운용, 적이 빠져나가지 못하도록 포위한 학익진 전술, 직관적이고 탁월한 카리스마가 주효한 전투였다. 이에 사신은 이렇게 원균의 공을 정리하였다.

> "임진년에 이순신이 전라 좌수사로서 전함을 거느리고 경상우수사 원균과 함께 거제도 앞바다에서 왜적과 싸워 크게 쳐부수고 왜적의 배 50여 척을 포획하여 전란 이래 제일 큰 공을 세웠다. 그러나 그때 계책을 마련하여 먼저 올라갔던 것은 모두 원균의 솜씨에서 나온 것이고, 이순신은 다만 달려와서 구원했을 뿐이었다. 크게 승전한 뒤에 원균이 행조(行朝)에 보고하려고 하자, 이순신이 속이기를 '원균과 협력하여 일을 한다면 왜놈들은 섬멸하고 말고 할 것도 못되는데 이러한 소소한 승전을 어찌 조정에 장계를 올릴 필요가 있겠는가. 내가 다른 도에서 급작스럽게 구원하러 왔기에 병기를 갖추지 못했으니, 왜적에게서 노획한 것을 써야 하겠다' 하니, 원균이 그대로 따랐다"(『선조실록』, 1603년 4월 21일).

이 기록은 광해군 시기 『선조실록』을 편찬하면서 사신이 각주 형태로 달아 놓은 내용이었다. 당대 원균에 대한 각종 험담에도 불구하고 사관은 초기 거제도 승첩에서 원균이 계책을 만들고 또한 제일의 공을 세웠다는 사실을 분명히 기록했다. 그러면서 "이순신은 원균을 구원하러 왔다"고 했다. 또한 원균과 이순신이 틀어진 이유로 이순신 "자신이 장계를 쓰겠다"고 해서 초래된 것이라고 하였다. 이순신의 공적에도 불구하고 이순신을 폄훼하는 주장이 여전했던 것은 왕조의 영속에 이순신의 공적이 장애가 된다고 본 왕조와 전란 이후 수하들이 승승장구한 데 대한 관료층 내부의 경계 때문이었다.

『선조실록』에 나오는 이산해의
언급에서도 '이순신이 약속을 어
기고 혼자서 승전장계를 올려서
공을 먼저 취한 사실'을 증언하고
있다. 그런데 이러한 기록은 역시
이순신을 견제하려는 북인의 논
리라는 점을 염두에 두어야 한다.

통영상선 – 삼도수군통제사가 타던 좌선, 즉 대장선

모든 것을 고려하더라도 초기 거
제도 전투에서 이순신만큼 원균
의 공로가 크다는 사실, 그리고
당대도 그렇게 보았다는 사실은
분명하다. 이순신이 있어 원균이
승리할 수 있었고, 원균이 있어서

판옥선 – 통영상선 좌우의 함정

이순신은 보다 효율적으로 적을 무찌를 수 있었던 것이다.

라. 중국 군대의 동원과 원균

임란 당시 중국에서도 원균의 명성이 자자했다는 사실은 당시 명나라 요
동도지휘사의 자문에 "국왕은 잠시 물러나 서쪽(의주)에 와 있으나 종묘사
직을 지키는 일은 막중하다. 더구나 귀국의 사민들은 임금을 그리는 마음이
크고 이광 · 윤선각 · 원균 · 이순신 등 충용한 사람이 많다(『선조실록』, 1592
년 7월 4일)"는 대목에서도 확인된다. 요동도지휘사가 보기에도 선조 임금
아래 충용스러운 원균이 자리하고 있었다.

한산해전에 대한 정보도 없었던 요동도지휘사의 머리속에 원균이 선조의

충용지신으로 자리 잡고 있었다는 것은 원균에 대한 당대의 기대감이 내부 정치 세력의 야합이나 알력에서 우연히 나온 것이 아니라 이미 오래 전부터 각인하고 있었다는 사실을 보여준다. 이렇게 원균과 이순신이 함께 논해지는 것은 이후 수많은 자료에서 확인되는데 모두 그들의 능력을 어떻게 사용하는가에 대한 질문과 답변 속에서 나왔다.

원균이 명 장수들에게 널리 알려진 이유는 무엇이었을까? 『선조실록』(1593년 5월 28일)을 보면, 비변사가 선조에게 청해 원균이 진상한 무기를 명나라 경략 등에게 보여 주자고 한 내용이 나온다.

> "원균이 보내온 정예한 무기들을 경략에게 보내는 일과 황제가 하사하신 은 3천 냥을 서울에 있는 대신들로 하여금 제독의 진영에 가지고 가서 군졸들에게 나누어 지급하면서 경략에게 우리의 민망하고 절박한 사정을 호소하소서" (『선조실록』, 1593년 5월 28일).

즉, 비변사는 조선군도 적들을 무찌를 능력이 있으니 선조가 나서서 중국 군대가 적극적으로 전투에 나설 것을 호소해 달라는 내용이었다. 그것을 위해서 원균이 노획한 진귀한 물품들을 과시하고 금전 등 각종의 유인책을 내었다.

따라서 원균이 선조에게 바친 전리품은 선조가 명나라를 상대하는데 도움이 되었고, 중국군의 원조에 목이 타던 선조가 원균을 총애하게 하는 중요한 이유가 되었다. 1594년 4월 23일에도 선조는 "경상우수사 원균이 누차에 걸쳐 병기를 올렸는데 이번에 또 보내 온 크고 작은 조총이 70여 자루에 이르니 이것만 보아도 그의 전공을 알 수 있다"고 하고 무척 가상히 생각하면서 그것을 운반한 아들 원사웅에게 관직을 제수하기도 하였다.

2. 원균의 집념과 고민

가. 1592년에 나타난 원균과 이순신의 갈등

왜란의 상황을 비교적 객관적으로 쓴 『기재사초』를 보면 임란이 발생할 때 조정은 이순신의 공에 대하여 "원균이 거느리던 본도의 물력이 탕진하여 남은 것이 없었는데 이순신의 도움으로 적을 물리칠 수 있었다"고 평가하였다. 그러므로 이순신은 조정에 승전보를 알리는 장계를 올렸으며 조정에서는 '이순신에게 정2품 상계인 정헌대부 품계를 내렸고, 통제사 자리를 신설하여 앉게 하고 한산도에 통제영을 건설'하도록 했다는 사실, 그리고 전라 수사 이억기 또한 전공이 있어 마침내 원균과 함께 종2품 상계인 가의대부가 되었다는 사실을 기록하고 있다. 『기재사초』는 원균에 대해 객관적으로 언급한 문집으로 의미가 있다.

그러나 이러한 조정의 조치는 원균이 이순신에 대한 불편한 마음을 키워가는 중요한 계기가 되었다. 이러한 불만은 이미 임란 초기부터 발아하고 있었다. 임란이 시작될 즈음 원균은 자신의 긴급한 원군 요청에 이순신이 상당한 기간 묵묵부답한 사실에 무척 분통을 터트렸다. 『난중일기』에 의하면 이순신은 일본군이 침입한 다음날인 4월 15일 이미 원균의 통문을 받았다고 하였다. 김응남도 원균은 당시 일본군의 침입을 알리고 협력해서 왜군을 물리치자고 5차, 6차에 걸쳐 이영남을 이순신에게 보냈지만 이순신이 응하지 않아 통곡했다고 했다(『선조실록』, 1596년 6월 26일). 당시 좌승지 이덕열도 "원균이 열다섯 번이나 청병을 했어도 이순신이 얼른 들어주지 않았다"고 증언하였다.

이순신의 거절 명분은 조정의 명령이 없다는 것이고, 수사끼리 각기 분담한 구역이 있다는 것이었다. 하지만 사실은 이순신도 출전 여부를 묻는 장계를 올렸고, 4월 26일 조정으로부터 경상도 지역으로 출전하라는 지시를 받으면서 원정 계획을 논의하고 있었다. 여기에서는 원균이 실제 이순신의 출전 의지를 제대로 읽지 못한 것이 분명하다. 따라서 이런 불화는 이순신에 대한 오해가 중요한 원인이라 보는 편이 옳다.

그런데 문제는 옥포해전 이후였다. 이순신과 원균이 연합하여 옥포해전을 치르면서 승전 장계는 공동으로 올리자고 약조했다. 하지만 이순신이 이를 어기고 5월 10일 단독으로 원균의 흠을 잡고 자신의 공을 높이는 장계를 올렸다. 녹둔도에서 분란이나 이순신의 원군 지연으로 감정이 쌓인 원균은 이러한 움직임에 크게 격앙되었을 것이다. 장계 내용도 원균은 공이 없고, 오히려 남의 공을 가로챘다는 등의 모함도 서슴지 않았다.

원균이 이 사실을 안 것은 장계를 보낸 2개월 후. 그래서 원균은 7월 말경 조정에 장계를 올려서 한산대첩 사실을 알렸다. 이때 비변사는 원균의 계본이 '이순신의 한산대첩과 동일하다'고 하면서, 이순신의 공이 으뜸이라는 사실을 분명히 하였고, 대신 기효근과 원전, 우치적 등 원균의 수하를 특별 승진하려는 움직임을 보였다. 그리하여 첨사 김승룡, 현령 기효근은 특별히 당상관에 올랐고, 현감 김준계(金遵階)는 3품으로 높이며, 주부 원전은 5품으로, 우치적 등 4인은 6품으로 올리는 등 논공을 실시하였다.

당시 선조는 원균에 대한 가자(승급) 여부를 물었다. 비변사는 "이미 높은 가자를 받았고 이순신의 공이 으뜸이니 원균에게는 가자할 필요가 없다"고 회답했다. 이렇게 조정은 이순신의 손을 들어주면서 실제로는 원균 부하를 승진시키는 모양새로 분란을 정리하고자 했다. 하지만 이것으로 두 사람의 앙금이 풀린 것은 아닌 듯하다. 이순신이 한산대첩 당시 '섬에 상륙했던 400여 명의 일본군을 원균이 실수하여 도망가게 하였다'고 장계한 사건(『임진장초』, 1592년 9월 10일)이 두 사람의 갈등을 부추겼다. 연구에 의하면 이순신은 임란 초기 2년 여 동안 약 30여 회에 걸쳐 원균과의 불편한 심기를 『난중일기』에 남겼다고 한다. 이러한 두 사람의 인간적 갈등에 대해『선조수정실록』에서는 이렇게 정리하고 있다.

"처음에 원균이 이순신에게 구원병을 청하여 적을 물리치고 연명으로 장계를 올리려 하였다. 이에 순신이 말하기를'천천히 합시다'하고는 밤에 스스로 연유를 갖춰 장계를 올리면서 원균이 군사를 잃어 의지할 데가 없었던 것과 적을 공격함에 있어 공로가 없다는 상황을 모두 진술하였으므로, 원균이 듣고 대단히 유감스럽게 여겼다. 이로부터 각각 장계를 올려 공을 아뢰었는데 두 사람의 틈이 생긴 것이 이때부터였다"(『선조수정실록』, 1592년 6월 1일).

두 명장의 갈등의 골이 깊어지면서 작전도 제대로 이뤄지지 않게 되자 그해 8월 조정에서는 충청·전라·경상 등 삼도의 수군이 서로 통섭되지 않아 작전상 불편이 많다고 하고, 이를 통제 지휘하는 통제영을 설치하였다. 이에 이순신이 전라좌수사이면서 삼도수군통제사를 겸무하도록 하여 수군의 통제권을 확립하였다. 그런데 당시 원균은 선배의 처지로 이순신 그의 지휘를 받게 된 것에 대해 부끄러움을 느꼈다는 사실이『선조수정실록』에 나온다. 이러한 원균의 박탈감은 곧바로 이순신이 원균과 다시 부산포를 치려할 때 전력의 악화를 초래하고 말았다.

"이순신 등이 부산에 주둔한 적을 공격하였으나 이기지 못하였다. 왜병이 해상의 전투에서 여러 번 패하자 부산·동래에 모여 웅거하면서 전함을 벌여놓고 항구를 지켰다. 이순신이 원균과 함께 수군을 총동원하여 진격하였으나 적이 군사를 거두고 전투에 응하지 않고 높은 곳에 올라가 총을 쏘므로 수군이 육지로 오르지 못하고 빈 배 4백여 척만 태워버리고 퇴각하였다. 이때 녹도 만호 정운(鄭運)이 앞장서서 힘을 다하여 싸우다가 탄환에 맞아 전사하였는데 이순신이 애통해 하였다"(『선조수정실록』, 1592년 8월 1일).

물론 부산포 해전에서도 이순신은 원균과 함께 적선에 많은 피해를 주었지만 큰 성과는 거두지 못했다. 원균의 인간적인 분노는 전의를 위축시켰고, 작전을 단순하게 만들었다. 돌격도 없고 장사진으로 위세만 떨치는 전략으로 일본군을 실질적으로 대파하기 어려웠다. 그래서인지 선조는 1592년 9월 1일 승정원에 "원균과 이억기는 이순신과 공이 같으니 품계를 높여 주고 글을 내려 아름다움을 포장하라"고 전교를 내리기도 하였다. 이는 논공에서 배제되어 실의할지도 모를 원균과 이억기에 대한 정치적 배려로 볼 수 있다. 한편 조정도 큰 공을 세운 세 사람의 공평한 인사를 위해 노력하였다. 항간의 말처럼 특정한 당파의 사람만 우대하는 비변사는 아니었다. 아무리 붕당의 이해가 중요해도 역시 국가가 붕당보다 중요한 시점이었다.

나. 우수사 원균, 이순신과 협력하다

⑴ 웅천포 전투, 원균이 조선인의 목을 베었다는 이야기의 진실

1593년부터 동인이 집권한 상황에서 원균에게 유리한 판결이 이뤄진 것 같지 않다. 통제사를 이순신으로 유임시킨 것은 역시 이순신이 보유한 무력이 일본군을 막는데 더욱 효율적이라는 조정의 인식을 반영한 것이었다. 일단 1593년 2월 10일 원균은 이순신, 이억기 등 삼도 수군과 함께 웅포로 진격하였다. 웅포해전에서는 종래와 다른 일본군을 만나게 되었다. 아무리 유인 작전을 벌여도 일본군은 순순히 걸려들지 않았다. 12일에도 다시 공격하였으나 일본군이 응하지 않았다. 결국 칠천도로 돌아올 수밖에 없었다. 당시

부산신항 북측 배후부지로 변한 웅천포 해안(창원시 진해구 안골동)

웅포 전투로 적선 3척을 격침하고 100여 명을 죽였으나 일본군이 포구 안에 숨는 바람에 손을 쓸 수 없었다. 22일에는 진도(珍島) 선적의 상선이 일본군에게 포위되었는데, 경상도 수군 장수들이 이를 구하지 않았다고 이순신이 무척 분노한 내용이 『난중일기』에 나온다. 그런데 『난중일기』(1593년 2월 28일)에는 묘한 내용이 하나 더 있다.

> "맑으며 바람은 없었다. 새벽에 떠나 가덕에 이르니 웅천의 적들은 움츠러들어 나와서 항전할 생각도 못하는 것 같았다. 우리 배가 바로 김해 아래 독사리항(김해 제산면)으로 향하는데 우부장 (김득광)이 변고를 알려왔다. 여러 배들이 돛을 달고 급히 달려가서 작은 섬을 에워싸고 보니 우수사 원균의 군관의 배와 가덕도 첨사 전응린의 척후선 등 2척이 섬에서 들락날락하면서 태도조차 수상하므로 묶어서 원균 수사에게 보냈는데 원수사가 크게 성을 내었다. 그것은 본의가 군관을 보내어 어부들의 목을 베어 오는데 있었던 까닭이었다"

원균이 마치 군관들과 공모해서 우리 조선인 어부를 죽이고 일본군의 목인 양 속여서 군공을 탐하는 듯 기록한 상당히 모함적인 내용이다. 만약 이것이 사실이라면 원균이 지휘관으로서 도덕성에 심각한 상처를 주는 내용이다. 『정만록』에서도 비슷한 이야기가 나온다.

"6월 27일 지금 포로가 되었다 살아 돌아온 김해 사람의 말을 듣건대 동료 배덕민은 온 가족이 피살되었다. 또한 벗인 배지상의 아들도 살해당했다고 한다. 게다가 배송서의 딸과 손녀도 끌려갔다고 한다…이와 같이 일본으로 잡혀간 여자들은 관백 평수길(平秀吉 : 도요토미 히데요시)이 엄히 금지시켜 되돌려 보냈는데 수사(水使)가 적선을 쳐부순 날에 배에 가득 실려 있던 아이들과 여자들이 우리나라 사람이라고 외쳤으나 듣고도 못 들은 척하고 모두 목을 쳤다고 한다. 이로써 배송서의 딸과 손녀도 우리나라 사람 손에 죽은 것이 아니겠는가?"

여기서 수사는 원균이 일반적으로 지목되고 있다. 『정만록』은 이탁영(1541~1610)이 임란 당시 진중에서 「임진변생후일록(壬辰變生後日錄)」이란 제목으로 초고를 쓴 것이다. 1601년 (선조 34년)에 도체찰사 이원익이 경상감사 이시발을 시켜 도내의 사적을 채집하였는데, 이를 본 선조는 『정만록(征蠻錄)』이라 불렀다.

이상의 기록에서 원균의 '만행'을 어떻게 봐야 하는가? 일단 그냥 읽어보면 마치 원균이 시켜서 그런 '살인만행'을 한 것처럼 보인다. 하지만 이는 다분히 심증이고 추측이며 전해들은 이야기이다. 당시 조선 사람이 왜적으로 오인되어 죽은 것도 분명한 사실이다. 그렇다면 이 기사를 어떻게 읽어야 하나?

수사가 일단 원균이라고 하더라도 원균이 직접 나서서 조선인의 목을 베어 취했다는 내용은 사실이 아니다. 왜냐하면 당시 조선인과 일본인은 자기나라 풍습에 맞춰서 다양하게 구별되는 법이 있었다. 예를 들어 귀고리가 그렇다. 당시 조선인은 특히 남자들은 지위고하를 막론하고 대부분 귀를 뚫는 풍습이 있었고, 이는 일본인들의 변발과 함께 조선인들을 구분하는 중요한 단서였다. 즉, 『선조실록』(1597년 10월 4일)에는 당시 명나라 사신 접반사 이덕형이 경리 양호와 나눈 이야기 속에서 "근자에 조선 군대가 군공을 다투는 과정에서 함부로 조선 사람을 죽여 거짓으로 왜적인양 꾸미는 일이 있다"는 추궁을 받았다. 이에 이덕형이 "가짜 왜적이라면 좌우의 귀를 살펴보아 귀고리 구멍을 뚫은 흔적이 있으면 알 수 있다"고 대답한 것이 그것이다. 당시 이덕형도 왜적과 조선인을 구분하는 유력한 단서로 귀고리 구멍을 들고 있었다.

그만큼 당시 조선인들 특히 남성들의 귀고리는 일반적이었다. 선조 시절이미 귀고리가 일반화되었다는 것은 『선조실록』(1572년 9월 28일)에서 "상이 비망기를 내리면서, 신체발부는 부모에게 물려받는 것이니 감히 훼상(毀傷)하지 않는 것이 효의 시초이다. 우리나라의 크고 작은 사내아이들이 귀를 뚫고 귀걸이를 달아 중국 사람에게 조롱을 당하니 부끄러운 일이다"라고 하고 귀고리 착용을 금하는 명령을 내린 사실에서도 알 수 있다. 때문에 조선인의 목을 베면 모두 조선인으로 인정되었다고 믿는 것도 조선왕조의 국가운영능력을 허술하게 읽은 것이다.

물론 당시 조선인의 머리를 가지고 명나라 군이나 조선의 일부 장수들이 그런 악행을 저지른 것이 사실이었다. 하지만 사실 여부는 시간과 역사의흐름 속에서 자연히 읽혀지는 데 만약 이러한 행동이 사실이라면 훗날 칠천량 패전 이후 그가 받았던 수많은 폄훼에서 이 사연이 빠질 리가 없었다. 왜냐하면 원균이 술 마시고 여자를 옆에 두었다고까지 하여 당시 무인들의 일상사와 같은 행위도 잘못이라 몰아세우는 등 원균폄훼의 이야기가 넘치던시절에도 이런 사실은 그 누구에게도 지목되지 않았다.

많은 사실들이 『난중일기』에서 지목되지만 그것이 사실인지 여부는 시간이 흐르면 증명되기도 하고 그렇지 않기도 하다. 그런데『난중일기』에서 사실여부를 묻자 원균이 크게 화를 내었다는 것도 스스로 가책을 받아서 그런 것이 아니라 오히려 황당한 일이라서 그럴 수도 있다는 것이다. 조직의 수장이라면 자신의 정의감으로 상대와 경쟁하고, 다양한 이론이나 논리를 동원하여 자신의 정의를 설득하고자 이성적으로 경쟁에 나선다. 따라서 원균과 이순신의 경쟁은 인격적 대결이 아니라 두 개의 수군 파벌 수장간의 경쟁으로 둘 다 신념의 대결이었다. 일반적으로 신념의 대결은 좀처럼 우열을 가리기가 힘들다. 자신의 주장만이 옳다고 믿는 이론적 뒷받침이 있기 때문이다. 하지만 정치적으로 최종적 승리를 위해선 상대방의 이성적 사고에 부도덕을 덧칠하는 작업 즉, 인격적인 폄훼를 가하는 전략이 역사적으로 가장 빈번한 사례였다. 도덕적 흠결로 미세한 정치적 경쟁에서 우열을 나누는 방식은 인간 본연의 이기심에서 출발한다. 그래서 도덕성 논쟁은 대단히 정치적인 것이다. 원균에 대한 도덕적 폄훼가 강할수록 그 속에는 이순신과 원균이 신념에 기초한 이론적이고 논리적인 경쟁이 심했다는 사실을 말해준다. 만약 이순신만 착하고 원균만 악했다면, 그 갈등은 몇 달을 가지 못했을 것이다.

이와 비슷한 것이『난중일기』(1593년 7월 28일)에 또 등장한다. 사도첨사 김완이 복병을 나갔을 때 잡은 포작 열 명이 일본군의 옷을 입고서 있기에 수상하다고 여겨서 추궁해보니 우수사 원균이 한 짓이라는 것이다. 액면으로 보면 마치 원균이 조선인에게 일본군 옷을 입게 하여 머리를 취하려고 한다는 곡해를 부를 수 있지만, 이후 어떤 사건에서도 원균이 그런 행위를 했다는 뒷담화도 없었다. 경상도를 잘 아는 사람들이 거제도의 적을 염탐하려면 일본군 옷을 입을 수도 있다고 생각하면 어떨까? 모든 면에서 원균을 부정적 측면으로 곡해하고 싶다면 증좌를 가져와야 할 것인데, 실제로 밝혀진 그리고 후대에 증언한 부하는 아무도 없었다. 그렇기에『난중일기』에 나오는 그 이야기는 그대로 믿을 수 없다.

　이순신은 다시 3월 6일 공격에 나섰다. 만약 원균이 그 일에 몰두했다면 삼도수군의 연합은 힘들었을 것이다. 그리고 3월 10일에도 공격에 나섰으나 이뤄지지 않았고, 3월 22일 왜군의 정탐병 2명을 붙잡아 처단한 것을 마지막으로 웅천포 전투는 끝이 났다. 이순신은 4월 3일 함대를 해산하고 여수 좌수영으로 돌아왔다. 5월 2일 다시 조정은 출정하라는 명령을 했다. 이에 5월 7일 연합함대를 조직하여 출정했는데, 이때 이순신은 전선 42척과 척후선 52척을 내었으나 전라우수영은 전선 54척 척후선 42척으로 192척에 달했다. 병력은 2만 여명이고 이때 원균은 2척을 데리고 왔다. 원균의 배가 적은 것은 굳이 경상도 배가 여수까지 나올 필요가 없었고 중도에 합류하면 되었기 때문이었다.

　이순신과 원균은 수륙연합 작전을 구상하였다. 하지만 명나라 장수 송응창이 호응을 하지 않아서 실패하고 말았다. 이런 이유로 이순신은 1593년 7월 14일 수군의 전진기지를 한산도로 옮겼다. 그리고 8월 조정에서는 이순신을 전라좌수사 겸 삼도수군통제사로 임명하였다. 삼도수군통제사 임명을 알리는 명령은 10월 9일 도달하였다. 원균의 마음은 무척 아팠겠지만 항간의 생각처럼 원균이 이순신을 직접 폄훼한 장계나 행위는 발견할 수 없고, 오히려 이순신과 잘 협조하여 전투력을 강화하고 있다는 장계를 올리기도 하였다.

(2) 척후와 규율을 세우고 수륙병진하자

　이순신이 승승장구하고 있는 상황에서도 원균은 충실하게 척후와 정보수집 활동을 하고 있었다. 그리고 일본군 수군증강과 호남침략계획을 탐문하여 조정에 장계를 올리는 등 활발한 활동을 하고 있었다.

경상우도 수사 원균이 장계를 올리길, "왜선 6백여 척이 바다를 뒤덮고 오는데 뒤에 따라 오는 선척도 끊이지 않습니다. 이들은 바로 호남을 침범할 계획인데, 삼 도의 판옥선은 1백 20여 척만이 있을 뿐이고, 본도는 분탕질을 당하여 군량이 이 미 다했으므로 허다한 사졸들이 기곤하여 계속 죽어가고 있어 배를 부릴 방책이 없으니 매우 우려됩니다"(『선조실록』, 1593년 7월 15일).

원균의 장계를 보면 1593년 7월경 조선 수군이 약 120척의 판옥선을 가 지고 있었던 것으로 확인된다. 그런데 당시 원균은 거제 현령 김준민이 육 전을 위해 육지로 나가버리자 이 지역이 비었고, 그래서 일본군이 진주하 여 점령하였는데, "백성들이 항복하지 않고 향촌 사람을 규합하여 날마다 밤에 습격하고 혹은 매복하여 앞길을 차단하기도 하는 통에 마침내 일본군 이 성을 버리고 떠났다"고 하면서 논공을 요청하였다(『선조실록』, 1594년 6월 20일). 원균이 백성을 죽여서 자기 공으로 삼았다고 하는 '원균폄훼론' 입장 에서는 도대체 설자리가 없는 이야기였다.

또한 7월 15일자 원균의 장계를 보면, 그동안 갈등을 빚던 이순신과도 서 로 약속하며 한산도 일대를 잘 지키고 있다고 했다. 비록 마음으로는 이순 신과 갈등하고 있더라도 이순신과 협조아래 일본군을 방비하고 있었던 것 이다.

"신이 이순신과 서로 약속하고서 한산도 등지에 진을 치고 있습니다"(『선조실 록』, 1593년 7월15일).

이 시기 『난중일기』(1593년 6월 5일)에서는 원균이 노골적으로 자신이 통 제사가 안된 것에 대해 불만을 드러냈다고 했지만 원균의 장계에는 그런 흔 적이 전혀 없다. 오히려 웅천의 적이 혹시 감동포(부산 구포)로 들어올지 모르니 이순신과 함께 연합해서 치자고 공문을 보내기도 하였다. 6월 11일에는 이순신이 원균에게 함께 토벌전을 벌이자고 공문을 보냈다. 원균은 당시 수령들이 수사들의 관할이 아니라서 군령을 받지 않는 상황을 정리하여 장계를 보내고 수군 운영에 협조하지 않은 수령에 대한 치죄를 요청하는 등(『선조실록』, 1593년 5월 30일) 수군의 기강 확립에도 적극적이었다. 그러면서 앞서 말한 것처럼 비변사의 요청에 따라 적극적으로 거제도로 들어가서 논공할 백성을 선별하는 등의 임무도 잘 수행하고 있었다.

훗날의 이야기지만 『승정원일기』(1650년 6월 22일)를 보면, 임진왜란 초기 통제영을 만들 때 각색의 군병을 모으고 각도에 청하여 각사의 노비도 윤번제로 수군에 들어오게 하는 제도를 원균과 이순신이 처음 만들었다고 하였다. 이에 그런 수군 보충 방식이 효종 시절에도 계속되었다고 하였다. 조선 후기 수군제도의 개혁을 논하는 자리에는 이순신만 거론되지 않고 대체로 원균이 함께 거론되었다. 이순신이 통제사로서 모든 것을 독단했다면 있을 수 없는 서술이었다.

그럼에도 『난중일기』(1593년 5월 21일)에서 원균 수사는 고약한 사람이었다. 실제 원균의 성격이 무척 고약한 것은 사실이었다. 앞서 말한 수령에 대한 치죄를 요청하는 장계는 아마도 각기 뒷배가 있는 수령의 깊은 원망을 자아냈을 것이다. 인심을 잃을 일들을 자주했다는 말이다. 원균은 교과서적인 윤리에는 충실했지만 지역사회에서 수하·수령들의 규찰이 강화될수록 그에 상응하는 불만과 저항감이 커지는 점을 보지 못했다. 고약함은 단순함과 통하였다.

뿐만 아니라 원균은 수군 동원에도 많은 고민을 하였다. 『난중일기』(1593년 5월 8일)를 보면, "사량도 앞에서 만호가 오므로 우수사가 있는 곳을 물었더니 지금 창신도(남해군 창선도)에 있다고 하며 군사들이 모이지 않아서 미처 배를 타지 못했다고 하였다"라고 하였다. 이순신과 경쟁하는 입장을 고려할 때 자존심에 많은 상처를 받았을 것이다. 이런 어려움 속에서 원균은 1593년 6월 평소의 지론인 수륙병진 전략을 정리하며 조정에 건의를 했다.

원균은 조선 수군이 봄부터 수개월 동안 해상에 주둔하였으나 일본 수군이 얼씬도 하지 않아 일전을 겨룰 수 없다는 고민을 말하면서 자신만의 수륙병진책을 조정에 아뢰었다. 원균은 현재 "김해 · 양산 두 강에 정박한 적들은 서로 번갈아 출입하면서 입술과 이처럼[唇齒]처럼 서로 의지하여 부산 통로를 장악"하는 상황이므로 "이 지역을 내버려 둔 채" 부산을 치는 것은 협공 때문에 위험하다고 하였다. 그러므로 육군이 먼저 웅천의 적을 쳐서 해양으로 몰아내면 "우리 함대가 웅포 · 김해 · 양산을 공격하여 적을 섬멸하고 부산 길을 열게 하는 것"이 상책이라는 것이다. 그렇지만 현재 조선에는 육군이 없고 수륙으로 병진할 조건이 되지 않아서 '명나라 구원병'에게 이 계획을 물었더니 명나라 장수들은 우리 수군이 먼저 부산을 공격하여 "적선을 불사르는 연후에 재빨리 공격하겠다"고 하니 참으로 난감하다고 했다. 이런 현실적인 고민에도 불구하고 원균은 결국 "육군으로 하여금 급히 진격하게 하여 수륙 합공"하는 것이 가장 상책이라는 주장을 하였다(『선조실록』, 1593년 6월 3일).

그런데 이런 원균의 전략은 당시 조정으로선 받아들일 수 없었다. 이순신도 1593년 9월 10일 장계를 올려서 판옥선 250척 및 수군 4만 명으로 증강을 주장하였고, 남해안에 흩어져 있는 각 섬에 병사들을 주둔시켜서 둔전을 일궈 군량을 넉넉히 확보하고 수사의 권한을 강화하여 각 고을 수령들을 일사불란하게 지휘할 수 있도록 하는 조치 등을 주장하였다(『조진수륙전사장』). 원균의 수륙병진전략이 공격적인 전술이라면 이순신의 안은 수군의 내실을 꾀하자는 전략이었다. 이처럼 원균 장계든 이순신 장계든 거기에 제안된 내용은 우리 수군에게 시급한 사안들이었다. 또한 원균과 이순신이 전략적으로 큰 차이가 없었다는 이야기이다. 원균의 전략도 자세히 보면 우리 힘을 모아서 한몫에 공격하자는 논리다.

그러던 중 1593년 10월 동인으로 정권이 교체되면서 이순신은 명실상부하게 통제사가 되었는데, 이는 당시 조정이 큰 함대를 거느린 이순신과 같은 존재가 있어야 명군의 철군을 저지하고 일본군에 대한 경계도 강화될 것이라 보았기 때문이었다. 실제로 1593년 10월 22일 류성룡의 보고에 의하면 당시 원균은 600명의 군사로 이순신 1,000명의 군사와 함께 오랫동안 바다에 머물면서 철저히 방어하고 있지만 수군이 무척 굶주리고 있다고 우려하였다. 따라서 이 시점에는 이순신과 원균이 비슷한 군세로 거제도에서 일본군을 틀어막고 있었다는 말이다. 즉, 임란 초기 붕괴된 경상도 수군이 이 시점에는 이순신에 근접하는 규모로 재건되었다는 것이다.

반대로 당시 일본군은 거제도의 영등포·지세포·옥포 등지에 들어와 병선을 만들 목재를 가져가고 있었다. 그래서 류성룡은 만일 일본군이 꾸준히 전함을 만들어 대항하면 상당히 위험할 것이니 반드시 중국군과 합세해야 하며 군량미로 10만~20만 석을 그곳에 보관해야 한다"(『선조실록』, 1593년 10월)는 주청을 올렸다.

류성룡의 보고에서 당시 수군 병력 1,600명 정도가 상시로 번을 쓰고 있었다는 사실을 알 수 있는데, 류성룡은 이들 수군 방어대가 무너지면 달리 방어책이 없으니 현실적으로 명나라 군대가 합세해주어야 한다는 점을 강조한 것이었다.

류성룡이 아뢰기를, "홍인상의 장계에서 '중국 조정에서 우리나라에 있는 적세를 모르고 단지 군사 5천만 유치시키고 모두 철수하려 한다'고 하니 만일 왜적이 새 군사를 다시 징발하여 내년 봄에 대거 공격한다면 어떻게 방어하겠습니까. 겨울 이전에 유 총병(劉總兵)과 합세하여 소탕해야 할 것입니다"(『선조실록』, 1593년 10월 22일).

선조의 입장에서 본다면 백척간두 상황에서 근근이 일본군의 서진을 저지하고 있는 이순신과 원균에 대한 깊은 인상은 이때 더욱 확고해졌을 것이다. 그리고 두 장군의 협력이 얼마나 국방상 요긴한지 뼈저리게 느꼈을 것이다. 그러니 이순신이 훨씬 뛰어나다고 믿더라도 혹시 만일의 상황에서 유일한 대안은 원균뿐이라는 생각은 어쩌면 당연한 것이었다. 아울러 원균의 입장에서도 이러한 상황은 평소의 지론인 수륙병진의 가치를 더욱 확신하는 계기가 되었다. 이순신과 함께 하면서 원균도 명장으로 칭송을 받았다. 원균을 명장으로 만든 일등 공신은 역시 이순신이라고 하면 어떨까?

(3) 장문포전투의 이순신, 원균의 전략과 함께 하다

1594년 3월 제2차 당항포해전이 벌어졌다. 이 해전에서 "우리 수군은 적선 31척을 격파하였고, 원균과 이순신은 각기 자신이 주도한 승리였다"는 장계를 올렸다. 여기서 이순신은 심기가 불편하여 "경상우수사 원균은 마치 적선 31척을 자신의 경상도 장수의 힘만으로 불태운 것처럼 보고했는데 진중의 장수들은 모두 해괴하게 여기고 있다"(「당항포파왜병장」 1594년 3월 10일)고 하면서 조정은 이런 사정을 잘 감안하길 바란다고 요청할 정도였다. 이때 이순신의 전라좌수영 함대와 이억기의 우수영 함대는 대형 왜선 7척과 중형 왜선 8척 그리고 소형 왜선 4척 등 총 19척을 격파한 반면, 원균의 경상우수영 함대는 대형 왜선 5척, 중형 왜선 6척 등 11척을 격파하였다. 이 공을 놓고 이순신 측과 원균 측은 팽팽한 신경전을 벌였다. 하지만 현장에서 그들의 알력은 그다지 드러나지 않았고, 원균의 수륙병진 주장에 대해 이순신이 순순히 합의하는 모습을 보이고 있었다.

3월 당항포 해전 이후 오랫동안 거제 일원의 전선이 교착상태에 빠지자 선조는 통제사 이순신에게 "수륙의 여러 장수들이 도무지 계책을 마련하여 일본군을 토벌할 생각을 하지않는다"고 질책하였다(『난중일기』, 1594년 9월 3일). 그러자 이순신은 "바다 위에서 3년이나 지냈다. 장수들과 더불어 복수할 마음만 가졌다. 그러나 험준한 산에 깊숙이 숨은 적을 경솔히 공격해선 안 된다"고 우려하였다. 그러면서 원균의 수륙병진 전략을 수용하고 육군으로 김

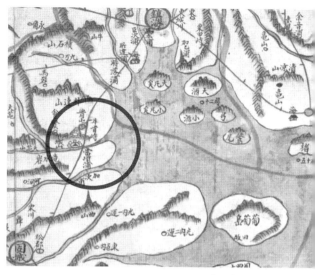

「동여도」에서 당항포

덕령, 곽재우 부대와 제휴하여 거제 일원을 공격할 계획을 추진하였다. 이른바 장문포전투였다.

장문포전투는 성공하지 못했지만 원균과 이순신이 이러한 수륙병진에 얼마나 공감하고 있었으며, 원균의 수륙병진 전략이 결코 혼자만의 공상이 아니라는 사실을 보여주었다. 당시 거제도 일원이 일본군에게 넘어갔는데, 그럴 경우 한산도 지역 방어선은 심각한 위험에 노출되었다. 그러므로 신속하게 거제도에 들어온 일본군을 몰아내어야 했다. 장문포전투는 바로 이러한 이유로 수행된 것이다.

1594년 9월 초 이순신과 원균은 김덕령, 곽재우 군대와 합동으로 장문포에 상륙하였다. 『난중일기』(1594년 9월 4일)에 따르면 이순신은 먼저 육군에서 "곽재우, 김덕령의 군사 수백 명을 뽑아 상륙하게 하고 수군을 장문포로 보내어 들락거리며 타격하는 전략을 구사하였고, 수륙이 서로 호응하니 적들은 갈팡질팡하였다"고 했다. "하지만 우리 육군은 왜적의 저항이 워낙 거

당항포 해변(고성군 회화면 봉동리)

세서 다시 배로 내려오고 말았다"는 것이다. 즉, 일본군의 강력한 접근전으로 인해 육전에서 전투를 완결할 수 없었던 것이다. 그리고 곧장 제2차 장문포전투가 개시되었다.

장문포전투에 대한 상세한 내용을 담은 원균의 장계가 1594년 10월 8일 조정에 도착하였다. 거기에 따르면 제2차 장문포 작전은 10월 2일 부터 시작되었다고 한다. 당시 거제도에는 지난번 1차 전투 때보다 많은 일본군이 있었는데, 원균은 처음 이들 병사를 '구원병'으로 판단하였다.

"적들은 세 군데 봉우리에 모여서 깃대를 세워놓고 무수히 총을 쏘아댔는데, 우리 병사들이 종일토록 접전하다가 어두워지자 외질포에 진을 쳤다. 10월 3일 진시(辰時 오전 7시∼9시)에 수군을 장문포 어귀에 줄지어 놓고 성에 육박하니 적들이 화살과 돌을 피하여 성안에 숨거나 성 밖 땅속에 몸을 숨겼다. 적들도 총이나 대포도 쏘았는데 탄환이 주먹만 하였고 3백여 보나 날아왔다. 화력이 어제보다 배나 강했고 시설도 많아졌다. 적진 근처에 말풀[馬草] 더미가 많이 쌓여 있기에 정예병으로 보초서는 왜병을 쫓게 하고 불을 질렀는데 밤새 불꽃이 타올랐다. 문제는 육지에 있는 적을 수군이 끌어 낼 방법이 없다는 사실이다"(『선조실록』, 1594년 10월 8일).

원균은 "통제사 이순신, 곽재우, 김덕령과 함께 상의하여 길을 잘 아는 거제도 출신 궁수 15명을 뽑아 길잡이를 삼고" 원균 수하 중 "육전을 자원한 31명을 뽑아서 곽재우의 지휘를 받도록 했다." 10월 4일 묘시(卯時 아침 5시~7시)에 수군을 보내서 명화비전 혹은 현·승자총통을 쏘면서 진격하고 정예선은 영등포의 적 소굴에 보내서 지원 통로를 차단하였다. 그러나 일본군들은 성문을 굳게 닫고 나오지 않아서 승부를 내지 못한 채 후퇴했다고 하였다. 이후에도 원균의 수군은 그대로 외질포에 진을 쳤다(『선조실록』, 1594년 10월 8일).

이른바 제2차 장문포전투의 경과였다. 이 전투는 1차 전투와 다른 특징이 있었다. 하나는 성에 숨은 일본군에 대한 공격이라서 달리 수륙합동 작전으로 진행되었다. 또한 상륙 작전인 만큼 육전에 능한 인력과 장비가 필요했기에 전투 시일도 장기화 했다. 무엇보다도 원균이 주장하는 수륙병진책이 이순신과 곽재우, 김덕령과 같은 장수들과 합의되고 상의되고 실행되었다는 사실이 중요하였다. 이는 이순신과의 불화가 어느 정도 진정되고 다시 원균과 이순신이 함께 일본군을 토멸하는데 힘을 합치게 된 상황을 말한다. 하지만 이 전투가 실패할 경우 서로의 책임 공방이 심해지고 결국 두 사람이 더 이상 바다에서 함께 할 수 없을 것이 자명하였다.

이 전투는 반드시 성공했어야 했다. 왜냐하면 이후 원균이 주장하던 수륙병진 전략이 조정에서 발아 한 해로차단 작전에 밀리지 않을 수도 있었던 것이다. 나아가 원균이 다른 곳으로 전출가면 이순신 홀로 전역을 방비해야

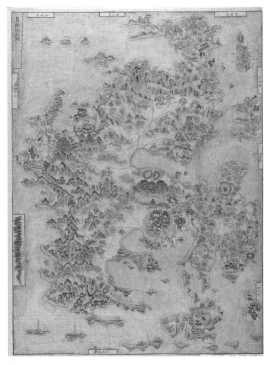
「1872년 지방지도 거제부」

한다. 그렇다면 이순신이 더 이상 공세적인 전략을 왜군에 퍼부을 수 없는 상황이 된다. 이리저리 장문포 해전은 결과적으로 이후 우리 수군 전략의 지속성을 규정하는 중요한 전투가 되었다. 수륙병진 전략은 이순신도 지지하고 『난중일기』 등에서 수차례 타당성을 말했지만 원균이 없는 이순신은 이 전략을 지속할 여력이 없었고, 지속적으로 조정에서 해로차단 작전을 강요당하는 계기가 되었다.

『선조실록』(1594년 10월 13일)에서 비변사는 당시 거제도 지역에 수륙병진공격을 전개하였으나 성과도 없었다고 하고, 거제도 상륙 작전을 하려고만 하면 일본군이 남쪽 해안에 매복을 두어 기습한다고 했다. 그러면서 "원균의 첩보에서 보듯이 우리 수군이 육군과 함께 하여도 성과를 얻지 못하니 군사들의 마음이 동요되고 있다"고 개탄하고, 모든 책임은 '도원수 권율'에게 있다고 하였다. '원균의 첩보'를 이용하여 도원수 책임을 말하는 대목에서 이후 원균이 권율에게 밉보이게 된 단서를 알 수 있다. 『선조실록』(1594년 11월 19일)에도 비변사는 "거제 일원의 전쟁에서는 좌절된 일이 많다. 그들이 사실대로 보고하지 않고 도리어 장황한 말만 늘어놓으니, 체찰 제신(현장최고지휘관)의 죄가 크다"고 하여 도원수의 실책을 거론하였다.

그러면서 비변사는 수륙병진의 상륙작전의 대안으로 "거제도는, 북쪽 해안 영등포 · 장문포에 현재 적의 방비가 삼엄하니 육군으로 먼저 공격하기 불가"하다는 판단을 내리면서 한산도를 경유하는 게릴라 전투를 주장하였다. 즉, 지리를 잘 아는 명궁들을 동원하여 적들이 머무는 진지 근처의 숲에다 매복시키고 "밤에는 그들의 책막(柵幕)을 기습하고 낮에는 잠복하다 나무하는 일본군을 저격"하자는 방식이었다(『선조실록』, 1594년 10월 13일). 하지만 장문포전투의 실패는 당시 류성룡이 주도하는 조정에서 그동안 여러 차례 언급해왔던 원균이나 도원수 권율의 수륙병진 전술이 불신을 받게 되는 계기가 되었다. 여기에 원균의 장계는 도원수의 심기를 건드렸다.

1594년 11월 5일 선조가 "원균이 거느린 사도선(蛇渡船)이 소실"된 연유를 물어보자 류성룡은 "해당 장령은 마땅히 벌을 받아야 할 것"이라면서 "수군이 육지에서 일본군을 공격하기란 어렵다"고 하였다. 이는 류성룡이 원균이 주장하는 수륙병진에 의한 상륙작전이나 육지전을 크게 불신하고 있다는 사정을 말한다. 그러자 선조는 "이빈이 거느린 군사는 겨우 3백 명인데 평지에다 진을 쳤고, 김덕령은 군사도 겨우 3백 명이다. 곽재우는 만일 육지에서 싸운다면 반드시 전멸할 것이라고 여겨 도원수의 영을 따르지 않았다"라고 하면서 도원수가 명령한 상륙 작전을 의병들이 거부한 사실을 힐책하였다. 그러자 류성룡은 "도원수 방식의 상륙작전은 결국 실패할 것이라고 주의를 주려고 했으나 수륙 합세 소식을 듣고 혹시나 하는 마음으로 말하지 않았다"라고 하여 수군과 의병이 연계한 상륙 작전의 문제점을 세밀하게 지적하였다.

이처럼 당시 이순신과 원균은 상륙작전에 상당한 관심을 보였고, 특히 통제사 이순신은 김덕령, 곽재우 등과 연계한 상륙 작전을 추진했으나 성공하지 못하였다. 류성룡은 마치 자신은 미리 그런 작전이 실패할 줄 알았다고 했지만 수군이기에 한번 해보라는 생각에 작전을 취소하지 않았다고 하였다. 이처럼 장문포 해전은 이후 수군의 작전에 많은 제약을 주고 혼선을 일으켰으며 원균과 이순신의 갈등을 극에 달하게 한 이정표였다.

(1594년) 9월 29일부터 10월 2일까지 장문포에 둔거한 적세와 접전한 절차에 대해서는 이미 보고하였습니다. 2일 평명(平明-해가뜰 때)에 다시 장문포에 진격하였는데, 전보다 약간 많아 무려 백여 명이나 된 것이 필시 둔처한 왜병을 구원해주기 위한 것이었습니다. 세 곳의 높은 봉우리에 모여 있으면서 많은 깃대를 세워놓고 무수히 총을 쏘아 댔는데, 우리 병사들이 강개하여 진퇴하면서 종일토록 접전하다가 어둠을 이용하여 조금 물러나 외줄포에 진을 쳤습니다.

3일 진시에 수군을 동원하여 적진 장문포의 강어귀에 줄지어 세워놓고 먼저 선봉을 시켜 성에 육박하여 도전하게 하니 적의 무리가 시석(화살과 돌)을 피하여 성안에 숨기도하고 성 밖에 땅을 파고서 몸을 숨기기도 하였는데 그 수효를 알 수 없었습니다. 적이 조총을 쏘고 대포도 쏘았는데 그 탄환의 크기가 주먹만 하였고 300여 보나 멀리 날아왔으며, 화력이 전일보다 갑절이나 더했고 설비는 매우 흉험하였습니다. 적진 근처에 마초가 무수히 쌓여 있었으므로 신은 정예병을 선발하여 수직(지키는)하는 왜병을 쏘아 쫓고 불을 질렀는데 타는 불꽃이 밤새도록 하늘에 닿았습니다. 문제는 육병이 아니기 때문에 육지에 있는 적을 수군으로서는 다시 어떻게 끌어낼 방법이 없어 매우 통분스러웠습니다.

신은 다시 통제사 이순신, 육병장 곽재우, 충용장 김덕령에게 상의하여 수륙으로 합동 공격할 것을 계획하고, 길을 잘 아는 거제 출신 사수 15명을 뽑아 길잡이를 삼고, 신이 거느린 각 선박에 육전을 할 만한 자로서 자원한 31명을 선발해서 곽재우의 지휘를 받도록 하는 일을 단단히 약속하였습니다.

(1594년10월) 4일 묘시에 여러 배로 적진에 돌진해 들어가면서 명화비전(불화살)을 쏘기도 하고, 혹은 현자총통, 승자총통을 쏘면서 도전하고 정예선을 영등의 적소굴에 나누어 보내 서로 들낙 날락 하면서 이쪽저쪽을 공격할 기세를 보여 서로

지원하는 길을 끊도록 하였으나 적들은 성문을 굳게 닫고 나오지 않아 섬멸할 길이 없어 분함을 견딜 수 없었습니다.

육병장등은 도원수 권율에게 가서 직접 형세를 고하고 후일을 기약하기로 하고서 7일에 돌아갔고, 신과 수군은 그대로 외줄포에 진을 치고 있었습니다. 5일 휴병할 때에 신이 거느린 사후선의 장수를 정하여 정심포관으로 보내 적병의 통태를 보고하도록 하였는데 6일 묘시에 사후장 원사웅과 조준표등이 돌아와 보고하였습니다.

사후선 4척이 편대를 지어 거제의 오이질포에 도착하여 적선 2척을 만났는데 기를 잡고 돌진해 들어가니 왜적의 반은 이미 육지에 내렸고 배를 지키던 적병도 우리 배가 돌진해 가는 것을 보고 물속으로 뛰어들었습니다.

수문장 김희진 등과 있는 힘을 다하여 집중 사격을 가하자 맞아서 다친 왜병이 상당히 많았는데 베에서 내린 적병 30여 명이 조총을 쏘면서 지원을 해와서 수급을 베어 오지는 못하였으며, 적선 2척과 기타 실려 있던 잡물은 모두 불지르고 막풍석·낫·도끼·노 등은 싣고 왔습니다. 다시 타다 남은 적선을 가지고 와서 증거품으로 하라고 하였더니, 7일에 돌아와 보고하는 것이었습니다.

오이질포에 도착하니 왜적 5~6명이 길을 잃고 바닷가에 방황하고 있으므로 물에 내려 활을 쏘며 추격하자 적의 무리가 산골짜기로 흩어져 도망을 쳤는데, 그중에 한명이 다급하게 되자 칼을 풀고 항복하기에 사로잡아 데리고 왔습니다.

그러면서 그들은 타다 남은 2척의 적선도 끌고 왔습니다. 또 신의 중위장 곤양군수 이광악은 6일에 행군하여 왜적이 숨어 있는 해변에 복병하고 있으면서 출몰하는 것을 엿보아 재빠르게 배를 움직여 돌진해서 1명을 생포해 왔고, 선봉장 웅천현감 이운룡은 적진에 달려 들어가 왜인이 쓴 작은 판(版)을 탈취해왔는데, 판본(版本)은 통제사 이순신이 있는 곳으로 보냈고, 한산으로 돌아가 진을 치고 정신을 가다듬어 사변에 대비하도록 지휘하였습니다 (『선조실록』1594년 10월 8일 장문포/영등포 해전에 대한 원균장계).

다. 원균의 전출과 방어형 전략으로 전환

(1) 장문포의 비극, 또 한 번 원균과 이순신이 갈등을 빚다

장문포전투 이후 이순신과 원균의 갈등은 더욱 불거져서 더 이상 같은 바다에서 일하기 어려웠다. 그러자 비변사는 도원수 권율과 통제사 이순신에 대한 대대적인 감사를 요청하였다.

> 적과 대진하고 있는 이때에 만일 대간의 논박이 거세게 일고 있다는 소식을 듣고 스스로 편치 못하여 행공하지 않는다면 일이 더욱 허술해질 것이니, 도원수와 통제사에게 우선 추고하게 하고 방비할 모든 일을 별도로 조치할 것을 급히 선전관을 보내서 하유하는 것이 어떻겠습니까?" (『선조실록』, 1594년 11월 19일).

아울러 장령 이철은 "거제의 싸움에서 어떤 장수는 배회하면서 싸우려 하지 않았으며, 사후선 3척이 행방불명이 되었는데도 보고조차 하지 않았다"고 하면서 이들 무능한 장수들을 "군대를 무너뜨리고 상관을 무시한 죄"로 다스려야 한다고 했다(『선조실록』,1594년 12월 1일). 이런 상황에서 이순신은 곤궁해지고, 상대적으로 원균은 용장(勇將)의 이미지를 높이는 계기가 되었다. 그러자 이순신은 스스로 통제사에서 물러나겠다는 상소를 올렸다(『선조실록』, 1594년 11월 병술).

당시 선조는 도원수 권율도 물러나게 하고 싶었다. 그러자 우의정 김응남은 권율이 "일찍이 행주대첩의 공이 있기 때문에 만일 교체한다면 대신할 사람이 없다"(1594년 12월 1일)고 하면서 도원수 유임을 요청하였다. 권율이나 이순신으로선 무척 자존심이 상하는 상황이었다. 그런데 당시 원균도 자기 부하의 공적을 자신의 공적인양 장계한 일이 있다 보니(『선조실록』, 1594

년 11월 19일 원균 상소) 두 사람 모두 큰 상처를 받았다. 이에 조정은 두 장군의 갈등을 봉합할 대책이 필요했다. 그러면서도 두 사람에 대한 조정의 저자세가 극에 달하였다. 조정은 이러한 '저자세'에서 많은 것을 깨달았다. 이는 훗날 '조정 중심의 작전 의지'를 갖게 된 중요한 계기가 되었다.

당시 조정에서는 두 사람의 반목에 대해 어떻게 생각하고 있었을까? 1594년 11월 12일의 어전회의에서 선조와 신료들은 '이순신의 공이 크지도 않은 데 조정에서 이순신을 우대하였던 것'(김응남), 그리고 '이순신의 부하는 당상관에 오른 자가 많은데, 원균의 부하 중에 우치적이나 이운룡 같은 자는 포상도 받지 못한 것'(정곤수)으로 인해 원균이 논공행상에 많은 불만을 느꼈을 것이라 주장하고 있었다. 그래서 선조는 "공이 있다면 상을 주어서 위로하라"고 하고 원균과 이순신을 분리시키는 의향을 내보였다. 그리고 원균을 교체하자는 여론에 대한 반응을 탐문했다. 당시 김수는 '서로 반목은 없다'고 했으나 선조는 원균과 이순신을 '물과 불'로 비유하면서 "상극이기에 전쟁에 임해서 서로 구제하지 않을 뿐만 아니라, 반드시 서로 해칠 것

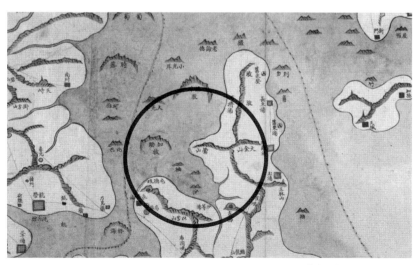

「대동방여전도」중 장문포

이다"라고 우려하였다(『선조실록』, 1594년 11월 12일). 선조는 당시 두 장군을 떼어 놓기로 결심했지만 김응남도 교체는 안 된다고 했다.

특히 이순신을 지지하는 정탁조차도 '두 장군을 분리시켜서는 안 되며 선조가 직접 두 사람을 화해시킬 것'을 요청하였다. 즉, 정탁은 자신이 '남방에 가니 이순신이든 원균이든 모두 비상한 장수로 잘 하고 있는데, 지금 싸우고 있으니 선조가 글을 내려 화해를 종용하고 그래서 뉘우치게 해야 한다'는 것이었다. 나아가 "원균이 없으면 수군도 흩어진다"라고 할 정도로 원균의 교체를 우려하였다. 정탁은 이순신을 특별히 지지하는 사람인데도 이런 말을 한 것은 바다에서 "이순신과 원균이 함께 버티면 천하의 그 어떤 적도 넘볼 수 없다"는 믿음을 바탕으로 한 말이었다. 정탁조차 원균은 바다에서 나름의 신망이 있으며, 사졸이 흔쾌히 따르는 장수라고 생각하고 있었다는 사실이 재미있다. 그러니 당시 조정의 공론은 옳고 그르고의 문제가 아니라 어찌하면 두 사람이 협조할 수 있게 하는가에 있었다.

여기서 당시 비변사의 수군운용 전략을 엿볼 수 있다. 원균이 나가면 이순신이 배후를 지키고, 이순신이 나가면 원균이 지키게 하는 이른바 '교대 공격 전략'이었다. 즉, 현실적으로 해로차단을 하려면 대대적으로 군대를 몰아서 일전을 겨루어선 성공할 수 없으며 원균과 이순신이 교대로 정립하여 적을 집요하게 괴롭히면 적들이 지쳐서 물러갈 것이라는 생각이었다. 그런 전략이라면 이순신이든 원균이든 어느 한 사람만으로는 성공할 수 없는 노릇이었다. 그래서 사헌부나 비변사가 수군의 양대 지휘관인 원균을 교체한다면 수군이 흩어질것이라고 염려한 것이다. 수군을 이끄는 두 축인 원균과 이순신, 두 축 중에 한 축만이라도 붕괴될 경우 발생하는 환란에 대한 대신들의 고민이 절절히 배어 있다. 그러나 선조는 이들 중임대신의 우려에도 불구하고 원균 교체를 결행하였다.

이처럼 이날 어전회의에서는 원균과 이순신의 다툼에 대한 우려의 소리가 많았다. 실제로 원균과 이순신 사이의 인간적 갈등을 크게 만든 것은 '원균 자식의 군공 문제'였다. 훗날 선조가 이 문제로 이순신을 하옥하게 만든 사건이기도 했다. 이날 선조는 원균과 이순신이 왜 그렇게 다투는지 물었더니 김수가 "원균이 10여 세 된 첩자(妾子-첩의 아들)에게 군공을 세우게 하고 상을 받도록 한 것"에 이순신이 불만을 품고 "원균이 허위로 10살 밖에 안 된 자식에게 공을 세운 것처럼 하였다"고 고발했기 때문이라고 하였다.

이 사건의 자세한 내용은 『선조실록』(1597년 3월 13일)에서 이덕형이 했던 증언에 나온다. 즉, "이순신이 당초 원균을 모함하면서 말하기를 '원균은 조정을 속였다. 열두 살짜리 아이를 멋대로 군공에 올렸다'라고 했는데, 원균은 "나의 자식은 나이가 이미 18세로 활 쏘고 말을 타는 재주가 있다"고 했다. 두 사람이 서로 대질했는데, "원균은 바르고 이순신의 이야기는 군색하였다"는 것이다.

당시 정치적 평형 감각이 있었던 이덕형조차 이순신과 원균의 불화에서 원균의 입장을 두둔했던 대목이다. 이 일은 이순신의 인격에 대한 주변의 실망감을 키우는 계기가 되었다. 특히 읍참마속하는 심정으로 원균을 교체하여 충청병사로 보낸 선조는 이러한 이순신의 허위 모함을 가슴 깊이 담아두었다. 이 앙금이 기회만 되면 이순신의 목을 겨누는 칼로 변할 조짐이었다. 거기에는 명장 둘이서 지켜야 할 바다를 이순신이 잘못해서 망쳤다는 선조의 깊은 원망이 서려있었다.

(2) 11월 19일 사건, 원균이 부하 공을 탐하다 교체되다

11월 12일 어전회의에서는 원균이 체직될 가능성은 없었다. 신료들도 모두 두 사람이 명장이니 함께 바다를 지켜야 한다는 입장이었다. 그런데 11월 19일 '거짓' 장계 사건으로 오히려 원균이 교체되는 상황에 처하였다.

당시 원균은 장계에서 자신의 수하인 곤양군수 이광악이 일본군을 무찌르고 일본군 1명을 생포한 사실을 알렸다. 그런데 사실 이들 일본군은 본래 투항하기로 한 사람들이었다.

> 우수사 원균이 '중위장 곤양 군수 이광악이 배를 타고 거제 부근에서 복병을 하고 있었는데 왜적이 나오는 것을 보고 돌진하여 한 명을 생포하였다'고 했는데, 투항한 왜인의 심문조서를 보면 원균의 말이 거짓말이라고 합니다. 원균은 당초 약속이 분명치 않아 진행이 허술하고 제장들의 알력은 날로 심해여, 일마다 모순투성입니다"(『선조실록』, 1594년 11월 19일).

이 사건으로 원균은 상당한 정치적 타격을 받았다. 수군에서 교체 대상이 되어버린 것이다. 당시 조정에서는 이 사건을 수군 장수간의 알력과 시기심에서 발생한 것으로 보았다. 수군 내부에 만연된 군공 경쟁을 우려하는 사례로 이러한 원균의 거짓 보고가 자주 인용되었다. 그리고 이 사건은 조정이 수군의 내부 갈등에 직접 개입할 빌미를 제공하였다. 1594년 11월 28일 조정은 원균과 이순신의 처리 방안에 대하여 논의하였다. 비변사는 보름 전 (11월 12일)의 어전회의에서 논의한 대로 "이순신과 원균은 사이가 좋지 않아 헐뜯지만 이순신은 병선을 모아 적의 진로를 차단하여 왜적의 목을 바친 공로가 많고, 원균은 이순신과 협력하여 적의 선봉을 꺾는 성과를 올렸으니, 이 두 사람의 충성과 공로는 모두 가상합니다"라고 하고 급히 선전관을 보내 국가의 위급을 우선하라 설득할 것을 요청하였다. 임금의 설유나 권면에도 계속 다투면 그제야 "나라의 법으로 처리"할 것도 요청하였다.

그러자 어느 신료는 '두 사람은 틈이 크게 벌어졌으니, 원균을 교체'하자고 했다. 여기서 선조는 "내 생각에는 이순신은 대장으로서 한 것이 잘못이니, 그 중 한 사람을 교체해야 할 듯하다. 이순신을 교체할 경우 원균을 통제사로 삼을 수 있거니와, 원균을 체차할 경우 다른 사람을 차출해야 한다. 어찌할 것인지 잘 고려하라"고 하여 원균을 통제사로 삼겠다는 의지를 보였다.

그러나 당시 조정은 동인이 집권하고 있었다. 선조도 원균의 허위보고 사건(1594년 11월 19일 사건)에 대한 비변사측의 정치적 공세를 막기 어려웠다. 비변사는 선조의 '원균 통제사 만들기'에 반대하는 것에서 끝나는 것이 아니라 원균을 오히려 처벌해야 한다고 주장하였다. 급기야 1594년 12월 1일 비변사는 원균의 병마사 전출에 반대하면서 '지금은 지난 11월 19일 사건(부하 공을 대신 장계한 사건)을 조사[推覈]하는 중이므로 병마사로 바꾸는 것은 온당치 못하다'고 하고 "원균이 이순신 수하에 있을 때도 명령을 잘 듣지 않는데 다른 도의 병마사로 보낸다면 군의 명령체계[軍中統令]가 제대로 작동하지 않을 것"이라 우려하였다. 사간원의 상소처럼 원균을 병마사로 옮기는 자체에 반대했다.

그런데 비변사의 주청을 자세히 보면 벌준다는 명분으로 이순신과 원균을 바다에 잡아 두고 싶은 본심이 담겨 있는 듯하다. 그런데 이 자리에서 선조는 비변사가 이순신을 두둔하는 것으로 생각하였고 원균을 치죄하자는 주장에도 심하게 반발하였다. 선조는 "군율은 오히려 이순신이 많이 범해서 죄가 원균보다 심한데, 원균을 병사로 삼아서는 안 된다는 주장은 이해할 수 없다"고 했다. 그러자 비변사도 결국 선조의 반대와 원균, 이순신의 불화를 해결하는 방책으로 선거이(1550~1598)와 원균을 교체하는 것을 수락하였다. 이 때 비변사는 원균 교체에 따른 위험을 직감하고 "통제사 이순신은 기망(거짓말)의 죄를 범했지만 수군 운영이 긴급한 때 대장을 바꾸는 것은 옳지 않으니 자세한 내막을 도체찰사나 도원수를 통하여 조사하는 것이 좋을 것"이라고 했다. 이는 도원수, 도체찰사 등이 개입하여 조정의 수군장악력을 높이자는 의도로 볼 수 있다.

『선조수정실록』(1594년 12월 1일)에서는 원균이 이순신의 명을 받지 않고 도원수의 조사에도 불구하고 욕지거리를 내뱉는 등 대단히 무뢰한 사람인 양 묘사하고 있다. 게다가 조정은 원균의 편을 들었고 그래서 이순신은 오히려 탄핵을 당했다고 하였다. 그런데 『선조실록』의 같은 날 기록을 보면 이식의 말대로 비변사가 이순신의 편을 든 것이 아니고 오히려 원균을 치죄하려고 했다. 그러니 이식(李植)은 정확하게 그날의 일을 파악하지 못한 것을 알 수 있다. 그러니 원균의 '교체가 정당한 것'으로 인양 『선조수정실록』에 기록하면서 그 이유를 찾다보니 엉뚱하게 원균은 안하무인이었다는 인격적 결함과 당시 집권 세력이 원균을 봐주고 있었다는 도덕적인 문제를 걸고 넘어진 것이다. 이것은 중요한 문제를 야기했는데, 감정에 치우친 찬술의 결과, 당시 비변사가 원균과 이순신을 어떻게 요리하고 필요한 위치에 재정립하려고 노력했는지 제대로 알 수 없었고 제대로 기록으로 전달할 수도 없었다. 신념과 편애의 역사가 얼마나 실재하는 역사를 교란시키는지 보여주는 왜곡 사례이다.

이순신을 통제사로 유임시키는데 대한 원균 측의 불만을 의식해서 인지, 1594년 12월 16일 비변사는 원균 수하로 있던 우치적·이운룡 등을 "왜변이 있은 초기부터 죽음을 무릅쓰고 싸워서 왜장이 탄 배를 포획하고 전후 베어 죽인 수가 무척 많았으며, 먼저 적의 배에 올라 붙들려 간 우리나라 사람을 탈환하고 왜적을 사로잡기까지 하였다"고 칭찬하였다. 그런데도 이들 장수들은 아직까지 별다른 포상을 받지 못하니, "앞으로 장수와 사졸의 마음을 권장시킬 수 없을 것"이라 우려하면서 적극 포상하자고 주장했다. 그러자 선조도 윤허하였다. 정리하자면, 임란 초기부터 선후배 사이인 원균과 이순신 간의 군공쟁탈욕심은 과도했던 것이지만 1595년 1월까지 이순신과 원균은 함께 바다를 지켰다. 이순신도 통제사로서 결코 원균을 내치지 않았다. 원균이 능력 없는 고참 겸 부하였다면 그리 오래 수하로 거느릴 이유가 있었을까?

(3) 이순신의 징발과 원균의 징발이 달리 평가된 이유

원균이 수군에서 빠지자 한편으로 까다로운 라이벌이 사라지면서 이순신은 종래의 공격적인 자세 대신 둔전 개발이나 병력 징발 등에 매진하였다. 1595년에는 전국적으로 전염병이 돌아서 한산도 수군 중에서 "죽는 자가 십중팔구였고 있는 사람도 도망가기 바빴다. 그래서 허다한 군선들이 모두 비었다"(조경남, 『난중잡록』, 1595년 3월)고 할 정도였다. 이런 상황에서 이순신은 각 장수들을 시켜서 "촌민을 추포하여 수군에 충원하고 각 군관 제장들을 연해의 각 시장에 보내서 상인들로부터 물품을 징발해서 군수품으로 배에 싣도록 했다."

그렇게 되니 자연히 지역사회는 피폐했다. 즉, "연해 각지에서 일제히 시장들이 문을 닫았고, 마을은 쥐죽은 듯했으며, 사람들은 모두 초근목피에 동굴에서 사는" 상황이 될 정도여서 의병장 조경남도 "밭 갈고 벼 베는 일을 뉘라서 할 수 있었겠는가?"하고 한탄하였다. 이처럼 이순신도 원균과 마찬가지로 백성의 인심을 크게 잃지 않을 수 없었다. 하지만 이순신은 인심을 잃지 않았다. 반대로 원균은 각 대간들의 탄핵은 물론 지역 사회에서도 엄청난 지탄을 받았다.

도대체 두 사람은 무엇이 달랐을까? 착하거나 못됐다는 등 인성론으로 설명하면 답이 금방 나오겠지만 참으로 답답한 설명이다. 여러 가지 이유가 있었겠지만 바로 이원익이라는 후원자의 존재여부이다. 이 시기 윤두수에 이어서 도체찰사 이원익이 이순신과 연해의 백성을 안무하였다. 그때 이순신과 함께 일을 하면서 이원익과 이순신은 깊은 인연을 맺었다. 이후 이원익은 전폭적으로 이순신을 신뢰한 반면 원균에게는 어전회의(1596년 10월 갑신)에서 원균을 "전투에서는 쓸 만해도 평상시에는 쓸 수 없는 인물"로 말할 정도로 탐탁하게 여기지 않았다. 원균의 옆에는 시기와 질투하는 사람이 넘친 반면, 이순신 옆에는 콩으로 메주를 쑤어도 믿어주는 사람이 있었던 점이 두 사람의 차이였다. 어쨌든 남쪽 바다에서 원균이 사라졌다. 원균이 없는 수군은 과연 공세적일 수 있었을까? 가장 전투의지가 강한 수장이 사라지니 이순신은 독자적인 공격을 주창하거나 앞장서서 선봉을 자임할 '책임있는' 장수를 운용하기 어려워졌다.

(4) 일시의 명장들은 화해하고, 원균은 수사로 복귀하라

1594년 12월 19일 사간원은 상소를 통하여 "해로를 차단하여 오는 적을 막는 데는 수군보다 나은 것이 없으며 이번 원균의 체직은 그냥 원균만의 체직이 아니라 협력한 장수와 사졸[將士]을 태반이나 교체"하는 것이라 크게 우려된다고 하였다. 그러면서 "원균을 지금 내륙으로 옮기면 군정이 해이해지고 형세가 쇠퇴하여 수군의 일이 어려워 질 것이니 두 명장을 병립시켜서 수군의 강성을 도모하고 이들의 협조로 해로차단작전을 추진하자"고 하였다.

이 글은 당대 원균과 이순신에 대한 일반적인 평가가 어떠했는지 보여주는 중요한 사료이다. 사간원은 원균이 사라지면 군정이 해이해지고 형세가 쇠퇴해져서 '수군의 일이 제대로 안 될 것이니 참으로 걱정'이라고 하였다. 바다는 원균의 전략과 이순신의 전략이 함께 공존하고 협조해야 지켜 낼 수 있다는 믿음이었다.

그러면서 사간원은 당시 떠도는 말에서 "원균과 이순신은 다 일시의 명장으로서 서로 화목하지 못하니, 형세상 둘 다 양립하기가 어렵다"는 말을 하지만 이는 너무도 "생각이 없는 말"이라고 하면서 "원균과 이순신이 본래 공은 같았지만 논공행상에서 원균이 불만을 느끼고, 부하 장수들이 서로 다투어 틈이 벌어져 서로 부딪치게 되었다"고 평가하였다. 이 상소는 일시의 명장인 두 사람의 화해와 협력에 대한 기대감으로 충만하였다. 그들도 양심이 있을 것이라는 말 즉, '저들도 선공후사의 의리가 있을 것'이라는 말과 더불어 '나라를 위한 양심'으로 서로 화해하라고 두 장수에게 주문하였다. 그러면서 "다시 격려하여 서로 화해하게 하고 잘못한 것은 꾸짖고 해서 원균을 계속 수사직"에 놔두자는 것이었다. 그러나 선조는 거절하였다.

재차 12월 22일에도 사간원은 수사 유임을 요청하는 상소를 올렸다. 하지만 선조는 윤허하지 않았다. 원균의 교체는 이미 돌이킬 수 없었다. 조정의 우려에도 불구하고 김응서의 장계에 의하면 1595년 1월까지도 이순신과 원균은 함께 거제도를 협공하기 위하여 '수륙합동' 작전을 계획하는 등 협조하고 있었다(『선조실록』, 1595년 1월 13일). 하지만 두 장수가 합동하고 있으나 현실적으로 수군이 현저히 약해졌고 육군 또한 잔약한데다 군량까지 떨어져서 진공하려 해도 형편이 용이하지 않다는 어려움도 알려주었다.

조정은 지나치게 두 장수가 가진 갈등을 걱정하고 실제 거기서 어떤 일이 일어났는지 파악하지 않은 채 원균을 교체하였다. 이러한 교체로 인해 원균은 원균대로 수군의 감각을 잊게 했고 이순신은 원균없이 남녘 바다를 혼자서 지키는 상황이 되었다. 원균이 없는 바다는 이순신이 더욱 외롭게 지켜야 할 바다로 바뀌고 있었다. 이에 대하여 비변사는 "이순신이 결행하지 못하고 미루는 것은 이유가 있을 것이니 수군과 육군을 수습한 뒤에 공격하라고 김응서와 권율에게 비밀리에 지시"하도록 요청하였다(『선조실록』, 1595년 1월 13일). 이는 김응서와 권율이 원균 교체로 빚어질 수군의 혼란을 예의 주시하면서 수군과 육군을 잘 정비하여 조정의 공격 명령에 제대로 따를 수 있도록 만들라는 지령이었다. 이처럼 원균 교체 이후 조정의 수군장악 의도는 갈수록 노골화되었다.

3. 방어에 답답한 조정, 해로를 차단하라

가. 충청병사 원균, 상당산성 축성의 진실은 무엇인가?

1595년 3월 18일 영의정 류성룡에 의하면, "청주는 바로 추풍령·황간·영동으로 이어지는 길로 병마사가 주둔해야 하는데 원균이 부임했는지 아직 알 수가 없다"고 하면서 부임을 재촉하였다. 아마도 원균은 이즈음 청주 병영에 도착한 듯하다. 그리고 한동안 실록에 나오지 않다가 1595년 8월 15일 사헌부가 선조에게 "충청병사 원균은 ①5~6월에 수자리 서는 군사를 기한 전에 역을 방면하고 그 댓가로 씨콩을 거두어다 농사(農舍)로 실어 보냈다. ②무리한 형벌과 잔혹한 일을 행하여 죽은 자가 잇따르고, 앓다가 죽는 자도 많아서 크게 원망을 받고 있다"는 등의 이유로 원균을 파직할 것을 상소하였다는 기록이 나온다.

그러자 선조는 "원균의 사람됨은 범상하지 않다. 이런 시기에 명장을 이처럼 대해서는 안 된다"며 거절하였다. 이튿날도 사헌부가 원균을 파직할 것을 청하였으나 선조는 거절하였다. 8월 17일에도 18일에도 파직을 주청하였으나 선조는 "오늘날 장수로서는 원균이 으뜸이다. 설사 정도에 지나친 일이 있었다 하더라도 어찌 가벼이 장계를 하여 그의 마음을 풀어지게 해서야 되겠는가. 윤허하지 않는다"고 하였다.

두 번째 사건은 탐욕한 최덕순을 불법으로 종사관으로 부린 사실이다. 1596년 1월 12일 사헌부는 "각도 병마사에게는 본래 종사관이 없는데, 원균은 전군수 최덕순을 종사관으로 데리고 다니니 법규에 어긋나니 원균을 조사하고 최덕순의 종사관 칭호를 없애라"고 상소하였다. 최덕순은 음관(蔭官, 과거를 보지 않고 벼슬에 오른 이)으로 임진왜란 당시 경기도 가평군수로 있었는데 피난민을 죽여서 머리를 깎고 이마에 문신을 새겨 왜인이라 하면서 공

을 탐하다 진상이 드러난 인물이었다. 그런데 그런 사람에게 벌을 주지 않고 오히려 불법으로 종사관으로 삼았다. 사헌부가 탄핵하여도 선조는 "병사는 추고할 수 없다. 칭호를 없애는 일은 아뢴 대로 하라"고 하여 변함없는 신뢰를 보냈다.

이 시기 비변사는 청주가 영호남으로 가는 중요한 길목이니 청주와 충주 사이를 관리하는 일을 중시하였고, 이 지역을 원균이 굳게 지킬 것을 믿고 있었다.

> "호남과 영남의 사이는 곧 적이 왕래하는 요충이므로 충청 병사가 연해 지역에
> 물러나 있어서는 안 됩니다. 청주와 충주 사이를 경영[經理]하는 일은 진실로 원수
> [元戎]에게 책임 지워야 합니다만, 병사 원균이 이미 주둔하고 있으니, 청주의 속
> 현을 충주로 이주시켜 상류의 형세를 중하게 하는 것도 괜찮을 것 같습니다. 그러
> 나 충주는 매우 파괴가 심하므로 병영을 옮기는 것이 어떤지 제대로 헤아릴 수 없
> 으니 도체찰사가 잘 생각해서 처리하도록 하시는 것이 어떻겠습니까?"하니 상이
> 따랐다"(『선조실록』, 1595년 9월 3일).

조정은 청주와 충주를 적들이 넘어오는 요충으로 보았고 비변사도 "산성을 수축하는 것이 적을 막는 급무이긴 합니다만 반드시 형세가 제압하게 되어 있는 땅을 얻어서 수축해야 싸우고 지키기에 유익할 것입니다"(『선조실록』, 1596년 11월 20일)라고 하면서 축성을 제안하였다. 당시 원균도 자신의 병영이 머물게 될 상당산성을 쌓기로 결정하였다. 이것이 세 번째로 지탄을 받았던 상당산성 축성 공사였다.

1595년 5월 7일 윤형이 상소를 올려서 "고을 상황을 자세히 살피지 않고 취약한 고을이건 부유한 고을이건 가리지 않고 일률적으로 각각 2~3백 명을 내게 하여 부역을 독촉하여 백성들이 피역하고 도망가서 남아 있는 자조차 제대로 추스를 수도 없다"고 고발하였다. "특히 농사철에 원균이 가혹한 명령을 내리니 백성이 농사도 지을 수 없어 원망하고 있다"는 내용이었다.

> "병사 원균은 상당산성에서 성을 쌓을 때에 편의에 따라서 하지 않고서 가난한 고을이건 부유한 고을이건 가리지 않고 2~3백 명씩 부역을 독촉하므로 뿌리가 약한 자는 죄다 유망[流移]하고 남아 있는 자도 보전할 수 없게 되었습니다. 백성이 원망하고 배반한다면 성을 아무리 쌓았더라도 누구와 함께 지키겠습니까? 더구나 농사철에 너무 명이 많아서 따르기 힘들고 백성이 밭에 나가 농사짓지 못하므로 더욱 원망이 커지니 우선 농한기를 기다려서 하는 것이 마땅합니다"(『선조실록』, 1595년 5월 7일).

그러자 김응남이 원균을 변호하였다. 그의 주장은 "원균 같은 자는 쉽게 얻을 수 없다"는 것이고, '장수는 보병장수와 수군장수 간에는 차이가 있는데, 원균은 수장의 재주를 지녔으나 이순신과 서로 의견이 맞지 않아 보병장수로 온 것'이니, "경기 수사를 제수하여 재주를 펼치게 하면 좋을 것이라고 하고, 산성 쌓은 일도 원균이 육전의 일을 잘 모르는 것 같아서 지난 번

이미 농한기에 옮겨서 실행하라고 알려주었다"(『선조실록』, 1595년 5월 7일)
는 것이다. 김응남의 논리는 원균이 수군장수라 아직 감각이 없어 이러한
실수를 한 것이니 수군으로 옮겨서 문제를 해결하자고 한 것이다. 당시 조
정은 여전히 원균이 있어야 할 곳은 바다라고 생각했다. 있어야 할 곳에 없
으니 이런 문제가 발생한다는 논리였다. 원균은 선조에게만 주목을 받은 것
이 아니라 관료들도 그의 성격이 어떠하든 바다에 있어야 한다는 믿음이 있
었다. 원균이 나중에 이순신을 이어 수군통제사가 된 것도 단순히 선조의
입김만은 아니었다는 사실이다.

과연 윤형이 올린 상소는 진실일까? 임진왜란 시기 육지에서 일본군을 방
어할 수 있는 유일한 길이 산성이었다. 원균은 청주라는 요지에 상당산성을
쌓으면서 백성들에게 원망을 많이 받았다. 반면, 이순신은 남해 지역에서 수
군을 징발하고자 백성을 추포하고 시장을 털어서 군수품을 장만하는 등 원
균 못지 않은 폭정을 하였다. 전쟁에 임하는 장수로서 열성적인 군수동원
경쟁이었다. 하지만 결과를 보면 극히 대조적이다. 이순신은 능력이 있는 사
람으로 도체찰사 이원익에게 인정을 받고, 반대로 원균은 포악한 사람으로
윤형과 같은 대간의 비판을 받았다. 결정적인 수사 재기용의 논의가 있었던
1596년 10월 21일의 어전회의에서도 김순명은 "충청도의 인심이 대부분 불
편하게 여긴다"며 원균을 나무랐다.

이 사건은 겉으로 보면 아무 것도 아니지만, 당시 선조의 총애에 대한 관
료층의 시기심도 염두에 두어야 한다. 자신의 능력을 과신한 나머지 오로지
전투에만 몰두한 원균의 지나친 몰두가 사람들에게는 교만하게 여겨졌을
것이다. 능력은 있으나 주위의 마음을 잡지 못하고, 오로지 최고책임자(선
조) 눈에만 들려고 하는 획일적인 충성심이 불러온 부작용이었다. 최고권력
자의 총애는 양날의 칼과 같은 것이었다. 아직 백성을 수탈하거나 억압하는
등 도덕적인 측면에서 문제가 되어도 원균이나 이순신은 아직 명장으로 대

접받을 수 있었다.

하지만 만약 국운이 걸린 전투에서 실패한다면 언제든 그러한 좋지 않은 기억들은 폄훼의 형태로 부활할 것이 자명하였다. 그런 의식을 집대성한 것이 바로 『선조수정실록』이었다. 즉, 원균이 당시 상당산성을 쌓는 상황에서 "서울과 가까운 진(鎭)에 부임하여 총애 받는 권신과 결탁해 날마다 허황된 말로 이순신을 헐뜯었는데, 이순신은 성품이 곧고 군세어 조정에서 대부분 미워하고 원균은 칭찬하였다"(『선조수정실록』, 1594년 12월 1일)는 내용이 그것이다. 총애 받는 명장이 이름값을 못하고 전투에서 실패하면 총애는 순식간에 사라지고 오히려 몇 배의 도덕적 폄훼가 돌아온다는 진리를 보여준 사례였다. 이 말은 윤형이 "원균의 행실이 외람되므로 신이 논하는 장계를 올리려 하였으나, 원중(院中)이 일을 맡은 사람을 가벼이 논하여서는 안 된다고 해서 하지 못하였습니다"(『선조실록』, 1595년 5월 7일)라고 말한 데서도 드러난다.

아직은 명장이니 부족해도 봐주겠다는 내용이었다. 당시는 이순신 방식의 수군전략에 반대하는 기운이 컸다. 그러니 일본군이 대규모로 쳐들어왔을 때 현실적으로 믿을 구석은 수군밖에 없는데 수군의 양 기둥인 원균을 괜히 벌주고 난 다음 닥칠 전력상의 후과에 대한 조정의 고민도 무척 컸던 시기였다. 그래서 원균의 과격한 행동에 조정은 관대했다. 원균은 역시 노련한 정치의식을 가진 인물은 아니었다. 자신에게 닥칠 불행에 대한 보험을 들려는 의지가 전혀없이 행동했다는 점에서 그의 행동이 세련되지 못하다는 평가는 정당하다.

당시 원균의 행적은 거칠었지만 1597년 1월 27일 어전회의에서 류성룡이 '(원균은) 나라를 위하는 마음이 깊은데, 상당산성을 쌓을 때, 토굴[土室]을 만들어 놓고 몸소 성 쌓는 것을 감독하였다'고 할 정도로 뚝심이 있는 사람이었다. 관료 중에는 이순신의 정치적 위기를 이용하여 상대적으로 원균을 높여주면서 원균의 애국심에 대한 칭찬을 아끼지 않는 부류도 있었다. 그러나 병마사가 직접 토실을 짓고 성 쌓기를 감독했다는 것은 퍽 이례적인 행동이었던 것같다. 그날 원균에게 관대했던 이산해조차 '위력으로 공사를 감독했기 때문에 원망하는 사람이 많았다'고 하였다. 이정형도 '상당산성 공사는 완성은 하지 못한 상황에서 비가 오면서 다시 무너지고 말았다'고 꼬집었다. 모든 면에서 원균은 섬세하지 못한 사람이었다(이준영).

나. 원균의 전략에 관심을 가진 이원익

1596년 6월 26일 선조가 중신들에게 이순신과 원균에 대하여 물었다. 선조는 당시 두 사람이 합심하면 이뤄질 수 있는 많은 가능성에 눈이 멀어 있었다. 누가 무슨 말을 해도 선조의 결론은 같았다. 그래도 대신들의 평가는 궁금했다.

> 김응남 : 이순신은 쓸 만한 장수입니다. 원균은 병폐가 있기는 하나 몸가짐이 청백하고 용력으로 선전하는 점도 있습니다.
>
> 선　조 : 이순신은 처음에는 힘껏 싸웠으나 그 뒤에는 작은 적일지라도 잡는데 성실하지 않았고, 또 군사를 일으켜 적을 토벌하는 일이 없으므로 내가 늘 의심하였다. 동궁(東宮: 광해군)이 남으로 내려갔을 때에 여러 번 사람을 보내어 불러도 오지 않았다."
>
> 김응남 : 원균이 당초에 사람을 시켜 이순신을 불렀으나 오지 않자 원균은 통곡을 하였다 합니다. 원균은 이순신에게 군사를 청하여 성공하였는데, 도리어 공이 순신보다 위에 있게 되자, 두 장수 사이가 서로 벌어졌다 합니다."
>
> 선　조 : "이순신의 사람됨으로 볼 때 결국 성공할 수 있는 자인가?"

그날은 원균에게 후한 인사들이 경서를 강독하는 자리였다. 그래서 이순
신에 대해선 비판적, 원균에 대해선 우호적인 분위기가 연출되었다. 1596년
경 조정은 동인이 집권하면서 이순신을 지지하던 분위기에서 서인 중심 그
리고 원균을 지지하는 분위기로 전환하였다. 특히 이순신이 통제사를 유임
하면서도 조정에서 바라는 거제도의 일본군을 소탕하지 못하고 차일피일
세월만 축내고 있는것에 불만이 컸다. 비변사는 항상 원균과 이순신이 함께
바다를 지키기를 기대하였다. 실제든 아니든 원균은 용맹의 상징이었고, 따
라서 원균을 이용한 거제도 탈환작전을 학수고대하였다. 당시 조정은 믿을
만한 수군이 나서서 해로에서 일본군의 선단을 차단하여 전란을 종식시키
는 것 이외에는 길이 없다고 믿었다. 그런데 이순신이 차일피일 전투를 늦
추자 답답하였다.

그런데 원균을 다시 수군으로 부르려던 계획은 뜻하지 않은 사건으로 늦
춰졌다. 조정은 1596년 7월 9일 좀 더 해안에 접근한 강진의 전라병영으로
원균을 전출하였다. 어찌 된 일인지 전출명령이 있은 지 한 달이 지난 8월 4

일 비로소 전출 교지가 내려
졌다. 당시 원균이 배사하면서
임지로 떠나려 하자 선조는 더
없는 격려와 함께 말 한필을
선물했다.

애마총(평택시 도일동)

경이 나라를 위해 힘을 다하

여 지성스러운 충성과 용맹이 옛 사람도 비할 자가 드물기에 내가 일찍이 아름답

게 여겨 왔지만 돌아보건대 아무 것도 보답한 것이 없었다. 이번에 또 멀리 떠나게

되어서 친히 접견하고 전송하려 했었는데 하필 기운이 편치 못하여 그렇게 하지

못하겠다. 대궐 마구간(內廐)에서 좋은 말 한 필을 내려 나의 뜻을 표하니 받으라

(『선조실록』, 1596년 8월 11일).

   대궐 마굿간의 좋은 말을 하사할 정도로 굳게 믿는 장수 원균을 왜 전라

도로 가게 했을까? 그것은 이몽학의 난 때문이었다. 1596년 7월 이몽학의

난이 발생하고 김덕령 등 의병이나 장수들이 연루되는 등 정정이 불안했다.

결국 김덕령이 옥사하는가 하면 격렬한 추포로 인해 전라도 민심이 흉흉했

는데, 이에 선조는 지역 민심을 수습하려는 차원에서 원균을 전라병사로 임

명한 것이었다. 이때 하사받은 말이 훗날 원균이 죽자 무덤가에 와서 울부

짖다 죽었다는 애마총의 주인공이다.

다. 휴전 결렬과 양국의 전쟁 준비

(1) 일본의 재침 준비 상황

   당시 일본군이 처한 상황은 단순히 조선수군만을 상대하면 끝나는 것이

아니었다. 임진왜란 이후 일본군은 조선 각지에서 일어난 의병 활동으로 보

급로를 차단당하였다. 더욱이 명나라 원군이 오면서 전세가 역전되었다. 일

본군은 평양성 전투에서 패전하였으나 벽제관 전투에서 승리하여 현상을

유지하더니 행주산성의 패배로 더 이상 버티지 못하고 1593년 4월 경상도

해안가로 철수하였다. 일본군은 장기전을 위하여 경상도 남해안 요충지에

왜성을 축성하였다. 왜성은 일본군 상륙 거점인 부산포와 서생포, 부산 근해로 들어가는 안골포와 가덕도, 낙동강 및 김해 부근의 죽도 등에 집중적으로 분포한다. 왜성 인근에는 지성을 배치하여 조선군의 접근을 감시하고 연락을 취하거나 병력을 지원하였다.

한편 수군도 재정비하였다. 1592년에 들어왔던 수군이 한해 만에 절반 줄었다. 이에 히데요시는 쵸소카베 모토치카(長宗我部元親 1539~1599, 전국시대 시코쿠 지역의 패권 영주, 훗날 히데요시에 항복하여 임란에 출정) 병력 및 일본 연안 다이묘 군대도 편입하였다. 그러나 수군을 기피하는 사람이 많아서 직할령에서도 징발하는가 하면 전국의 영주들에게 목표치를 할당하기도 했다. 또한 전선을 확대하고자 쿠키 요시타카로 하여금 군선을 설계하고 아타케선(安宅船)을 건조하도록 하였다. 쿠키가 제작한 아타케선은 길이 32.4미터, 폭 10.8미터로 종래보다 커졌다. 당시 배 만드는 일은 히데요시가 머물던 나고야에서 진행되었다. 1593년 3월에는 히데요시가 직접 조선으로 출병하기로 하고 누나의 아들이자 관백이었던 토요코미 히데츠쿠(豊臣秀次)에게 선재 · 척수 · 불상 조영 중지 · 각종 비용 절감 · 대포 분조 등의 구체적인 선박건조 계획을 하달하였다.

1593년 이후 휴전회담도 계속되었다. 중국 측의 휴전 책임자인 심유경은 일본이 명에게 항복하고 철수할 것을 요구했지만, 일본은 조선의 경기 · 충청 · 경상 · 전라도를 할양할 것과 조선의 왕자 및 대신을 볼모로 보낼 것, 그리고 명 신종의 딸을 일본 왕의 후비로 보낼 것 등의 조건을 내걸었다. 서로의 주장이 한 치 양보도 없는 상황에서 심유경과 고니시 유키나가가 서로 짜고 히데요시가 일본 국왕으로 책봉을 받으면 명에 조공을 하겠다는 거짓 항복문서를 명의 신종에게 바쳤다. 반대로 히데요시에게는 '명나라 국왕으로 삼겠다'는 항복문서를 보냈다.

이런 사실을 모르는 명의 신종은 1596년 9월 이종성과 양방형을 책봉사로 임명하고 선조도 황신을 통신사로 보내어 휴전을 종결지으려 하였다. 히데요시는 처음 조선과 명나라가 항복하러 온 줄 알고 환영하였지만 국서 내용이 명 황제가 자신을 일본 왕으로 책봉한다는 문서임을 알면서 몹시 분노하였다. 그리하여 명나라와 조선의 사신들은 급거 귀국하게 되었고, 황신도 급히 조정에다 조만간 전쟁이 다시 터질 것이라는 사실을 알렸다.

실제로 황신이 일본의 재침 가능성을 보고한 1596년 9월 이후 경상도 남해안 일대에는 계속해서 일본군이 증원되었다. 1597년 1월에는 가토 키요마사가 자신의 휘하 병력들을 이끌고 수차례 현해탄을 도해하여 서생포 왜성에 주둔하였다. 그리고 토요시케 마모루(豊茂守)가 넘어와서 죽도에 주둔하였다. 3월에는 일본 배 1천여 척이 도해하는 중 갑자기 행방이 묘연해져서 우리 조정을 혼란스럽게 했다. 병력 증원 규모를 보면, 정유재란 당시 일본군 병력은 부산 일대에 10,000여명, 안골포에 5,000여명, 가덕도에 1,000여명, 죽도에 1,000여명, 서생포에 3,000여명으로 총 2만여 명이었다.

(2) 조선군의 대비태세

조정은 근본적으로 일본군의 재침 자체를 막고 싶었다. 그러기 위해서는 일본군이 육군이 경상도 해안가 일대에 마련한 교두보를 제거하거나 수군이 해로를 차단하여 일본군의 증원을 막는 것이 중요하였다. 그러나 육군의 전력으로는 일본군이 축조한 왜성을 근간으로 하는 교두보를 제거할 수 없었다. 도원수 권율의 보고처럼 왜성은 상호간에 유기적으로 연결되어 있어서 어느 왜성을 공격하면 주변 왜성에서 지원 병력이 왔다. 실제로 1597년 12월에 발발한 울산성 전투에서도 조명 연합군은 울산성을 포위했으나 서생포 왜성 등지에서 구원하기 위해서 올라오는 일본군 원병을 막아야 했다. 일본군 수만 명이 양산에 집결하자 1598년 1월 4일에는 조·명연합군이 포

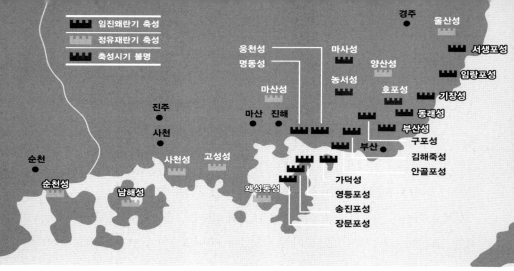

경남 해안 일대의 왜성

위를 풀고 철수하였다.

그리고 왜성은 복잡한 구조로 만들어져 공격이 쉽지 않았다. 조선의 성은 성문을 돌파하면 추가적인 방어물이 없었다. 하지만 왜성은 첫 번째 성문을 뚫고 들어가도 계속해서 미로같은 방어용 성곽이 있었다. 당시 경상도 해안가에 일본군이 구축한 왜성은 포위하기도 그렇다고 직접 공략하기도 어려운 성이었다.

한편, 조정은 재침략에 처하여 임진년과 같이 명나라에 원군을 요청하였다. 이에 명나라는 재출병을 결정하고 1597년 5월에 양원이 요동 기병 2천을 이끌고 들어온 이후 약 6만여 명의 부대가 들어왔다. 이들 부대 중 일부는 남원·전주·충주·성주 등에 배치하여 일본군의 재침략에 대비하였지만 특별한 전략이 없었다. 명나라 육군이 와도 이미 몇 년동안 일본군은 요충지마다 확고한 방어물인 왜성을 축조한 상태였다. 더욱이 현재 배치되어 있는 일본군과 조선군의 전력 차가 크지 않은 점도 문제였다. 성을 의지하는 적을 공격하기 위해서는 9배의 병력이 있어야 한다. 그러나 조선군 역시 얼마 전 유행한 역병(장티푸스를 위시한 치사율 높은 전염병)등으로 많은 사상자가 발생하여 군족을 채울 수 없었다.

사천선진리왜성 입구   사천선진리왜성 구조

일단 당시 조선군의 태세는 제독총병부(堤督摠兵府)의 자문에 잘 나타나는데(『선조실록』, 1597년 11월 10일), 칠천량 해전에서 패전하기 직전까지 동남 지역의 일본군에 대하여 성윤문 · 고언백 · 권응수 등이 경주 등지에서 가토 키요마사가 혹시라도 조령으로 진격할 것에 대비하고 있었고, 김응서 등은 경상도 의령에서 고니시 유키나가 군이 서쪽으로 나아가서 운봉으로 넘어가는 것을 막았다. 원균의 수군은 죽도 · 가덕도의 일본군을 막고 있었다. 이에 일본군이 주둔하는 영남의 '7~8백 리 사이에 수미일관하게 서로 연결하여 방비하지 않은 곳이 없었다'라고 할 정도였다. 일단 양측의 방어 태세는 강고했지만 공격은 서로 여의치 않았다. 장기를 둘 때 먼저 선공하는 측이 불리한 경우처럼 한 치의 모험도 용납지 않는 철저한 지구전이 진행되었다. 그렇다고 우리 수군이 선제공격으로 성공할 가능성도 낮았다.

조선 수군의 경우 1597년 5월 경 총 180척정도의 판옥 대선을 운용할 수 있었지만 실제로 운용 가능한 병력은 많지 않았다. 수군의 부족 때문이었다. 당시 병조가 명나라 오 총병에게 보낸 자료에 우리 수륙의 군병수가 나온다.

"(병조가 말하기를) 우리의 수륙의 군사 숫자는…지난번 양 경리에게 회답할 때 '경성에서 새로 조련한 포 · 살수 모두 1천 5백여 명, 경상도 방수관병은 좌도가 합계 4천 9백 명, 우도가 모두 2천 1백 명, 충청도 방어사 박명현이 거느린 군사 6백 명, 충청도 조방장 이광악이 거느린 군사 2천 명, 전라도 병마사가 거느린 군사 1천 5백 명이고, 수군은 우도 통제사 원균이 거느린 군사가 모두 4천 5백 명, 좌도 수사 이운룡이 거느린 군사가 5백 명이다'고 회답하였으니, 이번에도 이 숫자로 보내는 것이 좋겠습니다"(『선조실록』, 1597년 6월 15일).

　　조정에서 제시한 해로 차단 작전을 위해서는 우리 수군이 남해안 일대에 배치되어 있는 왜성의 방어망을 뚫고 부산 근해에 들어가야 하였다. 그렇기 때문에 원균이 통제사가 된 이후에 올린 장계에서는 이러한 문제점을 지적하며 육군이 먼저 왜성을 공략한 다음에 해로를 차단하는 것이 좋다고 주장하였다. 그러나 왜성을 공략하기란 쉽지 않았다. 도원수 권율도 안골포 왜성 공격이 그것의 배후지인 부산포와 죽도에 있는 일본군 때문에 불가능하다고 하였다.

　　조선 육군이 안골포 왜성을 공격한다면 역으로 포위될 수 있었다. 수군의 요구대로 안골포 왜성을 공략하려면 먼저 죽도 왜성과 부산포 왜성 등을 축차적으로 공략해야 하였다. 가덕도도 육로로 이어지지 않아 수군이 아니면 공략이 어려웠다. 더불어 당시 조선군은 왜성을 한 번도 공략하지 못하였다. 유기적으로 배치되어 있는 왜성을 공략한다는 것은 불가능하였다. 그러므로 조정은 해로차단을 통하여 일본군을 고사시키는 전략을 이구동성으로 꾀하게 된 것이다.

웅천안골포왜성

4. 원균, 조정의 마음을 빌리다

가. 해로 차단의 적임자를 찾아라

(1) 원균과 이순신을 함께 세워 해로를 차단하자

1596년 9월 휴전 협상을 위하여 일본에 머무르고 있던 황신은 히데요시의 모습을 보고 급거 귀국하기로 하고 조만간 재침할 것이라는 비밀 서계를 보냈다. 임진년의 암울한 상황이 되풀이 될 듯한 위기감이 감돌았다. 비밀 서계는 1596년 11월 초 도착하였다. 각종 첩보에서도 다시 일본군 장수 5명이 군사 수 만 명을 이끌고 침략해 온다는 소식이 들렸다.

하지만 조선의 육군은 허약하기 짝이 없고, 명나라 군대도 싸우기 싫어했으며 의병장들도 장문포전투에서 보듯이 몸을 사리고 있었다. 조정으로선 실로 답답했다. 그래서 각 지역의 산성을 중심으로 청야전술과 수군을 이용한 해로차단을 기획하였다.

먼저, 청야 전술은 적침이 예상되는 지역의 주민과 식량 등 물자를 다른 곳으로 옮겨 적에게 전투 기회를 주지 않고 식량의 현지조달을 불가능하게 하여 적을 피로하게 한 후 정예군으로 적의 허점을 공격하는 전술이었다. 그리고 해로차단 작전은 수군을 이용하여 해상에서 일본군을 물리치자는 것이었다. 해로 차단을 위해선 일본군을 거제 바깥바다[外洋]에서 격파해야 하고, 그럴려면 먼저 거제도를 확보해야 하였다.

그런데 조정의 전략이 긴급함을 더해가는 데도 거제도 인근에 있는 이순신은 견내량을 오가며 소극적으로 방어만 하고 있었다. 이는 조정의 오해를 살 만한 행동이었다. 해로차단에 대해서 이순신의 수하 장수들은 적극적이지 않았다. 이 사실은 선조가 적들을 '외양에서 막을 수 있는가? 그리고 우리가 적들은 격퇴하려면 어느 길을 이용해야 하는지?'라고 물었을 때 대신들의 불만 섞인 대답에서도 확인된다. 즉, 육지의 경우 '안골포는 이미 적들의 근거지가 되었으니' 불가능하고, 바다의 경우 '옥포(玉浦)에서 배를 띄워 가덕도의 뒤편 외양'으로 일본군이 왔다 갔다 해도 수군 제장들은 "외양이라 적을 물리치기 힘들다는 무능한 말만 내뱉는다"는 불평이었다. 그러자 선조는 "어찌하여 불가하다 하는가?"하였는데, 이항복은 "외양에는 배를 띄울 수 없는 까닭"이라고 했다 (『선조실록』, 1597년 5월 15일).

당시 조정은 우리 수군이 부산 근해로 가는데 가덕도 외해를 통해 갈 수 있다고 판단하였다. 반대로, 수군 지휘관들은 불가능하다고 여겼다. 조정은 믿고 의지할 것이 수군밖에 없는데, 수군의 행동은 불만스러웠다. 급한 쪽은 조정이었다. 조정은 결국 이순신을 해임하고 원균을 통제사로 등용하면서 수군이 조정에 복종하게 만들고 싶었다.

이 시점에는 '자주 국방론'을 주장해오던 윤두수의 전략이 힘을 얻고 있었다. 그는 임진왜란 발발 당시에도 우리 군세로서도 일본군을 격퇴할 수 있고 그렇게 해야 한다고 역설한 적이 있었다. 또한 명나라 군대가 들어오면 오히려 골칫거리가 될 것이라고 하여

「1872년 지방지도 거제영등진」

명나라 군대의 파병을 반대한 인물이었다. 하지만 뜻을 이루지 못하고 이항복 등의 주청으로 명나라 구원병을 청하게 되었다. 그는 임란 초기부터 조선의 수륙군이 연합하면 일본군을 격퇴할 수 있다고 하여 수륙병진책에 찬동했다. 그런 윤두수가 재침 상황에서 과연 어떤 고민을 했을까?

> 윤두수가 아뢰길 "왜를 막는 데에는 수군만한 것이 없을 것입니다. 저들의 배는 본디 얄팍한데 왜선은 더욱 가볍고 빠르니, 한번 포를 쏘고 나서 수군을 장문포에 들어가게 하고 원균으로 하여금 영등포를 지키면서 적선이 왔을 때에 포로 맞서 치게 하면, 아마도 편리할 듯합니다" (『선조실록』, 1596년 11월 13일).

그는 조정에서 정책을 추진하려고 한다면 과감한 원균 방식의 돌격전으로 승부를 걸어야 한다고 보았다. 이는 해로차단 작전 특히 거제도 점령 작전에 원균의 이미지가 착종되면서 최선의 방책은 역시 현해탄을 봉쇄하거나 대마도 해로를 직접 차단하는 방식이지만 현실적으로는 원균의 돌격 능력을 수용하여 거제도 연안에서 포격전으로 거제도를 점령하거나 그 근처에서 일본군을 요격하는 방안을 주장하였다. 그런데 윤두수가 무조건 원균만 등용하고 이순신을 배척한 것은 아니었다. 거제도를 점령하려면 원균과 이순신의 합세가 중요하다는 것은 자신이 도체찰사 시절 장문포전투에서 이미 확인하였기 때문이다. 그래서 윤두수는 "이순신은 전라도 통제사로, 원균은 경상도 통제사로 삼자"는 통제사 병립안을 상소하였던 것이다(『선조실록』, 1596년 11월 신축).

이제 조정은 해로차단 작전을 수행할 그래서, 둔전만 파고 있는 이순신만 해바라기처럼 바라봐야 하는 상황에서 그에 버금가는 명장 혹은 명장으로 보이는 원균에게 희망을 걸고자 한 것이다. '두 명장'은 당대 조정의 마지막 희망이었다. 명장이라서 명장이기도 하지만 명장이기를 바라는 조정의 고민이 담겼던 것이다. 이제 원균은 자신이 명장이 된 듯한 묘한 분위기 속으로 빠져들었다.

(2) 원균은 아직…

조정은 조정대로 원균을 꼼꼼히 검증하면서 희망을 찾고자 했다. 당시 조정에서 중요한 역할을 수행하였던 친(親) 원균 계열의 윤근수를 비롯하여 이순신을 지지하던 류성룡까지도 원균에 대한 평가가 후해졌다. 그들은 원균이 본래 명장인지 아닌지가 중요하지 않았다. 그렇지만 오직 원균이 명장이었으면 하는 염원은 시시각각 더욱 커졌다. 그들이 듣고 싶은 대답을 해줄 유일한 대안인 원균에게 동인이나 서인을 막론하고 모두들 '용맹한 장군'이라는 찬사를 퍼부었다.

마침내 1596년 10월 21일에는 원균 재기용에 관한 어전회의가 있었다.

> 이원익 : 전투에 임할 때와 평상시와는 같지 않습니다. 원균은 성질이 거세어서 상
> 　　　　관과 문이(文移)하고 지휘통제(節制)하면 그 사이에 반드시 다투곤 합니다
> 　　　　만 전투할 때에는 제법 기용할 만하다고 합니다."
> 선　조 : 원균에 대해서는 계미년부터 익히 들어왔다. 국사를 위하는 일에 매우 정
> 　　　　성스럽고 또한 죽음을 두려워하지 않는다고 한다."
> 이원익 : 원균은 전공이 있기 때문에 인정하는 것이지 그렇지 않다면 결단코 기용
> 　　　　해서는 안 될 인물입니다."
> 김순명 : "충청도의 인심이 대부분 불편하게 여긴다고 합니다."
> 선　조 : "마음은 순박한데 고집이 세기 때문이다."
> 이원익 : 원균에게는 군사를 미리 주어서는 안 되고, 전투에 임해서 군사를 주어
> 　　　　돌격전을 하게 해야 합니다. 평상시에는 군사를 거느리게 하면 반드시 원

망하고 배반하는 자들이 많을 것입니다."

선　조 : 전일에 원균을 탐오하다 하여 대론(臺論)이 있었다. 원균은 지극히 청렴한데 탐오하다고 하는 까닭은 무엇인가?"

김　수 : "전에 조산 만호로 있었을 때는 어사 성낙이 장계하여 포장(褒獎)하였습니다."

이원익 : "원균이 어찌 지극히 청렴하기까지야 하겠습니까."

조인득 : 소신이 일찍이 종성에서 그를 보니, 비록 만군이 앞에 있다 하더라도 횡돌하려는 의지가 있었고, 군사를 움직임[行軍]도 매우 박실(朴實)하였습니다. 부패한 관리[貪濁]인지는 모르겠습니다."

선　조 : "이와 같은 장수는 많이 얻을 수 없다."

이원익 : "이후로 어떻게 될지는 모르겠습니다." (『선조실록』, 1596년 10월 21일).

　물론 그 자리에서 원균에 대한 악평도 많았다. 이원익은 "원균은 싸움에 공이 있기 때문에 인정하는 것이지 그렇지 않다면 결단코 기용해서는 안 되는 인물"이고 "평상시에는 군사를 거느리게 하면 반드시 원망하고 배반하는 자들이 많을 것"이라고 경고하였다. 또한 김순명은 "충청도의 인심이 대부분 불편하게 여긴다"고 하였다. 이처럼 원균에 대하여 이원익, 김순명 등은 유용한 장수지만 완전한 임무를 맡기기엔 무언가 한계가 있다고 하였다. 따라서 이원익은 "전투에 임할 때와 평상시와는 같지 않습니다", "원균에게는 군사를 미리 주어서는 안 되고, 전투에 임해서 군사를 주어 돌격전을 하게 해야 합니다"라고 하여 제한적인 활용을 강조하였다.

　그런데 선조는 "옛날 원균을 탐오하다 하여 사헌부의 탄핵이 있었지만 알고 보니 지극히 청렴한 사람"이라고 했고, 김수는 "전에 조산만호 시절 공훈이 있어서 포상을 받았다는 이야기를 했다"고 하여 선조가 원균을 좋게 보는 이유를 알려주었다. 또한 조인득은 "종성에서 그를 옆에서 지켜보았는데 엄청난 적이 앞에 있어도 과감하게 돌격하려는 의지도 있고, 군기도 엄중하였다"는 증언을 하였다. 여기서 선조의 마음은 원균을 수사로 기용하는 데 있었다. 하지만 이원익의 말에 영향을 받았던지 원균을 등용하지는 않았다. 아직은 이원익, 김순명 등의 주장이 먹혀 들었고, 여전히 원균은 저돌적인 인물로서 기피되고 있었다.

요컨대, 1596년 10월까지도 조정은 원균이 바다에 반드시 있어야 한다는 일반의 주장과 다른 결론을 도출했다. 주로 인성론으로 시작되고 그것으로 끝난 회의였다. 그가 대단히 성격이 강하고, 임무를 위해서 돌격하는 스타일이라는 평가였다. 그러므로 미덥지 못한 인물이란 것이 중론이었다. 재란 직전 원균의 등용 기회가 이렇게 묘하게 사라졌다. 그렇다면 조정의 대안은 무엇이었나? 원균 카드를 버릴 것인가?

(3) 이원익이 원균의 기용을 인정하다. 원균은 돌아오라

뜻밖의 '원균배제론'으로 원균의 수사 보임이 좌절된지 보름정도 지난 1596년 11월 9일에는 해평부원군 윤근수가 대신들의 결정에 반대하면서 원균을 수사로 임명하자는 상소를 올렸다. 아울러 틈만 나면 원균을 다시 경상우수사로 삼아 수군을 거느리도록 해야 한다고 주장하였다. 다만, 아직 원균의 병사(兵使) 직임을 대신해줄 사람이 없어서 걱정이라고 했다. 그러면서 일본군이 해전에 약한 것은 천하가 아는 일인데, 특히 임진년의 해전에서 공이 있는 자 중에서 원균이 최고라고 하였다.

"임진년에 수전한 장수들 중에서 공이 있는 자는 손꼽아 셀 수 있는데, 그 가운데에서 원균이 가장 우직하여 제 몸을 잊고 용맹을 떨치며 죽음을 피하지 않아서 공적이 매우 뚜렷합니다. 또 수전에 익숙하여 적을 보는 대로 나아가 이기

기만 하고 지는 일이 없으므로 군졸이 믿어서 두려워하지 않는데, 이제 수군대신 육군[騎步]을 거느리니, 병마사가 수사(水使)보다 높기는 하나, 이것은 잘하는 것을 버려두고 그 재주를 못 쓰도록 하는 것과 같은 것입니다"(『선조실록』 1596년 11월 9일).

당시 원균을 재기용하려는 움직임은 '바야흐로 일본군의 다섯 적장과 큰 군사가 겨울이나 봄에 올 것이라는 첩보[申報]'가 알려졌기 때문에 나온 것이었다. 당시 조정은 서둘러 바다에서 일본군을 막아야 한다고 생각했다. 만약 일본군이 그냥 상륙한다면 우리에게 육군 수만 명이 있어도 막을 수 없다고 보았다. 이에 윤근수는 특별히 원균을 지목하면서 "원균이 수군을 거느리면 반드시 이길 길이 있다"고 했다. 그런데 현재로는 "마땅하지 않은 사람(이순신)이 담당하니 적에 대항하지 못하고 있으며 적이 혹 호남으로 가는 길을 한번 열면 원균이 한 도(道)의 기병 보병을 이끄는 총사령관이 된다고 하더라도 결코 수전에서처럼 뜻대로 싸우지 못할 것"이니 "원균을 다시 수사로 기용해서 그가 가진 장점을 최대한 이용해보자"고 주장했다. "당장 육군에는 원균 말고도 다른 사람이 있으니 굳이 원균을 육장으로 둘 필요가 없다"고도 하였다(『선조실록』, 1596년 11월 9일).

이런 상황에서 1596년 11월 17일 다시 수군의 통제를 놓고 선조의 고민이 시작되었다. 본래 이순신에게 관대했던 이원익조차도 선조와의 대담에서 원균 전략에 호기심을 드러냈다.

이원익이 아뢰기를, "큰 배로는 물마루를 넘어 들어올 수 없으므로 저들이 다 새로 만들었으나 우리 배만 못한데, 튼튼하지는 않더라도 바다를 건너는 데 편리하도록 만들었기 때문에 그렇습니다. 그들의 기술은 매우 정교하지만 주사는 그들도 겁을 냅니다. 그들의 배는 매우 얇으므로, 우리 배와 부딪치면 부서지지 않는 것이 없습니다. 원균은 수군으로 용감히 싸웠으므로, 윤두수가 신에게 반드시 그를 쓰게 해야 한다고 하였는데, 소신도 반드시 그렇게 하려 합니다"(『선조실록』, 1596년 11월 17일).

원균에 대한 생각이 한 달 전의 어전회의(10월 21일)와는 전혀 달라져 있었다. 그는 윤두수의 '거제도 공격론'도 찬동하였고, 원균이 그 계획에 적임자라고도 말하였다. 이는 수군 정책의 중요한 변화를 말하는 것이었다. 원균을 지지하는 윤두수의 전략과 이순신을 지지하는 이원익의 전략이 합의를 이루었다는 사실이다. 이원익은 "우리 배가 튼튼하고 우리 배와 부딪치면 부수어지지 않는 일본배가 없다"고 하면서 윤두수가 추천한 것처럼 원균은 용감하게 싸울 수 있는 인물이라는 것에 동의하였다. 이 말은 그냥 보면 '원균이 용감하다. 그래서 쓰고 싶다'는 표현으로 보이지만 자세히 보면 재침의 위기 앞에서 이원익조차 원균 방식의 전투를 신뢰하고 있었다는 것을 뜻한다. 이원익은 원균과 이순신이라는 두 장수를 병립하여 공격전략을 세우고 마침내 거제도를 점령하면서 해로 차단을 이루자는 것이었다. 짐짓 조심스럽고 신중하게 견내량만을 지키고 있는 이순신을 견제하는 모습이기도 했다.

원균은 이러한 흐름을 예의 주시한 듯하다. 그리하여 1597년 1월 22일 '자신의 일생일대 패착'이 된 상소문을 올리게 된다. 그동안 자신이 주장했던 수륙병진 전략을 후퇴시키고 조정에서 원하는 해로차단 대책에 동의한 것이다. 이러한 원균의 해로차단지지 상소에도 불구하고 선조는 "두 장수가 사이가 좋지 않으니, 일이 어떻게 될 수 있겠는가? 원균은 끝내 이순신의 부하되려 하지 않고 매우 미워한다"라고 하면서 두 장군의 반목을 걱정하였다.

그런데 묘하게 당시 이원익은 이러한 선조의 하문에 전혀 답을 하지 않고 부족한 군자재인 활과 총통을 많이 만들 수 있는 방법에 대한 이야기로 대화 주제를 돌렸다. 원균 카드를 사용하는 것에 마음이 기울고 있지만 현실적으로 이순신을 지키는 것도 의미가 있다고 보면서 깊이 갈등하는 모습이었다. 그만큼 두 장수의 반목은 당시 조정으로서도 골치 아픈 문제였다. 여러 가지 정황으로 보아 원균은 나름의 탄탄한 조정의 지지를 받고 있으면서 이순신이 함부로 할 수 없는 세력을 형성하고 있었고, 조정이나 이순신조차도 원균의 도움이 절실한 상황이었다.

나. 원균이 만든 족쇄, 해로차단 지지 상소

원균은 전라병사로 있으면서 일본군이 재침한다는 소식을 들었다. 당시 조정에서 바다를 지킬 사람으로 이순신에 대한 식상함이 커지고 반대로 조정의 긴급한 방략인 해로차단 작전을 실행할 인물로 원균이 거론되면서 한껏 자신도 큰 일을 맡을 예감에 고무되었다. 평소 저돌적이고 단순한 이미지 등 좋지 않은 인상을 정리할 기회가 필요하다고 본 원균은 지금까지 주장하던 자신의 수륙병진 전략을 수정한 계획안을 장계로 올렸다(1597년 1월 22일). 가토 키요마사를 비롯한 일본군의 장수들이 속속 상륙하는 상황에서 한껏 위기감으로 가득한 조정에 그의 말은 가뭄에 단비와도 같았다.

그런데 자세히 보면 조정에서 바라는 완전한 해로차단 작전도 아니었지만 조정의 논의를 현실적으로 수용한 '연안방어론의 필요성'을 강하게 주장하는 모습이었다. 그러나 훗날의 모든 사가들도 이 안은 수군이 종래 가지고 있던 수륙병진 전략과 다른 그야말로 조정의 기호에 아부하는 곡학아세 같은 논의로 치부하고 말았다. 과연 그런가?

임진 년 초기에 적이 기세를 떨쳐 몇 달 사이에 평양까지 침입했으나 해상의 왜적은 계속 참패하여서 끝내 남해 서쪽으로 올 수 없었습니다. 그러니 우리나라의 위무는 오로지 수군에 달려 있습니다. 수백 명의 수군으로 영등포 앞으로 나가 몰래 가덕도 뒤에 주둔하면서 가벼운 배(輕船)를 뽑아 삼삼오오 절영도(부산 영도) 밖에서 무력시위를 하고, 1백~2백 명씩 큰 바다에서 위세를 떨치면, 가토(淸正)는 평소 해전에 겁을 먹고 있으니 군사를 돌릴 것으로 봅니다. 청컨대, 수군이 바다 밖에서 적을 맞아 싸워 적이 상륙하지 못하게 하옵소서 (『선조실록』, 1597년 1월 22일).

원균의 생각은 가덕도에 몰래 주둔하면서 작은 함선으로 지속적으로 절영도에서 무력시위를 하자는 것이었다. 종래의 계획을 좀 더 현실화해 소규모 선단으로 교대공격을 하는 작전이었다(교대공격론). 이 작전은 윤두수가 제안한 적이 있고, 현실적으로 이순신 혼자서는 할 수 없는 것이라서 원균의 힘이 반드시 필요한 작전이었다. 일단 윤두수의 공격론을 그대로 따른 것이었다. 문제는 '수군을 앞세워서 왜적들이 육지에 오르지 못하게 하는' 전략이 현실적인가 하는 점이었다.

당시 조정에서는 아예 대마도 앞바다를 막는 해로차단을 최선의 전략으로 판단했다. 이는 분명 수군 지휘관들이 한결같이 반대하는 작전이었다. 조정에서는 임진년과 같이 일본군이 현해탄을 넘어와 재침한다면 엄청난 피해가 불 보듯 뻔하다고 보았다. 그러나 1월 21일 가토 키요마사가 상륙하면서 실력양성을 고민한 이순신과 긴급한 해로차단의 필요성을 고민한 조정이 서로 절충할 수 있는 기회조차 사라졌다. 그야말로 원균이 절실히 필요한 상황이 되었다. 이순신을 몰아내고 원균이 등용된 것이 아니라 이순신과 원균이 공동작전을 펼치지 않으면 안 되는 상황이 된 것이다.

그런데 원균의 장계는 이러한 시대의 요구를 읽지 못하였다. 작전상으로도 문제가 있었다. 무엇보다 가볍고 빠른 소선을 가지고 절영도에서 1,000척이 넘는 일본 함대를 상대한다는 원균의 전략 자체가 가지는 한계였다.

이미 일본전함은 그런 조선의 소수 군함으로 도망갈 수준이 아니었다. 당시 일본 전함은 규모도 상당히 커지고 대포로 무장했으며 속도도 빨라졌다. 현장감이 없는 주장이었으나 조정에서는 원균에 대한 기대감이 최고조에 달하던 시기라서 가뭄의 단비와 같았다. 훗날 천추의 한이 된 이 장계 하나로 원균은 일생일대의 패착을 두게 되었다. 처음에는 열렬한 조정의 지지를 받았을 지 모르나 이러한 주장이 가져올 파장에 대해선 그 자신도 잘 몰랐다. 그런데 그 장계 이후 이순신에 대한 조정의 흠집잡기가 본격화되었다는 점에서 의도하던 하지 않던 간에 이순신이 통제사 자리에서 하차하고 백의종군하는 결과로 나아갔다.

문제는 하나 더 있었다. 충청병사나 전라병사로 전출되면서 수군 지휘 감각이 무뎌졌다는 점이다. 조정에서도 그렇게 생각했는데, 사간원에서도 "경상우수사 원균이 이제 수군을 떠나 내륙으로 옮기고자 함에 벌써 군정이 해이해지고 형세가 소락해져서 수군의 일이 심상치 않사오니 우환이 염려됩니다"(『선조실록』, 1594년 12월 19일)라고 할 정도였다. 그러한 우려는 현실이 되었다. 그가 육군을 운용할 때 느끼던 지휘 감각은 기민한 임기응변이 필요한 해전에서 오히려 역효과를 내었고, 돌진과 점령이 중요한 것이 아니라 치고 빠지는 순간적 판단이 중요했으나 이 점에서는 이순신만한 전략가가 없었다. 노량에서도 시마츠 함대가 순천 왜교성 외곽에 있는 조·명연합수군을 후방에서 공격할 때 이미 이순신은 교묘히 노량 입구에 나와서 일본군을 요격했다. 명량해전도 그렇고 해전은 현장의 사정과 시간과 물길을 완벽하게 이해해야 했다.

아울러 수군은 육군보다 훨씬 복잡하고 다양한 신분이 함께 하는 곳이었다. 지리적 숙련과 장기간에 걸친 해양에 대한 전문성이 권력 관계에 중요한 변수로 작동하였다. 수륙병진을 주장한 것도 조정에서 추앙하는 분위기에 젖어 한동안 육전에서 보았던 효율성을 급작스럽게 수군에도 적용하고

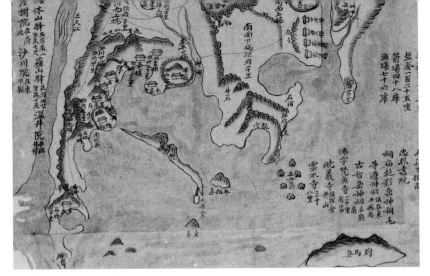

「해동지도」동래부에서 부산과 절영도 부근

자 하는 사욕에서 발동한 것이었다. 그러한 원균의 '현장감 상실'은 통제사가 된 다음 여러 차례 일본 수군과의 전투에서 성과를 내지 못하게 하는 원인이 되었다. 수군은 육군과 달랐다.

다. 통제사 원균, 이순신과 합심하라

조정의 입장에서 육군으로 불가능할 때 남는 대책은 수군을 이용하는 것뿐이었다. 임진왜란 초기, 당대의 명장이라는 신립이 탄금대에서 패배하는 등 계속된 패배로 조정은 의주까지 피난하였다. 선조는 한때 '오랑캐 일본에 짓밟히느니 조선을 버리고 황제가 있는 명으로 망명하겠다'고 주장했고 명나라도 '관사를 비워주겠노라' 응답함으로써 주변을 경악하게 하였다. 윤두수가 주장한 '자주국방론'이 거부당하였고 이항복은 명나라로부터 원군을 요청하였다. 의병은 있었으나 일사불란하지 않았고, 관군은 완전히 무너졌다.

그러나 수군은 달랐다. 일본군은 와키자카 · 구키 · 가토 요시아키 등이 조선 수군과 대결하였으나, 한산도에서 와키자카의 함대가 패배함으로써 더 이상 조선 수군과 교전하지 못하였다. 이순신과 그 휘하 수군은 임진년에서 부터 지금까지 한 번도 패배한 적이 없었다. 이순신이 이끄는 수군의 활약 과 진주성의 승리로 인해서 전라도는 안전하게 지켜질 수 있었다. 그렇기 때문에 대책없는 육군보다는 지금까지 승리를 이어온 수군을 활용한 전략 이 당연히 실현 가능성이 높았다.

그래서 조정은 지나치게 수군을 과대평가하였다. 조정이 효과적으로 수군 을 조절하는데 실패하였다는 질책도 있었지만 당시 조정이나 현장 수군지 휘관조차 우리 수군이 일본 수군을 압도한다고 생각했다. 한산해전 이후 그 리고 정유년까지 벌어졌던 대부분의 전투에서 조선 수군이 우세한 전력으 로 일본군을 공격하고 일본군은 어떻게든 조선 수군을 피해서 도망하거나 숨는 양상으로 일관했다. 이러한 우월의식 아래서 조정은 일본 재침에 따른 피해의 최소화를 위하여 조선 수군이 앞장서서 해로를 차단하는 작전을 펼 쳐야 한다는데 마음을 모았다.

라. 이순신의 누명과 원균 단독 통제사로

(1) 원균은 누명을 씌우지 않았다

원균과 이순신을 합심하게 하여 해로차단작전(교대공격론)을 준비하던 조 정에서 별안간 큰 사건이 터졌다. 하나는 고니시(小西行長)의 이간책(요시라 반간계)이었고, 하나는 부산왜영방화사건이었다. 먼저, 간첩 요시라는 경상 우병사 김응서에게 고니시 유키나가의 정보라고 하면서 '가토 키요마사가 거의 무장도 하지 않고 부산으로 오고 있으니 조정에서는 수군을 잘 이용하면 해상에서 잡을 수 있다'고 알렸다. 조정은 이 말에 속아서 수군을 출동시켰다. 하지만 이순신은 반간계인 줄 알고 조정의 명에도 불구하고 움직이지 않았다. 나중에 반간계로 파악되었지만 당시로선 가토를 오는 길에서 잡으면 정유재란을 저지할 좋은 기회가 될 것이라고 보았다. 이순신의 나태함에 대한 조정의 비판이 극에 달하였다. 그래도 조정은 참고 참았다. 이순신이 없으면 안 되었기 때문이었다.

두 번째, 1596년 12월 12일 부산에 있는 일본군 진영에서 큰 불이 났다. 1천여 가옥과 미곡창고, 군기 등이 불탔는데 사건 직후인 1597년 1월 1일과 2일 이순신은 자신의 군공이라고 하면서 장계를 올렸다. 동시에 이조좌랑 김신국이 도체찰사 이원익 휘하의 정희문과 수군 허수석 등이 일으킨 거사였다는 장계도 함께 도착했다. 결국 이 사건으로 이순신의 장계가 허위인양 인식되었다.

세 번째, 1597년 1월 12일에는 이순신을 더욱 곤혹스럽게 하는 사건이 있었다. 바로 가토 키요마사가 150여 척을 이끌고 서생포에 도착했다는 소식이었다. 이어서 1월 21일 이원익이 "청정(가토 키요마사)이 이달 13일에 다대포에 와서 정박하였는데 먼저 온 배가 200여 척"이라는 장계를 올렸다. 놀란 비변사는 당일 급히 경기·충청·영남·호남에 파견된 각도 선전관을 통하여 군사를 정비하고 요충지를 막도록 했다. 물론 1월 12일 김응서에게서 보고를 들은 권율도 이순신에게 수군의 출동 명령을 내렸고 이순신도 출동했다.

하지만 이미 늦었다. 1월 12일에 서생포에 가토의 수하 수군 150척이 도착하고, 1월 13일에도 130척이 가덕도에 머물렀다가 서생포로 향하였다. 280척의 수군이 새로 추가된 것이다. 1월 17일 김응서는 '가토가 이끈 선단 130여 척이 바다를 건너왔는데 풍랑을 만나서 13일 가덕도에 머물렀다고 하고, 바람이 순조롭지 않아서 하늘이 우리를 도왔는데도 우리 수군은 미처

정비하지 않아서 가토와 싸우지 못했다'고 장계를 올렸다. 1월 21일 이 소식을 모두 접한 선조는 대노하였다. 이날 선조는 비망기를 통하여 '이순신을 추국하고 원균을 통제사로 삼는 문제를 비변사에 논의'하도록 하였다. 선조는 가토를 놓친 것을 결정적으로 이순신의 죄로 보았다.

다음 날인 1월 22일에는 때마침 전라병사 원균의 해로차단 지지 장계가 도달하였다. 23일 선조는 이산해와 윤두수 등과 원균에 대해 이야기하면서 기용 여부를 타진했다. 여기서 이산해는 "앞으로는 힘껏 수군을 조치해야만 믿을 수 있습니다. 호서(湖西)에 있을 적에 원균을 만났는데, 원균이 '왜적을 무서워할 게 무엇인가?'라고 하여 처음 듣고는 망령되다 여겼으나 지금 보니 수군을 믿고 그런 말을 한 것 같습니다"라고 하면서 이순신이 전투에 적극적이지 않은 것은 "원균이 없기" 때문이라고 말했다. 이어서 윤두수는 "이순신은 왜적을 두려워하는 것이 아니라 싸우러 나가기를 싫어하는 것"이라고 하면서 이순신을 비판했다.

그러자 선조는 "우리나라는 이제 끝났다! 어떻게 해야 하는가? 어떻게 해야 하는가?"라고 했는데, 참으로 장탄식이었다. 당시 선조와 조정이 얼마나 일본군의 상륙에 두려움을 느끼고 있었는지 보여주는 대목이었다. 그만큼 일본군의 재침은 무서웠다. 원균만이 그 일을 해결할 것이라는 자연스러운 공감이 조정에 가득하였다. 그리고 5일 동안 통제사 교체에 대한 깊은 고민이 이어졌다. 고민에 고민이 더해지고, 정유재란이 가져올 깊은 상처와 환란에 대한 어마어마한 공포가 조정을 감싸고 있었다.

1월 27일 어전회의에서 윤두수는 이순신의 체직과 원균의 수사 기용을 재차 건의하였다. 아울러 그동안 이순신을 지지했던 정탁조차도 "이순신은 죄가 있습니다"라고 하였고, 류성룡조차 "임진년의 공로로 정헌대부까지 주었는데 너무 지나칩니다. 장수들이란 바라던 것이 이뤄져서 흡족해지면 반드시 교만하고 나태해지는 법"이라고 할 정도였다. 선조는 "이순신에게 최근 비변사에서 여러 장수들이 그의 명령을 듣지 않고 고을 수령도 그의 명령을 듣지 않는다고 했는데 그것은 다름 아니라 비변사가 그를 두둔하기 때문이다"라고 하면서 이순신을 몰아세웠다. 김응남도 수군 중에는 원균만한 이가 없으니 이제 버려서 안 된다고 했고, 이산해는 이순신이 임진년해전 때 원균이 모르게 혼자 장계를 올린 사실을 알렸다. 윤두수는 뜻밖에도 오히려 이순신을 전라충청 통제사로 원균을 경상도 통제사로 삼자고 했다. 이덕형은 원균을 본래 수군으로 보내려고 했으나 논의가 일치되지 않아서 이렇게 되었다고 하였다. 변방 장수들이 말을 안 들으니 원균을 보내자는 주장도 하였다. 모두들 원균을 두둔하고 이순신을 비판하였다. 그럼에도 이순신을 벌주거나 수군에서 내치자는 소리는 없었다.

훗날 『선조수정실록』(1597년 2월 1일)에서는 이순신이 통제사에서 물러나게 된 이유로 "그날 가토 키요마사가 다대포 앞 바다에 왔다가 그대로 서생포로 향했는데 이는 고니시와 함께 우리를 유인하고자 한 것이었다"고 설명하였다. 즉, 가토의 동태에 관한 첩보는 조선 수군을 사지로 끌어들이기 위한 고시니의 기만술이라는 것이다. 하지만 그런 기만은 당시 조정으로선 알길이 없었다. 그래서 이순신이 너무나 미웠고 믿을 수 없었던 것이다.

> 왜인이 강항에게 말하기를 '조선의 장사들이 진주성에서 다 죽었으니, 이후로는 우리를 괴롭힐 자가 없을 것이다'하였다. 그 뒤에 이간질을 하여 이순신을 떠나게 만들고 원균을 패하게 만든 것도 모두 깊은 모략[機某]에서 나온 것이다 (『선조수정실록』, 1593년 6월 1일).

당시 조정은 요시라가 이중간첩 행위를 했는지 모른채 가토 키요마사를 잡을 기회를 놓친 것처럼 착각했고, 수군을 앞세운 해로차단 작전을 한시라도 빨리 추진하고자 하였다. 신료 중에는 요시라에 은자 80냥을 주자는 의

견이 나올 정도였다. 그래서 선조나 조정 안팎은 원균에게 모든 걸 걸고 싶었다. 움직이지 않는 이순신의 교만에 대한 분노와 이순신을 버리고 난 다음 닥쳐올 우려가 교차하는 묘한 선조의 마음이 1597년 1월 28일자 「비망기」를 보면 잘 나타난다.

여기서 선조는 가토를 잡지 않고 미적거린 수군을 책망하였다. "우리나라가 믿는 바는 오직 수군뿐인데, 통제사 이순신은 나라의 중한 임무를 맡고서 마음대로 기망하여 적을 토벌하지 않아 가토 키요마사로 하여금 안연히 바다를 건너게 하였으니, 잡아다 국문하고 용서하지 말아야 하겠다. 하지만 지금은 바야흐로 적과 진을 맞대고 있기 때문에 우선 공을 세워 효과를 거두게 해야 한다"고 했다. 밉지만 이순신을 벌주는 일에는 신중했다. 반면, 원균에게는 "경상우수사 겸 경상도 통제사로 삼노니, 더욱 책려하여 나라를 위해 힘을 다하라. 우선 이순신과 합심하여 종래의 유감을 깨끗이 씻고 해적을 섬멸해 나라를 구해 이름을 역사에 남기라"고 하였다.

당장이라도 이순신을 포박하여 국문하고 싶은 그런 느낌이었다. 하지만 재침이 우려되던 상황에서 두 장군 중 하나를 놓친다는 것은 대단히 우려되었다. 그래서 선조는 그러한 분노를 누르면서 원균을 먼저 경상우도 수군절도사 겸 경상도 통제사로 삼아 이순신과 함께 적을 무찌르게 한 것이다.

(2) 이순신을 하옥하라

그런데 '이순신과 협력하라'는 선조의 마음은 얼마가지 않고 바뀐다. 약 9일 후(1597년 2월 6일) 선조는 우부승지 김홍미에게 이순신을 잡아오라고 명령했다. 도대체 무슨 일이 있었나? 선조의 「비망기」에 따르면, "이순신을 잡아올 때에는 선전관에게 표신(標信)과 밀부(密符) 주고, 반드시 원균과 교대한 뒤에 잡아오라. 또 이순신이 군사를 거느리고 왜적과 대치하여 있다면 틈을 타서 잡아오라."고 하였다.

　1월 28일에서 2월 6일 사이라면 불과 9일. 왜 선조는 마음을 바꾸어 이순신을 잡아오라고 한 것인가? 결정적인 것은 바로 2월 4일에 있었던 이덕형의 상주였다. 그날 우연하게 선조는 이덕형에게 원균의 아우 원전(元㙉)이 "요즘 어디에 있는가" 하고 물었는데 그 때 이덕형은 "당초 이순신이 원균을 모함하면서 말하기를 '원균은 조정을 속였다. 열두 살짜리 아이를 멋대로 군공에 올렸다'라고 했는데, 원균은 '나의 자식은 나이가 이미 18세여서 활을 잘 쏘고 말을 잘 타는 재주가 있다'고 했고, 두 사람을 대질했더니 원균은 바르고 이순신의 이야기는 군색하였다"는 이야기를 전했다(『선조실록』, 1597년 2월 4일). 이 사건은 그나마 참고 있던 선조의 마음을 격동하게 만들었다. 거기에 김대래의 탄핵상소가 오르니 결심은 더욱 굳어졌다.

　이덕형의 말을 듣고 선조가 이순신의 체포와 추국을 결심한 듯한데, 이 사건은　훗날 원균이 이순신을 모함한 것처럼 설명하는 좋은 모티브가 되었다. 왜냐하면 이순신을 옥에 가게 한 직접적인 실마리가 가토도 아니고, 부산왜영사건도 아니고, 바로 원균 아들에 대한 이순신의 무고 사건이었기 때문이다. 이순신의 하옥은 두 명장이 합세하여 적을 무찌르길 원하는 대신들의 요구를 뒤집은 것이었다. 이순신이 없는 원균, 원균 없는 이순신을 상상하기도 싫어하는 조정의 현실에서 이순신을 죄주는 일은 쉽지 않았다. 그러나 선조는 거기서 판단력을 잃었고, 우연하게 이덕형의 한 마디에 현혹되어 이후의 수많은 곡절과 환란을 초래한 중요한 실책을 저질렀다. 이러한 선조의 조치는 이순신과 원균이 함께 할 기회마저 무산시켰다.

　당시 이순신은 2월 2일부터 부산포에 기동훈련을 하였고, 2월 10일에는 판옥선을 거느리고 절영도 앞까지 나아가서 포격을 가했다. 이순신은 계속해서 가덕도 인근에서 적들을 위협하였고, 권율도 이순신의 부산포 진격 사실을 조정에 보고하였다. 2월 23일경 가덕도 앞에서 이순신이 체포되어 한산도로 들어갔고, 병부를 원균에게 인계한 뒤 2월 26일 서울로 떠났다. 그리고 3월 4일 서울에 도착하여 하옥되었다. 이순신에 대한 체포명령은 2월 6일인데 20일 정도 경과되어 서울로 간 것은 부산포 진격작전으로 지체되었기 때문이었다.

1597년 3월 13일에는 선조가 이순신에 대하여 "임금을 무시하고 적을 놓아주어 나라를 저버린 죄에 더하여 남의 공을 가로채 남을 모함하기까지 한 이른바 방자하지 않음이 없고 기탄함이 없는 죄인"임을 공표하였다. 그러면서 "이렇게 허다한 죄상은 법으로 용서할 수 없는 것이니 국법[律]으로 보아 죽어 마땅"하다는 것이었다. 그러므로 "신하로서 임금을 속인 자는 반드시 죽이고 용서하지 않는 것이므로 지금 형벌을 끝까지 시행하여 진실을 알려 하는데 어떻게 처리할 것인지 대신들이 의논하라"고 주문하였다. 이상에서 보듯이 사료상으로 원균이 직접 이순신을 모함거나 모략을 가한 흔적은 없다. 하지만 선조는 하필 "장성한 원균의 아들을 가리켜 어린아이가 모공(冒功)하였다고 계문(啓聞)"하여 원균을 모함한 사건을 들추면서 이순신을 죽이려 했다. 바로 이 점에서 원균이 이순신의 하옥과 백의종군에 악영향을 미친 인물로 묘사되는 실마리가 되었던 것이다.

이제 조선 수군을 책임지던 통제사 이순신이 물러나고 전라좌병사 원균이 통제사직을 수행하게 되었다. 당시 조정으로서는 우리 수군이 처한 불리한 상황을 개선하는 일보다 일본군의 재침을 막는 것이 긴급했다. 그러므로 지금까지 통제사로서 수군을 완벽하게 장악한 이순신이라는 절대적인 존재는 까다로운 상대였다. 이제 조정의 입장을 보다 잘 이해하고 수행할 원균이 적합한 존재로 여겨진 것이다. 이는 원균이 통제사가 되었을 때 아무도 원균을 비평하는 대간이나 상소가 없었다는 점에서도 확인된다.

노량해협과 판옥선(남해군 설천면 노량리)

Ⅲ
이순신 없이
홀로 전장에 서다

1. 현장의 목소리가 잊혀지다

가. 신임 통제사 원균의 고민

(1) 이순신 측근 제거의 어려움

1597년 1월 27일 어전회의에서 원균은 경상도 통제사로 발탁되었고, 이순신이 하옥되자 2월 26일자로 통제사로 현지에 부임하였다. 부임한지 이틀 후인 2월 28일 그는 이순신의 실책을 묻는 장계를 올렸다. 즉, 이순신이 2월 10일 조정의 명령을 받고 부산포 앞바다에 나가서 무력시위를 하였는데 잘못하여 조수에 빠져 자칫 큰 손해를 볼 뻔했다는 내용이다.

> 전 통제사(이순신)가 부산포 앞바다로 가서 무력시위를 하는데 통제사가 탄 배가 적진 가까이 갔다. 그런데 썰물이 되어 얕아지면서 배 밑창이 땅에 닿아 위험에 빠졌다. 배 위 병사들이 큰 소리로 구원을 요청하니 안골포만호 우수가 달려가서 이순신을 등에 업어 어렵게 배로 옮겼다. 이순신이 탔던 배는 선미에 연결하여 끌어내어 간신히 안골포로 끌고 왔다 (『선조실록』, 1597년 3월 20일).

그러면서 원균은 "이번 부산의 거사에서 우리나라 군졸들이 바다 가득히 죽어 왜적의 비웃음만 샀으니 이런 실수를 저지른 장교들을 벌주라"는 요구도 덧붙였다. 이렇듯 원균은 임지에 오자마자 이순신 수하의 허물(명령 불복종)을 들추는 한편, 2월 10일 가덕도에서 조수에 밀려서 크게 패전할 뻔했던 사건을 알리는 장계를 올렸다. 당시 원균은 "이순신에게는 아들 다섯(권준·배흥립·김득광 등)이 있다(『선조실록』, 1597년 1월 27일)"고 할 정도로 이순신의 부하들에게 많은 유감을 가진 상태였다. 3월 초 원균은 수령, 변장은 물

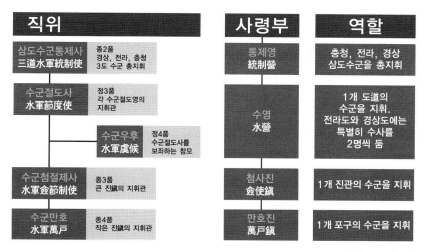

직위		사령부	역할
삼도수군통제사 三道水軍統制使	종2품 경상, 전라, 충청 3도 수군 총지휘	통제영 統制營	충청, 전라, 경상 삼도수군을 총지휘
수군절도사 水軍節度使	정3품 각 수군절도영의 지휘관	수영 水營	1개 도道의 수군을 지휘. 전라도와 경상도에는 특별히 수사를 2명씩 둠
수군우후 水軍虞候	정4품 수군절도사를 보좌하는 참모		
수군첨절제사 水軍僉節制使	종3품 큰 진鎭의 지휘관	첨사진 僉使鎭	1개 진관의 수군을 지휘
수군만호 水軍萬戶	종4품 작은 진鎭의 지휘관	만호진 萬戶鎭	1개 포구의 수군을 지휘

조선수군의 조직

론 나주판관 어운급 등을 추국하라고 주문하였다(『선조실록』, 1597년 3월 20일). 이처럼 갓 부임한 원균은 전방위로 이순신 수하와 이순신의 행적을 공격하였다. 이순신 수하에 대한 원균의 적개심이 얼마나 컸는지 보여주는 대목이다.

물론 그런 원균의 처사에 조정도 고민했다. '그렇지 않아도 남해바다의 상황에 긴장하는 차에 무조건 기존 수군의 제장이나 수령을 교체하는 일은 전력을 크게 약화시키는 일'이었다. 수군장수들을 징계하자는 원균의 요구를 들어주지 않는 대신 권준은 제주목사로 옮기고, 배흥립도 배설에게 경상우수사 자리를 넘기는 선에서 징계를 마무리했다. 즉, 전라우수사 이억기, 충청수사 배호를 비롯한 다수의 제장은 그 자리를 계속 지키고 있었다. 조정으로선 일본군이 조만간 처들어온다는 소문이 창궐한 상황에서 갑자기 부장들을 교체할 때 발생할 근심을 덜고자 한 것이지만 종래 이순신과의 수하장수에 대한 원균의 지휘권 확립에는 상당한 어려움을 주었다. 당시 원균은 바꾸고 싶었고, 조정은 안정을 유지하길 바랐다.

『징비록』에서도 '원균이 한산도에 부임해서 이순신이 시행하던 모든 약속을 바꾸고 이순신에게서 신임을 받던 장졸들을 모두 쫓아냈으며, 그 중에서 이영남은 전날 자신이 패배한 사정을 잘 알고 있기에 더욱 미워하였다'라고 할 정도였다. 그러나 『징비록』에서 말하는 것처럼 모두 쫓아낸 것은 아니었다. 오히려 인적 청산이 어려워서 원균이 지휘권을 세우는데 어려움을 주었다. 원균의 이러한 행동은 결국 자신이 데리고 싸워야 할 수하 장수들로부터 신망을 잃는 계기가 되었다. 그리고 지역 수령에 대한 처벌로 인해 이들의 적극적인 지원을 막는 결과를 초래하였다. 물론 초도 부임한 원균의 이러한 주장에 대하여 비변사는 겉으로 두둔하였다. 그러나 인적인 교체는 그렇게 쉽지 않았다.

(2) 기문포 해전과 원균의 명나라 길들이기 구상

이 시기 원균은 명나라 군대에 대해 많은 고민을 하였다. 그는 장계에서 "심유경(沈遊擊)이 자신의 죄를 면하려고 우리나라에 허물을 돌린다고 할 정도였으며, 그런 말을 듣고 일찍부터 염려하고 있었다"고 하였다. 그러면서 "기문포 해전도 그런 마음으로 한 것인데, 심유경이 명나라 병부에다 기문포 해전을 문제삼아 우리나라가 휴전을 망쳤다고 하면서 우리에게 누명을 씌우고 자신이 한 짓을 가리려고 하니 우려된다"고 하였다. 그러니 "속히 명나라의 대병을 출동해 달라고 알아듣게 글을 만들고 이것을 군문에 자문해줄 것"을 요청하였다(『선조실록』, 1597년 3월 21일). 그러자 선조는 즉시 승인하였다.

당시 원균은 명나라에 대해 어떻게 생각하고 있었을까? 사실 심유경은 교활한 인물로 휴전이 교착되자 책임을 두려워하여 고시니와 작당한 다음 히데요시가 명나라의 신하가 되고 조공도 바치겠다는 가짜 국서를 위조하여 물의를 일으킨 사람이었다. 일본은 지속적으로 한반도를 할양하고 명나라 황제의 딸을 후비로 달라면서 휴전회담을 교착시켰고, 이것이 결렬되자 조선 침공을 다시 준비한 것이다. 그런 상황에서 우리 수군이 자꾸 일본군 근거지를 공격하니 휴전 실패의 책임을 우리에게 물었던 것이다.

그런데 조정의 입장은 난처하였다. 조만간 시작될 재란에서 명나라의 도움이 절실하였다. 그런데 명나라는 발을 어떻게 뺄 것인가에 골몰하였다. 조정에서는 육군의 힘이 약하니 우세한 수군으로 먼저 일본군에게 타격을 가하면 명나라 육군을 동원하는데 용이하지 않을까 싶었다. 그러나 명나라 입장에서도 조선 수군을 앞세우는 것은 물론 조선 육군을 먼저 희생양으로 하고 싶었다. 그러니 유격장군 심유경도 원균이 수군을 이끌고 공격을 해주길 기대하였다. 그런 상황은 원균도 조정의 지인을 통해서 알았을 것이다. 이순신과 달리 조정의 뜻을 보다 잘 이해하려 했던 원균은 자칫하면 무리하게 왜적의 소굴로 돌진해야 하는 상황이 될 수 있었다.

부임하자마자 원균은 3월 9일 기문포에서 일본군을 공격하여 "적선 3척을 포획하고 획득한 수급 47급을 바친다"고 장계를 올렸다(『선조실록』, 1597년 3월 24일). 원균의 3월 21일 장계에도 나오는 이른바 기문포 해전이었다. 이 해전은 생각만큼 성과가 큰 것은 아니었지만 선조는 "공을 세운 사람은 즉시 포상을 하고, 관원을 보내 군사들을 위로하며, 장졸을 격려하고 왜적의 수급과 장계 문서를 가지고 온 사람도 포상하라"고 전교를 내렸다. 그런데 비변사는 "원균이 바친 수급이 나무를 베러 온 일본군이라면 공격하는 일본군과는 다르다"는 논리를 폈다. 다만, "부하 장수를 독려하여 힘써 싸우고 왜적을 벤 공은 가상하니 상을 주라"는 것이었다. 여기서 비변사가 난데없이 원균의 공적을 깎는 발언을 한 의도는 도대체 무엇인가? 그저 나무 베는 일본군을 무고하게 살해한 일이 비겁하다는 비아냥일까?

비변사의 입장은 당시 명나라 유격 심유경의 휴전협상에 마음을 두었기에, 원균의 공격이 초래할 우려를 근심하여 그렇게 반응한 듯하다. 그러자 선조는 더 나아가서 "나무를 베러 다니는 왜인도 적이다. 분군기(分軍記)에서는 분명 나무를 베러 온 왜인은 아니었다"고 하고, 포상을 그대로 하라고 명령하였다. 다만 원균은 "가자(加資)하거나 상금을 내려야 마땅하지만 원균이 바치는 일본군들의 무기를 한번 조사한 다음 시행하라"고 하였다(『선조실록』, 1597년 3월 25일).

원균이 기문포로 군대를 몰고 나간 일을 '군공을 탐하는 데 혈안'이 되어서 생긴 결과라고 폄훼하는 사람도 있지만 기본적으로 우리 수군의 건재를 명나라에게 과시하고 심유경의 간사한 행태에 경고하는 의미도 있었다. 즉, 명나라 육군을 신속하게 동원하는데 유리한 국면을 얻고자 한 전략이었다. 원균은 짐짓 '명나라 육군이 칼 잘 쓰고 날랜 일본군을 상대로 직접 싸우는 등의 큰 희생은 치르려 하지 않을 것'이라 생각하였다. 그러니 조선이 제대로 수군의 역할을 보여주어 명나라 대병이 하루 빨리 파병할 계기를 만들어야 한다고 본 것이었다.

따라서 이 시기 원균은 명나라 육군을 동원할 수륙병진에 대한 관심이 무척 높았음을 알 수 있다. 비겁하게 나무하는 일본군이나 죽였다는 등의 원균을 비아냥하는 언설은 당시 조선 수군이 당면한 고민을 모르고 하는 말이다. 원균이 작은 승첩을 거둔 전투를 장계까지 올린 이유는 바로 명나라와의 관계였다고 보는 것이 합리적이다. 실제로 정치적 의미가 약소한 승전예를 들어 6월 18일 가덕도 해전에서 적선 여러 척을 분멸해도 장계에는 크게 다루지 않았다. 이 시점에서 원균은 요시라의 간계와 명나라 심유경의 간계를 정확히 파악하였으며, 비교적 정확한 판단을 내리고 있었다.

나. 수륙병진론과 해로차단론의 대치

(1) 원균, 절영도 점령을 꿈꾸다

원균은 자신의 입지를 키우는 한편으로 절영도에 우리 수군을 주둔시키자는 윤두수의 전략에 충실하려고 하였다. 그런데 현장에서 보는 바다는 자신이 생각하는 바다와 달랐다. 부산포를 치려면 왜성들이 즐비한 안골포 방면이 아니라 거제도의 바깥바다(외양)를 돌아서 가야하는데, 정작 그에 상응할 노군을 확보하지 못하였다. 당시 노군은 임진년의 절반으로 감소한 상황이었다. 그러니 이순신도 힘껏 지나가지 못했던 그 죽음의 길을 제대로 파악하지 못한 채 지난 1월의 장계에서는 "할 수 있다"고 큰 소리쳤던 것이 크게 후회되었을 것이다. 원균으로선 돌이킬 수 없는 딜레마가 되었다.

통제사가 된 지금, 그는 공약을 지켜야 했고 그것 때문에 조정은 그에게 모든 것을 들어주는 제스처까지 보였다. 원균이 말하면 다 들어주니 그가

「1872년 지방지도 두모진」에서 절영도

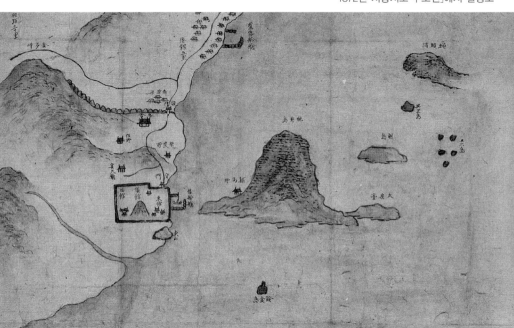

조정의 요구를 거절하기란 어려웠을 것이다. 그의 판단도 혼란스러웠다. 특히 일본군의 재침을 막으려면 부산 근해에서 해로를 막아 일본군의 병력 증원과 보급을 차단해야 했다. 하지만 이순신이 "바닷길이 험할 뿐 아니라 적이 반드시 육지의 여러 곳에 복병을 설치하고 기다리니, 배를 많이 거느리고 가면 적이 알지 못할 리 없고 배를 적게 거느리고 가다가는 도리어 습격을 당할 것"(『재조번방2』)이라 했던 경고는 옳았다. 원균은 달라진 일본군을 어떻게 대적할지 심각한 고민에 빠져들었다.

절영도 작전은 정황상 원균이 입안한 것이 아니라 윤두수의 전략이었다. 원균이 통제사가 되자 조정에서 윤두수의 입김이 더욱 커졌고, 선조도 그의 전략을 지지하였다. 원균이 절영도 주둔 계획을 추진하고 있다는 사실은 1597년 3월 12일 어전회의에서도 확인된다.

> 지사 윤근수가 말하기를 "듣건대 원균도 한산으로 돌아가려 한다고 합니다. 근자에 왜적선 2백 척이 좌·우도에 분산 정박하는 것을 막지 못한 것이 매우 안타깝습니다. 듣건대 절영도에 머물러 있는 왜적이 없기 때문에 원균 등이 장차 진격하여 주둔하려 한다 합니다"하니, 임금이 "절영도가 부산과 가까운데 수군이 주둔하였다가 양면에서 적의 공격을 받게 되면 어쩌겠는가?"하였다. 김명원은"무장선(無藏船)이 정박할 만한 곳이 한두 군데가 아니니 오래 머물러 있을 수 없습니다. 또 적선은 바람을 타고 나오고 우리는 바람을 거슬러서 왜적을 맞아야 하니 아무리 만전을 기하더라도 왜적을 막기가 어려울 것입니다"(『선조실록』, 1597년 3월 12일).

원균의 절영도 점령 계획에 대하여 선조는 수군이 협공을 당할 수 있다고 우려하였다. 김명원도 '풍향이 불리하고 정박할 곳도 없다'고 하여 모두들 절영도 주둔은 잘못이라고 하였다.

원균이 절영도 점령 계획을 꾸민 것은 부임한지 얼마되지 않아 아직 사태 파악이 안되었기 때문이다. 그래선지 전략이 어눌했고 당시 어느 관료도 실현가능성을 높게 보지 않았다. 다들 일본군이 협공 후 상륙하면 어떻게 막을 것인지 가늠할 수 없다고 생각하였다. 반면, 원균은 절영도를 점령하면 이곳을 수군이 둘러싸서 섬으로 상륙하려는 적선을 모두 격침할 수 있다고 믿었다. 수군 제장들도 그런 전략은 성공가능성이 없다고 보았다. 그렇지만 윤두수는 임금에게 원균이 그런 계획을 짜고 있다고 보고한 것은 역시 당시 윤두수가 원균에게 상당한 영향력을 행사하고 있었던 사실을 보여준다. 이런 점에서『선조수정실록』에서 '총애 받는 권신과 결탁해 날마다 허황된 말로 이순신을 헐뜯었다'(1594년 12월 1일)'는 혹평이 어디서 온 것인지 추측할 수 있다.

(2) 부임 후 달라지는 마음, 수륙병진론으로 돌아가다

절영도 주둔 계획이 원균 스스로 만든 전략인지 확인할 수 없지만 윤두수의 전략이 원균에게 영향을 준 것은 사실이었다. 그러면서 당시 조정의 해로차단 계획이 현장 수군지휘관들에게는 탁상공론으로 보였지만 원균은 1월의 상소 덕분에 그러한 전략을 수용해야 하는 딜레마에 빠졌다.

그리하여 통제사로 부임한지 몇 주 되지 않은 3월 29일 원균은 해로차단 계획의 어려움을 토로하는 장계를 올리게 된다. 그는 가덕도·안골포·죽도·부산을 드나드는 왜적들은 서로 가까워서 세력을 기대고 있는 듯 하지만 실제 수효는 수 만 명이며 그중 안골포·가덕도는 3~4천 명밖에 되지 않는다고 보았다. 그리하여 육군이 먼저 공격하여 왜적을 꺾으면 전체적인 승리가 가능할 것이라는 논리였다. 그러면서 조정과 결정적으로 불화하게 만든 '30만 동원론'을 제창하였다.

신이 해진(海鎭)에 부임한 후 살펴보건대 가덕도와 안골포 · 죽도 및 부산 등지에 드나드는 적들이 서로 가까이 있으면서 성세로 의지하고 있는 듯하나, 그 수는 몇 만명에 불과하여 병력의 수가 외로운 것 같고 형세 또한 약한 듯 하옵니다. 그 중에서도 안골포와 가덕도 양처에 있는 적들은 그 수가 불과 3~4천이 못 되어 기세가 매우 외롭고 단조로운 듯 하였습니다. 그러하므로 만약 우리 육군으로 하여금 그들을 몰아내 준다면 수군이 이를 섬멸해 버리는 따위는 그 쉬움이 마치 대나무를 쪼개는 것 같습니다. 그렇게 한 연후에 우리 군사가 장수포 등으로 진을 치면서 나아간다면 조금도 후고의 염려가 없을 것입니다. 그 다음에 날마다, 이어서 다대포 · 서평포 · 부산포로 진격한다면 그것이 잃어버린 강토를 회복하는 계책이 될 것입니다. 그러지 아니하고 지금같이 서로 오래도록 대치만 하고 있으면 1년이 못가서 우리 군사가 먼저 피로해 질 것입니다. 그러한 상태는 내년에는 더욱 심할 것이고, 또한 내후년에는 더 한층 심하게 될 것입니다. 그렇듯 병(兵)은 쇠잔하고 군량은 떨어진 후에 지혜로운 자가 비록 적을 치려고 한들 어떻게 하겠습니까. 어리석은 신의 망녕된 생각으로는 우리나라 군병이 그 수가 많지 않다하나 비록 노약을 제외한다 하더라도 가히 30만 명은 얻을 수 있을 것 같사오니 지금은 춘삼월이라 비가 오지 않아서 땅이 굳어 있어 이때가 말 달리고 싸움하기가 매우 좋은 때이오니 반드시 4~5월 사이에 수륙의 군사가 대거해서 한 판 승부를 걸어 보는 것이 좋지 않을까 합니다. 만약에 시일을 미루다가 7~8월이 되어 비가 내려 장마가 되면 땅은 진흙이 되어 진병하기가 어려워 육전은 불가능하게 될 것입니다. 더욱이 가을이 되면 바람이 점차 거세어지고 파도가 높아져서 수군이 움직이기가 매우 어려워 그때는 해전이 또한 불가능하게 될 것입니다. 신이 4~5월 이내에 거사를 하자는 뜻이 그러한 것을 염려하기 때문입니다. 또한 행장(소서행장)과 요시라 등이 거짓으로 화평을 하고 있어 그 결과를 헤아릴 수 없는 일입니다. 이때를 타서 수륙이 함께 나아가 적을 쳐서 그들을 남김없이 섬멸해 버려서 그들로부터 받은 수치를 조금이라도 씻어야 할 줄로 생각되오니 조정에서는 급속히 선처

본 장계에서 원균은 이순신을 골탕 먹였던 요시라(要時羅)의 정보를 "고니시와 요시라 등이 거짓으로 만든 것이라 그 속셈을 알 수 없다"고 하면서 육지에서 근무할 때는 잘 몰랐지만 현장에 부임하고 보니 그동안 이순신이 했던 많은 일들이 나름의 이유가 있다는 사실을 발견했다는 내용이다.

원균의 상소에 대하여 비변사는 4월 22일 선조에게 '원균의 결전의지가 결연'하지만 일본군이 험한 곳에 숨어서 둔전에서 식량을 조달하는 등 장기전을 전개하는 마당에 특히 안골포는 우리 육군이 진격할 수 있지만, 가덕도는 섬이라서 수군이 아니고서는 전진할 수가 없다고 하였다. 물론 말로는 '좀 더 숙고'하라고 했지만 '원균의 전략은 잘못된 것'이라는 태도가 명확했다. 장계가 작성된 지 한 달 정도 지난 4월 22일에 비로소 비변사의 결심이 실록에 드러나는 것을 보아 비변사 내부에서도 원균의 전략을 놓고 상당한 진통을 겪은 것으로 보인다.

논란에도 불구하고 비변사는 30만 동원 계획에 대해 4~5월에 갑자기 많은 정병을 소집하기 어렵다는 이유로 반대하였다. 그런데 '30만 동원론'은 조정이 원균을 의심하게 만들었다. 조정은 원균이 제대로 전략을 짜고 제대로 실행하는지 알고 싶어졌다. 그래서 비변사는 도체찰사와 도원수에게 "형세의 편부를 살피게 하고 사기(事機)의 득실"을 잘 요리하면서 원균이 도대체 무엇을 하는지 잘 조사하도록 요구하였다. 그러자 선조도 "나의 뜻은 안된다 이다. 그러나 시험하여 보라고 하유하는 것도 괜찮겠다"고 하였다. 꼭 이뤄질 것 같지는 않지만 그래도 한번 해보라는 뜻이었다. 어정쩡한 대답이었다.

원균이 현실감 떨어지는 '30만 동원론'을 제기하여 자신의 기량에 의심을 받기는 했지만 전라좌병사 당시에는 볼 수 없었던 문제점을 이제 확실히 본 것은 사실이었다. 하지만 이것은 '변심'이었고, 훗날의 평가에서 원균이 '교언영색으로 이순신을 모함'하거나 혹은 '소신이 없는 원균' 혹은 '통제사 자리만 탐한 원균'으로 욕을 먹는 중요한 근거가 되었다. 이런 장계를 올린 것은 그만큼 오랫동안의 육지 생활로 수군 감각이 무뎌졌다는 것을 보여준다. 그의 잘못이라면 바로 수군의 현실을 철저하게 파악하지 못한 불성실에 있었다.

원균이 '30만 동원론'을 제기되자 원균이 조정의 해로차단론을 철저히 지지할 것이라고 믿었던 이원익과 권율은 크게 실망하였다. 이원익이 얼마나 실망했는지는 『난중일기』(1597년 5월 20일)에 생생히 전해진다.

> 체찰사(이원익)가 개탄하는 마음을 이기지 못하여 밤에 이야기 하던 도중 흉인(원균)의 일을 말하면서 참으로 망극하고, 하늘이 돌보지 않으니 나랏일을 어찌 할고 하면서…지금의 일이 이렇게 잘못되어 가니 이제 죽을 날만 남았구나 하였다 (『난중일기』, 1597년 5월 20일 및 23일).

1597년 6월 17일자 『난중일기』에도 "권율은 원균이 정직하지 않다"고 하였다. 원균에 대한 인간적인 배신감이 어느 정도인지 볼 수 있는 대목이다. 조정에서는 원균을 의심하고, 원균은 현장에서 제정신을 차리기 시작했다. 현장에 와서 보니 자신의 소신을 굽혀야 할 상황이 된 것이다. 하지만 원균 자신을 믿고 밀어주는 조정은 여전히 해로차단을 통한 전쟁의 조기 종결을 기대하였다. 원균이 이 시기 두문불출하고 여색을 가까이 했다는 주장은 사실여부를 막론하고, 그만큼 힘겨운 번민과 고통의 흔적으로 이해할 필요가 있다.

『징비록』은 원균의 주색잡기에 대하여 이렇게 글을 썼다. "원균이 부임하자 이순신이 전략을 토론하던 운주당에서는 원균이 애첩을 데리고 기거하

통영 한산도(통영시 한산면)

며 울타리를 치고 있어서 장수들이 그의 얼굴을 볼 수 없었다. 원균은 술을 좋아해서 늘 취해 있었고, 취중에 부하들을 함부로 다루니 군사들이 만약 적이 온다면 도망칠 수밖에 없다고 하였으며 장수들도 원균을 비웃고 군사에 관한 일은 전혀 말하지 않아 원균의 명령이 무시되는 형편"이라는 것이다. 패전 후 원균에게 모든 패전의 책임을 돌리기 위한 다양한 노력에 대해선 앞으로 보겠지만 '30만 동원론'은 분명 원균의 지휘 능력과 작전 능력을 의심하게 하는 계기가 되었다. 특히 이순신의 용의주도한 전략에 비하면 더욱 그렇다.

(3) 원균의 고민을 알아야 그의 행동을 알 수 있다

한산도에서 애첩을 끼고 운주당에 주야로 색을 밝히고 술만 먹었다는 주장은 임란 이후의 류성룡에 의해서 재조립된 기억이다. 류성룡의 말이 틀린 말은 아니지만 현장에서 보고 들었을 리 없는 내용이기에 그러한 행동이 왜 나왔는지 고민한 말은 아닌 듯하다. 원균은 부임하자마자 이순신 수하들을 가차없이 경질하고 치죄하려고 하였다. 운주당에서 칩거한 일은 원균의 처사에 불만을 품은 원균 주변의 수하들에게서 전해진 이야기이다. 만약 주색잡기에 세월만 보냈다면 그 이후 계속해서 무수히 조정으로 올라왔던 고민 어린 원균의 장계는 어떻게 생각해야 하나?

적어도 한나라의 수군 총사령관이 될 정도의 인물이라면 그만한 자존심이 있고, 혹시 가렴주구를 하다가도 자신의 능력이 무시될 때에는 한번쯤 큰 재주를 뽐내어서 자신의 권위를 회복하는 법이다. 당시 조정과 수군 현장의 피할 수 없는 갈등과 딜레마 속에서 원균이 아닌 그 누가 총사령관이라도 깊은 번뇌에 처했을 것은 분명하다. 허황되지만 '정병 30만 명 동원'을 이야기 할 정도로 전쟁에 몰입해 있는 상태에서 역사상 그 어떤 사령관이 자기 부대가 죽든 살든 될 대로 되라고 하면서 주색잡기로 세월을 보낼 수 있을 것인가? 따라서 원균의 주색잡기이야기는 후대에 창조된 도덕적 폄훼의 유산이다.

'주색잡기' 일화로 원균을 폄훼하면 이순신을 높이는 일은 가능하겠지만 우리 수군의 전통에 대한 참담한 폄훼를 초래한다. 당시 원균은 딜레마에 처했다. 딜레마는 국가의 생존과 관련되었고, 당연히 수군 총사령관 입장에서는 숙고가 필요했다. 처음에는 어떻게 해야 하는지 갈피를 잡을 수도 없었고, 해결책이 아득하였을 것이다. 오히려 고민에 가득한 원균의 당시 모습을 그리는 것이 여색을 탐하여 밤낮으로 고주망태가 되는 그런 모습보다 훨씬 합리적인 해석이다. 물론 류성룡의『징비록』은 류성룡 자신에게는 틀린 말이 아니었다. 그렇게 보고를 받고 확인했을 수도 있다. 다만, 도덕적인 흠결을 내면서 모든 행동을 매도하고 일방의 의견과 평가만을 강요하는 것이 지금까지 성웅 이순신을 오히려 곡해하게 만든 주범이다. 원균도 지휘관이었다면 이순신처럼 수군이 처한 고민으로 힘들었을 것이다. 다시 말해, 원균의 깊은 고민을 제대로 알 수 없었으니 그동안 그가 하는 행적을 제대로 이해할 수 없었다는 것이다. 고작해야 착한 사람, 나쁜 사람 논쟁이었다.

한편, 원균을 비롯하여 수군들이 술을 잘 마셨다는 이야기도 현장을 모르는 이야기이다. 당시 수군은 바다 위에서 먹을 양식이나 식수 문제로 상당한 고통을 받았다. 특히 노군은 장기간 노를 저어야 한다. 그러니 밥 이외에도 급속히 열량을 높여주는 알코올 성분이 필요하였다. 깊은 밤의 오한을 이기는 데도 응용되는 것이 술이었다. 술 마시는 지휘관은 방탕하고, 무음이면 훌륭하다는 이분법적 사고가 인격의 기준이 되는 것은 이러한 수군이 처한 조건을 몰라서 하는 말이다. 이런 류의 사고야말로 원균이 처한 실제 사실을 외면하고 그에 대한 도덕적인 흠결을 적시하여 자신의 정치적 이익을 얻고자 하는 사람이 자주 활용하는 논리였다.

(4) 비변사, 수군 내세운 교대 공격론을 주장하다

원균의 장계가 도달하자, 선조는 도원수 권율에게 원균의 주장이 어떤 것인지 검토하라는 밀명을 내렸다. 그리고 조사에 착수한 다음 권율은 5월 8일 비밀리에 장계를 올렸다. '안골포와 가덕도의 적세가 별반 강하지 않다는 것은 원균이 말한 바와 같으며, 그렇다고 얕잡아보고 섣불리 싸우는 것도 옳지 않다'는 내용이었다. 권율도 원균의 이해와 대동소이했다. 이처럼 조정은 탁상공론격인 해로차단 작전에 경도되어도 역시 현장에 있는 장수인 권율은 원균의 입장을 이해하고 있었다. 그런데 여기서 권율의 묘한 정치적 자세를 엿볼 수 있다.

도원수 권율의 장계를 분석한 비변사는 5월 12일 "당초 수군을 동원하여 바다길을 중간에서 끊어 적들이 자신의 후방을 걱정하게 만드는 것"은 "지금으로선 가장 큰 계책"으로 종전부터 제안되었던 계획이고 원균이 내려간 이유라는 점을 분명히 하였다. 이에 대해서 권율은 '왜적이 현재 안골포와 가덕도에 주둔하고 있는데 우리나라 수군이 이곳을 지나 부산 앞바다를 가로막기는 어렵다'고 하여 무작정 안골포와 가덕도를 가로질러 부산포로 나가는 전술은 무모하다고 보았다.

도원수도 원균과 생각이 같았다. 그런데 권율의 장계를 살펴본 비변사는 "권율 자신도 본 마음은 수군을 크게 벌여 일본에서 나오는 배들을 막으려 한 것"이라고 하면서도 "근래 수군이 거제도 등지의 적들을 잡아내는데도 부산 앞바다까지는 왕래하지 못하는 형편이라서 해로를 차단할 수 없다고 말하는 것"이라 해석하였다. 즉, 해로차단 작전이 우리 수군이 할 수 없는 것이 아니라 수군이 성실하지 못해서 못한 것이라고 본 것이다. 이처럼 비변사는 권율의 장계에 정확히 선을 그었다. 비변사는 권율에게 당장 "수군과 선척·노꾼이 모아졌으니, 원균을 시켜 거제도와 옥포 등지로 나가라"고 독촉하였다. 그러면서 이전처럼 "부산과 대마도의 바닷길을 살피게 해서 중로를 막아 끊는 계책을 세워야 한다"고 거듭 강조하였다. 부산과 대마도를 끊는 해로차단 작전, 비변사의 입장은 확고하였다.

비변사는 구체적인 작전계획도 알려주었다. 즉, "3개의 부대로 나누어 절영도 앞 바다를 번갈아 오가게 하여 우리 수군의 왕래가 끊이지 않게 하면 부산과 서생포에 있는 일본군들이 모두 군량미 수송로가 끊길까 걱정할 것이고, 적선들도 반드시 두려워할 것이니 마음대로 횡행하지 못할 것"이라는 내용이었다. 이른바 쉴 사이 없는 '3교대 공격론'이었다.

한편, 비변사는 원균이 제기한 수륙병진 전략을 '숙고가 부족한 주장'이라고 비판하면서도 "바다와 육지에서 그 기회를 타게 되면 적을 이길 방법이 없지도 않다"고 하여 도체찰사와 도원수에게 한 번 더 수륙병진의 가능성에 대하여 자문하였다. 비변사 입장에서도 수륙병진 가능성을 완전히 부정하고 싶지 않았다. 이처럼 당대의 전쟁 주체들은 특정한 전략에만 몰두하지 않았다. 그렇지만 조정에서 고민하는 가장 현실적인 대안은 역시 해로차단이었던 것은 주지의 사실이다.

어쨌든 선조는 "장계의 내용은 지당한 것이나 내 견해는 체찰사에게도 반드시 계책이 있어 스스로 지휘할 것이니 하유할 것이 없다"고 하였다. 권율도 원균의 고민을 알고 있었지만 이원익을 지지하고 있는 비변사에서는 이원익이 생각하는 해로차단 작전이 확고한 방침이었다. 도원수 권율도 도체찰사 이원익의 입장을 부정하는 것이 얼마나 고통스러운 일인지 고민하고 고민했을 것이다. 그렇다면 선택권은 이원익에게 있었다. 도원수 권율은 현장의 원균 목소리보다 비변사의 목소리에 마음을 신고자 하였다. 권율의 최고 패착은 여기에 있었다. 모든 전쟁의 책임을 자신이 아닌 도체찰사에게 넘길 수 있었기 때문이다.

다. 조정에 종속되는 수군

(1) 수군은 도체찰사-도원수의 명에 따르라. 불만이 커지는 수군

1597년 6월 10일 도체찰사 이원익의 장계가 당도하였다. 그는 "육지에서 군사를 뽑아 주둔해도 왜적들을 피곤하게 할 수 없으니 반드시 수군을 이용하여야만 성공할 수 있다"고 하여 '육군선공론'을 일축하고 기존의 수군 주도의 해로차단 전략을 분명히 하였다. 그러자 권율의 어정쩡한 공격 주장도 여지없이 정리되었다. 그리하여 이원익은 새로 배 37척을 건조하고, 특히 노꾼이 급감하는 상황에서 제석산성에 수자리하는 군사 5천 명을 동원하여 노꾼으로 삼았다. 종사관 남이공에게 한산도에 내려가서 모든 전선을 합쳐서 절반은 한산도 등에 머물게 하고 절반은 운도 앞바다로 출전하게 하였다. 그러면서 다음과 같은 작전 계획을 주문했다.

오랫동안 우리 수군은 정박할 곳이 없는 문제가 있어서 번갈아 교체하면서 끊임없이 왕래하면 반드시 서로 만나게 될 것입니다. 안골포 등지에는 왜적이 있지만 본진의 선박으로 배후를 도모할 계책을 세울 수 있고 바다를 건너오는 적이 있더라도 해양의 선박으로 즉시 처치케 할 수 있으니 통제사 원균 등 각 장수와 상세히 의논하여 시행하라고 남이공에게 지시하였습니다"(『선조실록』 1597년 6월 10일).

이처럼 이원익의 치계는 부산포 차단작전을 위하여 대규모 군단을 이끌고 나가기보다는 두 개의 수군 전단을 교대로 왕복하게 하는 전술이었다. 이는 권율의 장계에 대한 비변사의 공식입장이었다. 비변사에 이어서 현장 지도부인 도체찰사의 작전 계획이 이러하니 선조도 더 이상 이의를 달지 않았다. 조정의 모든 공의는 이렇게 통일되어 갔고, 현장의 수군 지휘부만 그런 상황을 모르고 있었다. 비극의 출발점이었다.

이원익의 장계가 도착한 이튿날인 6월 11일 원균의 장계도 도착하였다. 4월에 이어 두 번째 올리는 수륙병진을 촉구하는 장계였다. 이원익의 해로차단론이 힘을 얻어갈 무렵이니 원균이 다시 수륙병진을 주청한 것은 조정으로선 탐탁지 않았다. 원균은 먼저 "신이 11월(4월의 오기인듯 ; 필자) 15일에 먼저 안골포를 공격하겠다는 계책을 갖추어 계달하였는데 명을 기다리는 사이에 시일이 빨리 가버려 참으로 안타깝다"고 말하였다. 그러면서 더욱 강력하게 수륙군 병진으로 부산포를 치자고 주장하였다.

거제의 왜적이 안골포에 들어가서 점거하고 또한 김해의 왜적이 죽도(竹島)로 들어가서 점거하여 길목을 막아 두 세력이 서로 정립하여 세력을 의지하면서 우리의 뱃길을 막고 있습니다. 따라서 부산 앞바다로 나아가 적을 차단하여 공격할 수 있는 방법이 없습니다. 설사 공격이 가능하다고 해도 거기에는 배가 머물 곳이 없으며, 물러나도 배후의 공격을 우려해야 합니다. 반드시 수륙으로 병진하여 안골포의 적을 무찌른 후에 부산포를 차단해야 합니다 (『선조실록』, 1597년 6월 11일).

이원익이 장계에서 수군을 통한 해로차단 전략을 제시하자 한껏 고무된 비변사는 이 같은 원균의 주장에 탐탁치 않았다. 이례적으로 치계가 있는 그날 비변사는 상반된 두 의견을 선조에게 보고하였다.

원균의 뜻은 반드시 육군이 먼저 안골포와 가덕도에 있는 적을 공격해야 한다는 것이고, 도원수와 체찰사의 뜻은 그렇지 않아 수군을 나누어 다대포 등을 왕래시키면서 해양에서 요격하려는 계획입니다" (『선조실록』, 1597년 6월 11일).

원균의 주장과 이원익의 주장이 대립하자 비변사는 난처하였다. 비변사는 일단 "이 일은 큰 일(大事)이니, 여러 장수의 계책을 모아서 처리해야 한다"고 하였다. 비변사 입장에서도 뭔가 확실한 작전을 세워서 현장에 지시해야 할 상황이었다. 이에 비변사는 수군이 도체찰사나 도원수가 있는데도 이렇게 먼 곳에 있는 조정에다 작전지시나 조치를 요구한 점을 비판하면서 철저히 도체찰사와 도원수의 지시를 따르라고 지시하였다.

즉, 현재 안골포는 김해·죽도와 매우 가깝고 지형이 바다 가운데로 뻗었기에 '육로로 공격하면 후방이 위험'하다고 하면서 육군의 선제공격주장을 일축하였다. 나아가 "최근의 남쪽 바다에 있는 장수들은 조정에서 해결해 달라고 요청하는 일이 다반사"라고 하면서, "군중의 일을 제어하는 권한이 체찰사와 도원수에게 있으니 장수들은 모름지기 그들에게 보고하고 그 지휘를 받아서 진퇴를 수행하는 것이 마땅하다"고 하였다(『선조실록』, 1597년

6월 10일).

선조는 이러한 비변사의 조치를 승인하였다. 그 과정에서 종래까지 조정의 조치에 의존하던 원균은 본격적으로 도원수의 지시에 따라야 할 상황이 되었다. 이는 조정의 명을 지키려는 도원수 권율의 고민과 현장의 수군 입장을 대변하여야 하는 원균간의 심각한 갈등을 예고하였다. 아울러 도원수-통제사가 상하관계로 전환되면서 그동안 자부심으로 살던 수군의 위상을 크게 손상시켰다. 비변사의 조치에 대해 현장 지휘관들은 수군에 대한 폄훼로 보았고, 수군의 사기가 저하되면서 조만간 치러질 칠천량 해전에서도 악영향을 주게 된 것이다.

(2) 교대로 공격하라. 원균의 불만

이런 조정의 조치에 원균은 깊은 불만을 느꼈다.

> "아침 식사 후 도원수 권율에게 가보았는데, 원균이 참 정직하지 않다고 하면서 많은 불평을 하였다. 도원수의 장계를 보니 통제사 원균이 앞으로 나아가지 않고 겨우 안골포를 먼저 쳐야 되니 하는 말만 거듭하니 수군의 여러 장수들이 그가 다른 마음을 품고 있지 않은 지 의심하고 있다. 그런 상황에서 원균은 안으로 들어가 나오지 않고 제장들과 함께 회의하는 자리에도 참석하지 않으니 참으로 분통이 터진다 (『난중일기』, 1597년 6월 17일).

이 기록은 이순신 입장에서 보면 원균이 직무를 태만하고 공격적인 전술을 쓰지 않으며 그 자신이 두문불출하여 전투에 제대로 임하지 않고 있다는 사실을 적은 것이다. 하지만 이런 원균의 행동은 분명히 무언가 불만에 가득하고, 진퇴양난에 처한 사정을 보여준다. 아마도 이원익의 해로차단 작전과 자신의 수륙병진 작전의 경쟁에서 자신이 패배한 데서 오는 깊은 상실감일 것이다. 그리고 『난중일기』에서 이순신 자신이 그렇게 조심스럽게 지키던 거제도 방어선에서 원균이 이순신처럼 조심스러운 행동으로 나오자 오히려 분통을 터트리고 있다는 점도 흥미롭다. 자칫 공격적인 원균과 방어적인 이순신의 본래 모습이 여기서는 뒤바뀐 인상마저 준다. 따라서 이 기록은 이순신이 원균에게 공격을 주문한 글이라기보다 원균에 대한 불만을 공적인 행동의 부도덕성을 부각하여 터트린 내용으로 볼 수 있다.

6월 26일에도 비변사는 "체찰사는 대신이고 도원수는 주장인데, 작전통제[節制] 권한이 제대로 수군에게 미치지 않으니 놀랍다. 명령을 따르지 않으면 거기에 따르는 법을 적용해야 한다"(『선조실록』, 1597년 6월 26일)고 거듭 도체찰사와 도원수의 작전 지휘권을 강조하였다. 이와 함께 조정은 수군 장수들에게는 상당히 예민한 문제인 수군 편제에 관한 지시도 내렸다. 그런 일은 이순신이 통제사에 있던 시절에는 그다지 없었다. 이렇게 세밀한 것까지 조정이 개입하자 이를 막지 못한 무능한 원균에 대한 부하 장수들의 신뢰는 크게 위축되었다. 그 순간 수군들은 원균과 이순신의 차이를 분명히 각인했을 것이고 그동안 이순신을 중심으로 작동되던 수군의 자율적인 운영체제도 위협 당한다는 사실을 확실하게 느꼈을 것이다.

여기서 이순신이 파직(1597년 3월 30일)된 진짜 이유를 보게 된다. 비변사가 현지의 "장수나 수령들이 명령을 잘 듣지 않는 것은 그들을 너무 용서만하고 두둔하는 까닭"이라고 한 것처럼 당시 이순신의 수군은 뚝심있게 조정의 요구에 저항할 줄 알았다. 이러한 행동에 대해 윤두수는 이순신을 "조정의 명을 받들지 아니하고, 싸움을 꺼려서 한산도만 지켜서 제대로 적을 물리치지 않았다"고 비난하였다. 조정은 거시적인 차원에서 해로차단을 통한 전쟁 승리를 도모했지만 현장을 무시하였다. 또한 일본군을 이기기 위해서 수군만으로 어쩔 수 없다는 현실을 누구보다 잘 아는 통제사의 고민과는 커다란 골짜기가 있었다. 그리고 그런 각기의 의지는 폭력이 아니면 좀처럼 합의에 이를 수 없는 경지까지 이르렀다.

이순신은 특별한 이론적 합리성이나 우수성보다는 현장 수군들의 고민을 반영할 때 비로소 승리가 있다는 사실을 잘 알고 있었다. 따라서 원균도 병마사를 역임하면서 수군의 현장 감각을 잃고 있을 때는 조정의 해로차단 작전에 고무되었지만 정작 통제사로 부임하니 그러한 탁상공론이 얼마나 비현실적인 것인지 알게 되었고, 이에 수륙병진책을 다시 주장한 것이다.

이순신은 그러한 외압을 막아서 수군 장수의 지지를 받았지만 조정의 중신들은 '자기 부하만 용서하고 두둔하면서 조정에는 배역한 사람'으로 몰아 이순신을 죽이려 했다. 류성룡조차 이순신을 내칠 때 그러한 도도함과 현장을 중심으로 하는 작전에 냉담했다. 즉, 이순신에 대한 논죄가 한창이던 1월 27일 어전회의에서 류성룡은 "무릇 무장이란 벼슬이 높아져서 뜻과 기(氣)가 차게 되면 부릴 수 없사옵니다"라고 말했다. 이처럼 이순신은 이러한 조정의 견제를 받으면서 외로이 수군을 운영했고, 두 말없이 체포당하는 지휘관이었다. 이제 모든 선택권은 원균에게 있었다.

원균은 이순신과 전공을 다투는 '라이벌'이었다는 점, 그리고 조정에서 그를 지지하여 '낙하산 제독'이 되었다는 점, 나아가 누구보다 먼저 해로차단 작전을 주장했기에 조정의 외압에 무방비로 노출된 통제사였다는 점. 바로 이 점이 이순신과 대조적이었다. 조정의 '명장 찬사'에 눈이 멀어 잠시 해로차단 작전을 주장한 것이 이제 통제사가 되니 족쇄가 되었다. 『선조수정실록』,(1597년 7월 1일)에서 당초 "원균이 한산도에 도착하여 이순신이 세워 놓은 규약을 모조리 변경시키고 형벌에 법도가 없어, 군중의 마음이 모두 떠났다"라고 한 것도 그런 정황에서 나온 것이다.

이러한 고민 속에서 원균은 지휘관으로 현장 수군과 조정의 지지 세력을 동시에 만족시킬 방법을 찾고자 했지만 무엇을 선택하든 욕을 먹어야 했다.

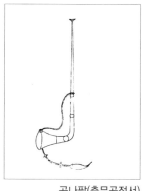
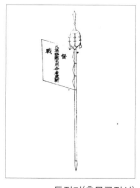
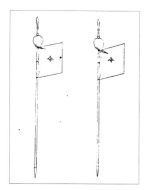

곡나팔(충무공전서)　　　　　독전기(충무공전서)　　　　　령기(충무공전서)

그런 면에서 원균은 술이 마시고 싶었을 것이다. 자주 술 마시고 기생과 놀 았고 두문불출했다고 하는 『선조수정실록』은 어떤 면에서 통제사로서 자질 을 의심하게 하는 도덕적 폄훼의 언술이지만 꼭 사실을 왜곡한 것은 아닐 수 있다. 참기 힘든 억압과 공포의 스트레스는 원균의 혜안을 흐리게 하였 다. 술만이 그를 위로하는 상황이었을 것이다.

실제 있었던 일인지 모르지만 이순신이 한산섬의 수루에 홀로 서서 깊은 시름을 하는 그런 비장한 마음만큼이나 원균도 자신이 무엇을 어떻게 해야 할 지 고민되는 상황이었다. 자신이 선택한 일생일대의 실수(해로차단 장계) 에 대한 회한도 컸을 것이다. 조정의 명령에 휘둘리면서 이순신의 부하들에 게 비교당하는 자신을 바라볼 때 술을 마시고 대취하고 싶었을 것이다. 도 체찰사와 도원수가 작전권을 회수하면서 수군의 자율권이 위축되고, 조정 에서 원하는 해로방어 정책에 의해 자신의 수륙병진 정책이 수포로 돌아가 는 안타까움도 있었을 것이다.

여기에 더하여 원균의 수군은 급하게 수군편제 조정 즉 수군 구조조정 계 획과 마주하였다. 조정(비변사)은 원균 체제가 정착되기 전에 수군 편제를 개혁하여 수군의 자율성과 독단적인 작전권을 빼앗으려 했다. 이순신과 같 은 말을 잘 듣지 않는 장수가 싫었다. 이에 현재 부대를 원균·배설·이억기 · 최호 등 총 4개의 개별 부대로 분리하여 교대로 해상에서 전투한다는 계획이었다.(『선조실록』, 1597년 6월 26일) 그러면서 신호 체계도 정비하였다. 비변사는 쇠북 소리와 깃발을 통한 연락을 강조하였고, 이어서 옥포와 조라포 전방에 의병(疑兵)을 설치하는 방안이 제안되었다.

그런데 이러한 조치는 종래까지 지속되던 일원적 수군체제를 약화시켰다. 즉, 종래에는 제승방략에 의해서 대규모 선단이 한 곳에 집중하고 집중된 화력과 능력으로 소규모의 일본군 함대를 각개 격파하여 승리를 일구는 방식이었다. 물론 대규모 함대를 조직함으로써 여러 가지 낭비적인 요소가 많았고 지속적인 타격을 주는 데는 효과적이지 않았다. 이에 비변사는 함대를 몇 개로 쪼개 소규모 부대를 많이 만들어 지속적으로 적에게 타격을 주고자 했던 것이다. 이는 통제사 아래서 오랫동안 일원적인 조직 체계를 가지고 있으면서 발생하던 권력집중을 막는 의미도 있었다. 수군 함대를 분리시키고 각 수군 함대가 병치하여 견제함으로써 어느 일방의 장수에게 권력이 집중되지 못하도록 하는 조치였다.

(3) 소규모 교대공격에서 전면 함대공격으로 전환

더불어 비변사는 지금까지 진행해 온 이순신식 수세적 방어체제를 공격형 공세전략으로 전환할 것을 촉구하였다. 6월 26일에 나온 비변사의 주청은 분명 이원익이 주장하던 소규모 교대 공격론과 같은 내용이었는데, 묘하게 전면 공격의 필요성도 포함하고 있었다. 즉, "지나치게 위축되어 깊이 한산도 해상의 거제 등지에 숨어서 선박 하나도 내보내거나 엿보지 못하여 우리가 약한 사실을 적에게 보이게 되면" 바꿔 말해 수세적인 전략을 사용한다면 그때에는 일본군이 다시 거제도를 근거지[窟穴]로 삼아 공격할 것이고, 이러한 불의의 습격에 방어가 불가능하게 되어 "비록 중국군이 오더라도 대응할 방법이 없다"(『선조실록』, 1597년 6월 26일)는 것이었다. 그러니 비변사는 우리 수군이 적극적으로 부산포 왜영 근거지를 공격하라는 전면 함대공격론을 강조하게 된 것이다.

이러한 비변사 및 도체찰사·도원수의 작전 개입은 원균이 부임한 후 더욱 심화되면서 원균의 지휘능력·통솔능력에 위기를 불러왔다. 수군의 자율성을 지켜주지 못하는 원균에 대한 수하의 불만과 원균 자신에게는 자신이 결정하지 않아도 되는 현실에서 모든 것이 자신의 책임이 아닐 수 있다는 묘한 안도감을 주었을지도 모른다. 이에 부산포 공격은 '밑져야 본전'이라는 생각을 은연중에 만드는 계기가 된 듯하다. 이는 심각한 지휘권 이완을 가져왔다. 『난중일기』(1597년 5월 5일)는 그러한 사정을 잘 전한다.

> 새벽에 꿈이 몹시 어수선하였다. 저녁나절에 충청우후 원유남이 한산도에서 자행하는 원균의 못된 짓을 많이 전하고 또 진중의 장병들이 모두 다 원균을 배반하여 군무를 이탈하니 장차 일이 어찌될지 헤아리지 못하겠다고 한다…마음이 갈가리 찢어지는구나!

이순신에 붙은 원유남은 같은 원주 원씨지만 시중공계 원씨로 원성백계인 원균과는 혈맥이 달랐다. 그래선지 그다지 원균과 좋은 관계가 아니었다. 원유남의 아들이 훗날 인조반정(1623)에 큰 역할을 한 원두표였다. 어쨌든 원유남이 이순신의 우군인 것은 사실로 보인다. 장병의 이탈은 수하 장수들의 원균에 대한 불만이 업무상 태만으로 이어진 결과였다. 아울러 도원수와 체찰사에게 작전권이 주어진 이상 육전에서 명성을 날리던 권율과 해전에서 자존심을 키우던 원균간의 알력이 심해졌다. 6월 28일자 도원수 권율의 장계는 원균에 대한 견제라는 측면과 수륙병진의 무용성을 강조하는 내용이었다. 물론 줄거리는 6월 26일자 비변사의 계책과 대동소이하였다.

6월 28일의 권율 장계는 먼저 "원균은 육군이 먼저 안골포의 적을 치라고 하면서도 자신은 바다로 나가서 군사작전을 하지 않으니 안타깝다"고 하면서 "전령을 보내서 호되게 나무랐고 세 번이나 도체찰사에게 군관을 보냈는데, 남이공이 가서 독촉한 다음 비로소 6월 18일 전함 1백여 척이 가덕도 앞 바다를 향했다"고 하였다. 그리하여 "이번 출전은 남이공의 힘이었지, 어찌 원균의 마음이었겠습니까?"라고 말하기도 하였다. 윤근수도 그렇고 비변사도 그렇고 모두들 소규모 함대로 지속적으로 교대 공격을 하라고 했는데도 도원수 권율의 지시인지 아니면 원균의 작전인지 한꺼번에 1백여 척이 전선으로 나아가게 된 것은 조정의 뜻과도 달랐다.

전함 1백여 척을 동원하면서 권율의 장계는 이런 말을 계속하고 있다. 즉, "이런 식으로 계속 번갈아 교대하며 뒤에 오는 자가 나아가고 앞에 간 자가 돌아오면, 그곳의 적들이 의심하고 두려워하여 감히 바다를 건너지 못할 것"이라는 판단이다. 권율은 이렇게 조선 수군의 대부분을 모은 1백 여 척 씩 동원하면서도 지속적으로 교대 공격을 진행하자는 논리를 펴고 있다. 이에 "수군이 지속적으로 연안의 일본군을 쉴 사이 없이 공격하면서 왜적의 움직임을 막고 그러한 바탕위에 육전에서 힘을 발휘할 수 있는 중국군의 힘을 얻어서 육지로 진격해 들어가서 승리를 쟁취"할 수 있다고 주장하였다.

바로 여기서 권율이 평소 고민하던 작전 구상을 확인할 수 있다. 그로선 허약한 육군 현실을 생각할 때 원균의 수륙병진 대책을 그대로 수용할 수 없었다. 반대로 수군만 들어간다면 전쟁의 승리가 불투명하다는 것도 이미 알았다. 이 점에서 원균이 '30만 동원론'을 주장할 때 비변사가 원균에게 실망했다고 느꼈다. 그래서 허약한 육군의 체면도 유지하면서 아울러 수륙병진의 요구를 동시에 해결할 방법을 모색한 것이다. 바로 중국군 동원이었다. 그는 중국군 참전을 통하여 원균이 주장하던 아니던 간에 반드시 수행해야 할 수륙병진 문제를 해결하고자 하였다. 문제는 수군이 먼저 선공을 가해야 한다는 점이다. 그리고 육지는 중국군을 동원하고 싶었다.

이처럼 도원수 권율은 원균의 전략과 상관없이 원균에게 자신의 전략과 작전에 순응해주길 바랬다. 원균도 몇 차례 곤장을 맞는 모욕을 겪으면서 '조선 수군의 무력시위를 통한 왜적의 손발을 묶는 전략'으로 어쩔 수없이 빠져 들어갔다. 그 말은 수군 혼자 모든 짐을 지라는 이야기였다. 권율은 다른 대안이 없다는 사실도 알았다. 육군을 아무리 동원하고 싶어도 그럴 육군은 없으며 의병장은 이미 장문포 해전에서 일본군에 얼마나 힘없이 무너지는 줄도 알았다. 칠천량 해전은 이렇게 서막을 올리게 되었다. 그런데 1백 여 척을 모두 동원하여 목표 지역을 타격할 수 있는 역량을 가지고 있었을까?

2. 원균의 전술과 제1차 가덕도 전투

가. 원균이 부분 전술을 전개하다

(1) 거제 일원의 복병선 배치

1597년 5월 경 조선 수군의 군세는 당시 도원수 권율이 중국군 총병부에 올린 보고서에 잘 나타난다. 즉 "한산도에 도착해 있는 배는 총 1백 34척, 오고 있는 배 5~6척, 건조 중인 배 및 6월 20일 사이에 건조되는 배 48척으로 판옥선 대선 총수는 1백 80여 척이었다(『선조실록』, 1597년 5월 12일). 이 것은 일본 수군에 대해 크게 자신감을 가질 만한 규모였다. 그러자 그동안 웅크리고 있던 원균은 뭔가 새로운 시도를 하고 싶어졌다. 원균은 수군 내부의 지휘권을 확고히 하지 못한 상황을 깨닫고 지금까지 유지되고 있던 한산도 중심의 수세적인 방어 전략에서 벗어나 능동적인 공세전략으로 전환하여 국면을 타개하고자 하였다. 최대의 공격을 통한 최대의 내부 결속을 꾀하려는 수단이었다. 그래서 부임하자마자 일본군이 포진한 부산 근해의 정보와 일본 수송선이 오는 것을 감시하는 복병선을 배치하였고, 거제도 내부에도 복병을 배치하였다.

당시 거제도는 조선 수군과 일본 수군이 서로 매복하면서 동향을 주시하던 최전방이었다. 거제도 일원은 상당 부분 일본군이 장악하고 있었고 거제도가 온전하게 지켜지지 않으면 근처의 우리 수군 근거지도 위험하였다. 거제도에 일본군이 상륙하는 일은 어찌하든 막아야 했다. 이순신은 거제도를 물샐 틈 없이 방어하여 거제도 안으로 잠입한 일본군을 고립시켰지만 원균 단계에 오면 거제도 봉쇄 작전에 균열이 가고 있었다. 일본군이 쉽게 거제도로 들어오는 한 인근 섬 지역의 제해권을 장악한 조선군에게는 큰 부담이었다. 일본군은 거제도의 여러 포구에 숨은 일본군의 잔당과 합류할 새로운 증원군을 호시탐탐 거제도 안으로 넣고 싶었다. 원균은 이런 일본의 계략을 알았을까?

(2) 감시병 배치

물론 원균은 부임하면서 거제도 인근에 복병선을 배치하였다. 특히 거제도를 감시할 수 있는 감시병을 증강하였다. 거제도 봉수대가 있는 가라산 정상(585m)에서 관측할 수 있는 수평선까지의 거리는 대략 80km정도 대마도에서 출발하는 일본군의 동태를 산 정상에서 감시할 수 있었다. 때문에 봉수대가 위치하기에는 최적의 입지였다. 산의 오른쪽에는 다대산성이 배치 되었다. 실례로 육지에서 약 130km떨어져 있는 울릉도의 경우 울산 · 삼척 등지에서도 보였기 때문에 신라시대부터 울릉도로 정확히 항해를 할 수 있었다.

울진군에 유배 중이던 이산해는 울진에서 울릉도가 보이기 때문에 어민이 그곳까지 갈 수 있다는 기록도 남겼다. 이렇듯 원균은 거제도 일원에 복병을 배치하여 일본군 동향을 보다 정확히 알고자 했다. 하지만 일본군이 부산 근해에 있는 상태에서 도해 중인 일본 수군을 한산도에서 출격하여 공격할 수 없었다.

물론 부산 앞바다 예를 들어 절영도(영도)등지에다 함대를 정박시켜 일본군 해로를 차단하는 것이 가장 좋은 방법이었다. 하지만 보급이 문제였다. 아울러 조선 수군은 야간 전투에 취약하였기에 절영도 등지에 정박할 시설이 필요했으나 거기에는 아무 것도 없었다. 특히 부산 근해의 요충지에는 일본군이 웅천·안골포·가덕도·죽도·다대포·부산포·서생포 등지에 왜성을 축조한

「1872년 지방지도 가덕진」

상태였다. 왜성들로 인해 부산 근해에는 조선 수군을 위한 기항지가 자리 잡을 수 없었다.

바꿔 말해 일본군의 협공과 상륙가능성으로 우리 수군의 운신이 제한되었다는 것이다. 화약과 같은 전투물자를 보급할 수 있는 가장 가까운 곳도 한산도였다. 물과 식량 등은 거제도 등지에서 일부 보급이 가능하였지만 이

역시 장기적으로 안전하게 공급하기 어려웠다. 그러므로 부산 근해에서 장시간 체류하면서 작전을 수행하기란 극히 불리했다.

(3) 작전가용 시간의 확보

임진왜란 전체 기간을 통해 조선 수군에 의해서 야간 전투가 시도된 적은 노량해전을 제외하고는 단 한 번도 없었다. 야간 기동은 몇 차례 시도되었지만 전투 자체는 주간에 이뤄졌다. 교전을 위한 작전 시간 역시 하루를 넘지 않았다. 그 이유는 조선 수군이 화포를 이용한 전투 방식을 취하고 있었기 때문이다.

여기서 잠시 조선 수군과 일본 수군의 전투 방식을 살펴보자. 먼저 일본 수군의 전술은 등선육박전술(登船肉薄戰術)이었다. 우리 수군의 배에 뛰어들어 무기를 들고 육박전을 벌인다는 뜻이다. 그렇게 하려면 우리 수군의 배에 최대한 접근하여 배에 올라탈 수 있는 여건을 마련해야 했다. 조선 수군은 대형 화포를 이용한 화력전술을 채택했다. 화포를 쏠 수 있는 거리를 유지한 상태에서 적에게 피해를 주는 방식이다. 만약 거리가 계속 유지된다면 조선 수군이 유리했다. 하지만 거리가 확보되지 않고 접근전을 벌이면 오히려 불리하였다. 거북선을 개발한 이유도 여기에 있었다. 따라서 화력전을 주요 전투방식으로 하고 있는 조선 수군이 시야를 확보하지 못하고 적을 식별하지 못했을 때는 치명적이었다.

이러한 구조적 특성은 조선시대 교범에 해당하는『병학지남』에서도 확인된다. 거기에는 주간 전투 시 기본적인 전투거리는 200보, 원래는 100보가 한계이나 배가 상호 접근하므로 거리가 가까워지기 때문에 200보에서 장전하고 준비해야 한다고 되어 있다. 그러나 야간에는 20보로 한정하였다. 이는 사격을 위한 시계가 확보되지 않기 때문이다. 그렇기 때문에『병학지남』에서는 야간 전투에 관한 내용은 정찰을 위한 내용과 진영을 세운 이후 경계 그리고 적이 기습했을 때에 어떻게 할 것인지 등의 내용이 주였다. 즉, 밤에는 우리 수군의 장점을 살릴 수 있는 화포 공격이 불가능하였던 까닭이다.

이전의 전투 사례를 봐도 적을 탐지한 후 야간에 이동하지만 정작 공격은 날이 밝기를 기다린 후였다. 이런 전례를 통해서도 당시 조선 수군이 야간 공격 등에 대해서 대체로 무지했던 사실을 알 수 있다. 만약 당시 조선 수군이 보유하고 있는 주력선인 판옥선이 현대와 같이 빠르다면 문제가 없었다. 그러나 당시는 풍력과 인력에 전적으로 의존하고 있었기 때문에 속도는 무척 느렸다.

조선 함대의 경우 어려운 여건 속에서 출정할 수밖에 없었다. 우선 한산도에서 부산 근해까지 장거리 기동을 해야 했다. 조선 수군이 주둔한 한산도에서 가덕도 동쪽 다대포 앞바다까지는 직선 경로로도 50km에 이른다. 대략적인 이동 경로를 따르면 약 65km이다. 당시 조선 수군이 보유한 전선으로는 하루 안에 목적지에 도착하기 어려웠다. 그래서 거제도 인근에서 기항하였다가 밤을 보내고 아침에 출정하였다. 칠천량 해전이 있었던 7월에도 부산 근해로 진입하기 전에 거제도 인근에서 밤을 보냈다. 그러나 여기서도 작전 해역까지는 먼거리였다.

거제도 기항지중 부산 근해까지 가장 근거리에 위치한 영등포도 다대포와 부산포까지 각각 직선거리로 약 30km와 43km 정도였다. 이동 경로를 고려하면 약 32km와 46km 였다. 판옥선과 유사한 귀선의 선속은 평균 6노트 정도로 알려진다. 따라서 선속이 가장 느린 배의 영향을 받는 함대 기동 특성상 조선 함대가 도달 가능한 최대 선속은 6노트를 넘지 못했을 것이다.

또한 칠천량 해전 당시의 전체 작전 가능 시간은 부산 근해로 출항하였던 음력 7월 14일을 기준으로 추산할 수 있는데, 양력으로 환산하면 8월 26일이다. 이때 부산지역 일출은 새벽 5시 50분이었고, 일몰은 저녁 6시 59분이었다. 따라서 사물이 식별되는 항해박명초를 적용하면 대체로 새벽 4시 53분에서 저녁 19시 57분 사이의 시간이 작전상 활용가능한 시간이었다. 결과적으로 낮의 길이는 13시간 8분이며 교전 등의 작전활동이 가능한 시간은 15시간 4분이었다. 새벽 5시쯤 출발하여 늦어도 20시 이전에는 기항지로 돌아와야 야간 습격에서 안전할 수 있었다. 만약 조선 수군이 4노트를 유지한다면 이동하는 시간은 5시간 이상이 소요되었다. 즉, 작전가용 시간이 불과 4시간 정도 밖에 되지 못하였다는 것이다. 조선 수군의 속도를 6노트 정도로 가정했을 때 역시 활용 가능한 시간은 약 8시간이었다. 대규모 함대의 이동 속도는 이보다 훨씬 늦어질 수밖에 없었다. 따라서 해역에서 활동 가능한 시간은 극히 제한되었다.

「동여도」에서 영등포, 다대포, 부산포

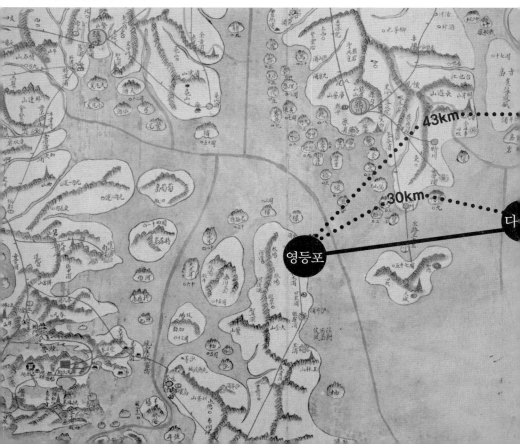

만약 역풍이라도 불어올 경우 소요 시간은 더욱 길어졌다. 역풍 상황에서도 돛을 이용하여 바람이 불어오는 방향으로 나아갈 수 있었다. 하지만 거리상으로는 순풍을 받아 이동할 때보다 최소 1.4배의 시간이 필요하다. 만약 4노트의 속도를 유지하였다면 방향 전환의 소요시간을 제외해도 이동시간은 5.3시간이 아닌 7.42시간이 소요되었다. 이때는 작전 가용시간 부족으로 작전이 불가능한 상태였으므로 최소 5~6노트 이상은 선속을 유지해야 작전가용 시간을 확보할 수 있었다.

조선 수군은 해역 내 작전가용 시간에 대해서 과학적인 것은 아니지만 경험적으로는 인식하고 있었다. 특히 작전가용 시간에 대한 판단은 자칫 잘못하면 일본군이 포진하고 있는 해역에서 밤을 지새워야 했기에 매우 중요하

였다. 이순신이 부산 근해 출정이 불가하다고 주장한 이유 역시 여기에 있었다. 이런 이유로 부산 근해 출정 시에는 날이 어두워지기 전에 전투를 마무리하고 안전한 기항지로 돌아와야 했다.

작전가용 시간을 충분히 확보하기 위해서는 풍력이 아닌 인력을 동원하는 수밖에 없었다. 원균의 고민도 여기에 있었다. 안정적으로 적에게 접근하기가 어려운 상황에서 원균의 군사적 행동 스타일은 저돌적이었다. 노군을 무리하게 운용해서라도 목적을 달성하고자 하였다. 하지만 아무 생각이 없는 단순 무식한 독려나 강요로 일을 이루기는 불가능한 법이다. 이에 원균도 나름으로는 고려하여 노군에게 무리가 있더라도 일본군의 접근을 정확히 예측한 상태라면 한 두 번의 출정으로도 일본군에게 심각한 타격을 입힐 수 있었다. 그럼으로써 일본군은 보급 체계에 심각한 위협을 느껴 재침략을 위한 전반적으로 준비하였던 방어체계도 붕괴될 가능성이 있었다.(신효승)

나. 안골 가덕 전투 및 다대포 패전

(1) 가덕도 전투(1597년 6월 18일)

조정은 모두 소규모 부대로 수군을 재편성하여 지속적으로 일본의 수송선을 괴롭히자는 전략을 세웠다. 그리고 권율도 이러한 전략에 찬동했다. 그러나 6월 이후의 출정에서는 이러한 소규모 교대공격전략이 전개되지 않았다. 그 이유는 무엇인가? 6월 26일 비변사는 선조에게 은근히 '전면 함대 공격론'을 요구하였고 결국 원균은 이러한 비변사의 조치에 부응하여 전 함대를 이끌고 나가게 된 것으로 추정된다.

이것은 당시 현장 지휘부가 처한 혼란상을 여실히 보여준다. 즉, 이원익은

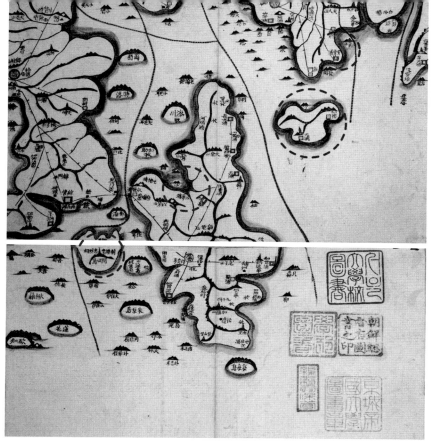

「대동여지도」에서 왼쪽부터 한산도, 장문포, 가덕도, 안골포

수군을 4부대로 나누어 지속적인 무력시위로 적의 유동능력을 저지하여 전의를 상실하게 하자는 주청을 올렸지만, 느닷없이 6월 26일 비변사는 '전면 함대 공격론'을 주장하였던 것이다.

왜 그랬을까? 원균이 조정에 저항하고자 한 행동인가? 아니면 권율의 속임수인가? 혹은 아직 교대공격론이 전달되지 않았고, 시도되지 않았기 때문인가? 어쨌든 원균은 전체 함대를 끌고 다녔다. 6월 26일의 비변사 주청이 일단 영향을 미친 것으로 보인다. 이러한 전면 함대공격 작전은 칠천량 해전에서도 마찬가지였다. 이렇게 작전이 우왕좌왕하는 사이에도 일본군은 증원되고 왜성도 증가하였다. 이에 조정조차 통제사 원균에게 출정을 더욱 압박하였다. 조정에서도 수군 상황을 모르는 바는 아니었지만 수군 상황보다는 전쟁 자체의 국면이 더욱 중요하였다. 6월 18일 새벽 도체찰사 이원익이 보낸 종사관 남이공이 지켜보는 가운데 한산도에 정박 중이던 판옥선 백여척이 출동하였다. 거리 때문에 중간 기항지인 장문포에서 하룻밤을 보내고, 아침 안골포로 진격하였다. 잠시 저항하던 일본군은 배를 버리고 육지로 뿔뿔이 흩어졌다. 지난 5년 간의 전투 양상과 별반 다를 것이 없었다.

왜선 2척을 노획한 조선 수군은 두 번째 목표물인 가덕도로 향하였다. 그런데 가덕도에서도 조선 수군과의 압도적인 전력 차로 인해서 해전을 포기한 일본 수군은 육지로 올라와 저항하였다. 그런데 느닷없이 우리 수군이 퇴각하자 일본 수군이 배를 타고 나와서 공격을 감행하였다. 지금까지 양상과는 달랐다. 지금까지는 이렇게 일본 수군이 배를 타고 나오는 일은 드물었다. 더욱이 히데요시의 '해전 중지령' 이후 지겹게 왜성에 의지하여 농성하던 일본군이었다. 그런데 이제 일본 수군이 반격을 시작한 것이다.

그래도 결과는 별반 다를 것이 없었다. 조총 탄환과 화살이 오가는 치열한 전투가 벌어졌지만 일본 수군은 조선 수군에 결정적인 타격을 주지 못하고 물러났다. 이 전투에서 보성군수 안홍국이 머리에 탄환을 맞아 전사하고 평산포 만호 김축이 눈 아래 탄환을 맞는 중상을 입는다. 공세적인 적을 상대한 첫번째 전투이자 승전이었지만 조정은 만족하지 않았다. 6월 21일 권율은 원균을 사천까지 불러서 곤장을 치고 다시 출정을 명하였다. 도체찰사와 도원수가 수군의 작전을 독단하는 상황에 수군의 불만은 고조되었을 것이다. 연전연승의 수군에 대한 푸대접에 많은 상처를 받았지만 거듭된 출정 명령으로 다시 7월 4일 출정하게 된다.

(2) 다대포 패전(1597년 7월 7일)

7월 5일 거제도 북쪽인 칠천도에 정박하여 밤을 보낸 조선 수군은 옥포와 가덕도를 거쳐 7월 7일 부산 인근의 다대포에 도착하였다. 조선 수군을 본 일본 수군은 배를 버리고 육지로 도망쳤다. 빈 배를 불태운 조선 수군은 부산 앞바다에서 일본군의 보급선을 차단하기 위하여 부산 외해에 위치한 절영도에 도달하였다. 아마도 당시에는 남동풍이 불어왔다. 조선 수군은 일본군이 바야흐로 도해하는 것을 예측할 수 있었다. 마침내 쓰시마에서 부산으로 들어오던 600여 척의 일본 함선과 조우하였다.

일본 수군은 조선 수군과의 전력 차를 고려하여 전투를 회피하여 흩어졌고, 조선 수군 역시 7배에 달하는 함선 차이에 부담을 느꼈던지 요격을 포기하였다. 특히 외해의 거센 파도 때문에 7척의 판옥선이 대열에서 이탈하여 서생포에 표류했다가 일본군의 기습을 받고 전멸하였다. 다른 5척의 판옥선도 두모포에서 비슷한 일을 당했다. 여기서 조선 수군은 대략 12척의 피해를 입었다. 아직 160여 척이 넘는 전력을 보유하고 있었지만 자신감에 상처를 입는 계기가 되었다. 명량에서 이순신이 장계에 올린 12척과는 비교도 할 수 없는 전력이었지만 분위기는 가라앉았고, 죽어가는 동료 수군을 보는 마음도 참담했다.

중군 이중필이 권율 장군 휘하에서 백의 종군하던 이순신에게 절영도 전투에서 20척을 잃었다는 소식을 전하였다. 이 소식을 들은 이순신의 심정이 어떠했을까. 분통이 터진 건 이순신뿐만 아니었다. 병력을 직접적으로 통제하고 있던 통제사 원균 역시 당황스러웠다. 조선 수군이 이렇게 어이없이 패전한 것은 처음 있는 일이었다. 자신감을 얻은 일본군은 점차 안정적인 보급 시스템을 운용하기 시작했고, 이는 곧 재침 시기가 조만간 다가왔음을 의미하였다. 반면, 자신감을 잃은 조선 수군은 자신감을 얻은 일본 수군과 대결해야 하는 어려움에 처하였다. 모든 면에서 우리 수군의 빈틈이 드러나고 있었다.

3. 칠천량 해전 출정과 패배

가. 출진 독촉하는 조정, 지친 수군 그리고 명나라 입김

두 차례의 출정이 별다른 성과를 거두지 못하자 수군에 대한 지휘권을 갖고 있던 권율은 원균의 지휘 능력을 의심하였다. 7월 10일 선조는 원균에게 "며칠 전과 같이 후퇴하여 적을 놓아준다면 나라에는 법이 있고 나 역시 사사로이 용서하지 않을 것이다"(『선조실록』, 1597년 7월 10일)라고 힐책하였다. 일본 전함 600척과 조우하여 서로 회피한 일을 두고 한 말이었다. 원균에 대한 신뢰가 점점 의심으로 변하였다.

선조와 도원수 모두 해상요격 작전에 돌입하라는 명령을 원균에게 하달하였고, 이런 명령 아래서는 어떠한 개인적인 기대감이나 전략도 무용지물이었다. 7월 10일 비변사는 "적병이 우리 수군을 무서워하니 부대를 나누어 번갈아 나가 바다에 왕래하면서 적의 보급로를 끊는다면 이는 곧 적의 허점을 공격하는 것임과 동시에 요해처를 장악하는 것"이니 최고의 방책이라고 하였다. 다만 문제가 되는 것은 "장수들이 명령을 잘 이행하지 않아 부득이 출병한 다음 앞을 다투어 후퇴하는 모습을 보여 왜적의 사기를 떨어뜨리지 못한 것"이라고 하였다. 즉, 비변사는 수군의 사기저하를 수군 자체의 문제로 돌리면서 현실을 외면하였다. 조선의 자존심인 수군에게 끼친 명예의 상처는 안중에도 없었다.

물론 이러한 조정과 이원익·권율에 이르는 해로요격 작전이나 교대 공격론에는 역시 명나라 수군의 입김이 작용한 듯하다. 이는 7월 10일자 비변사 장계를 보면 현재 조선 수군이 부산포를 치고 해로를 차단하는 작전을 수행하고 있으며 이는 명나라 양 총병의 분부가 있었기 때문이라고 하는 대목이 나온다.

"지금 양 총병의 분부가 이와 같으니, 접견할 때 문답한 내용을 자세히 거론하여 미리 도체찰사와 도원수에게 하유하되 시급히 전일 분부한 대로 주사의 제장을 엄하게 독려하는 한편 기회를 살펴가며 도모하여 기회를 잃어 대사를 그르치지 않도록 하는 것이 어떻겠습니까?"하니, 상이 전교하기를,"아뢴 대로 시행하라" 하였다 (『선조실록』, 1597년 7월 10일).

명나라 양 총병이 개입되어 있다는 점에서 이미 해로차단 작전은 도원수 권율만의 주장이 아니었음을 알 수 있다. 선조, 명나라 그리고 도체찰사, 비변사 등 모든 공식 기구에서 결의된 것이고 그것을 통해 명나라 육군의 참전을 앞당기고 싶었다. 원균은 그것을 거부할 아무런 힘도 없었다. 그나마 수하들조차 원균의 명령에 일사불란하게 대응하지 않았다.

실제로 수군 충원은 이순신 시절부터 과제였으나 아무리 장정들을 수군으로 추포하고 노비를 수군으로 전환하는 조치 혹은 산성 쌓던 인력을 수군으로 전환해도 수군은 늘 부족했다. 이에 판옥선 1척당 100~130명 정도 (조선후기 190명 정도) 타야 하는데 원균 통제사 시절에는 90여 명까지 줄었다. 노꾼이 줄어드니 기동성이 느려졌다. 이순신도 할 수 없는 일이기에 원균에게 모두 책임을 뒤집어씌울 순 없지만 그래도 상식 밖의 지휘관 교체가 수군 일반에 준 충격은 의외로 컸다. 또한 조정의 긴급 명령이 계속되는 속에서 우리 수군을 조련하거나 재정비할 기회도 없었다. 원균의 열혈 성품에 제장들은 힘이 부쳤을 것이다. 나가지 않으면 원균조차 곤장을 맞아야 하였다.

수군의 피로는 극에 달했다. 칠천량 해전에서 유독 물이 부족해서 가덕도에 내려야 했던 그 참극은 바로 이런 것에서 시작되었다. 게다가 이순신을 함부로 할 수 없었던 조정은 오랜만에 일치된 조정의 공론을 가지고 원균과 그의 수군을 대우했다. 물론 명나라가 개입되었다는 점에서 해로차단 작전에 모든 신념을 건 도체찰사 이원익과 도원수 권율의 중대한 실책이 어느 정도 모면될 여지는 있었다. '땅 짚고 헤엄치고 밑져야 본전'이 된 상황을 권율과 이원익은 정확히 인식하였다.

이런 조정의 움직임을 모르는 원균은 계속해서 단독 출진을 반대하였다. 1597년 7월 11일 다시 도원수로부터 소환을 받았다. 통제사 원균은 도원수 권율이 머물고 있던 사천에 도착하였다. 왜 나가 싸우지 않느냐는 추궁에 원균은 전임 이순신과 같은 답변을 하였다. 첫째 외해(外海)이기 때문에 판옥선의 기동이 불가하고, 둘째 부산포 인근에 정박할 만한 포구가 없어서 수군이 안전하게 기항할 수 없으며, 셋째 조선 함대의 움직임이 일본군에게 노출된다는 논리였다.

이러한 문제는 이미 전임 이순신 당시에도 지적되었다. 그러나 지금은 조정의 상황 논리에 묻혔다. 당시로선 일본군의 증원을 방치할 상황이 아니었다. 이대로 일본군의 증원을 방치한다면 임진년과 같은 참화가 재발할 수 있다는 두려움이 컸다. 생각만 해도 조정은 두려웠다. 공포와 희망은 판단을 무디게 했다. 조정으로선 헤쳐 나갈 무언가 방략이 필요했고, 이러한 인식은 조정을 비롯하여 상황의 위태로움을 알던 우리 수군 역시 공유하고 있었다.

마침내 원균에게 곤장을 치라는 명령이 떨어진다. 실제 곤장을 맞았는지 분명하지 않지만 전쟁을 억제하고자 하는 전쟁지도부의 명확한 의지를 확인할 수 있었다. 한편으로는 출정을 기피하고 있는 수군들도 부산 근해로 나아가 해로를 차단하는 것이 피할 수 없는 과제가 되었다. 최고 지휘관이 이처럼 임무 수행을 위한 강력한 압력을 받는 상황에서 더 이상 거절할 명분도 없었다. 또한 지휘권이 아직 확립되어 있지 않은 상태에서 조정의 이런 강경한 자세가 원균에게는 오히려 힘이 되었을 수도 있었다.

나. 또다시 출진하는 조선 함대

선조가 보낸 선전관 김식이 한산도에 도착하였다. 어려운 임무라는 것을 알고 있었지만 전략적으로 해로차단은 중요한 임무였다. 시기는 의외로 빨리 돌아왔다. 동풍이 불기 시작한 것이다. 6월 18일에 이어 7월 4일 그리고 오늘 7월 14일 따사로운 아침 햇살 아래 돛대를 나란히 한 판옥선으로 노꾼과 사수들이 탑승하였다. 출정 준비는 순조롭게 이뤄졌다. 이원익이나 윤두수 등 조정 중신들은 소규모 교대공격을 통한 해로 차단을 주장하였지만 원균은 그것을 알았는지 몰랐는지 알 수 없었고, 전 함대를 끌고 나갔다. 오랜 전쟁으로 숙련된 탓에 출정 준비는 기계적으로 진행되었다. 식수와 식량은 대부분 사전에 배에 적재된 상태였고 적절한 타이밍에 출발만 하면 되었다. 일단 작전 가용시간을 확보하기 위해서 부산 근해에서 좀 더 가까운 거제도로 이동했다. 그리고 사전에 거제도 일원에 배치한 복병들은 작전 수행을 위한 정보를 원균에 전달하였다.

통제영 기함에는 원균과 선전관 김식이 탑승하였다. 당시 출동한 조선 수군의 전력은 대략 160여 척. 칠천량 전투가 벌어지기 두 달 전인 5월 12일 도원수 권율의 조사를 보면 한산도에 집결한 판옥선이 1백 34척이고 오고 있는 판옥선 5~6척, 추가 건조 예정 판옥선 48척 등 1백 88척에 달했다. 다음 날인 13일 체찰부사 한효순이 올린 장계에는 판옥선이 1백 34척, 노를 젓는 격군이 1만 3천 2백 명이라는 내용이 있다. 그러나 이번의 절영도 전투에서 20척을 상실했기 때문에 조선 수군이 보유한 함선은 이제 1백 50척에서 1백 60척 정도였다. 판옥선이 출동하고 비슷한 숫자의 사후선들이 뒤따랐다. 임진왜란 동안 조선 수군이 가졌던 최대 전력을 동원한 싸움에서 패배할 것으로 믿는 사람은 없었다.

그러나 일본군 역시 이전과는 달랐다. 정교하게 축성된 왜성에서는 우리 수군의 동태를 알리는 신호가 오고 갔다. 바다에서는 적수가 없었지만 밤이 되면 해안 근처에 돛을 내리고 머물러야 했다. 칠천량에서 하룻밤을 보내고 다음날 절영도에 도착한 우리 수군은 일본군을 찾았지만 판옥선을 보자마자 뒤도 안돌아보고 도망쳤다. 나머지 일본 선박들은 모두 항구에 틀어박혀서 꼼짝도 하지 않았다.

다. 무수한 적들을 요격할 기회, 날씨가 이상하다

(1) 원균, 무수한 적들을 요격할 절호의 기회를 얻다

원래 목적 자체가 해로 차단이었기에 전면적인 공격과 소탕은 별로 중요하지 않았다. 우리 수군이 사전에 파악한 대로 대규모 일본 수군이 바다를 넘어 오고 있었고 이를 적절히 차단한다면 본래의 목적은 달성되는 것이었다. 다행히 원균이 획득한 정보가 현실이 되었다. 천 여척에 이르는 일본 함대가 도해 중이었다. 그 중요한 시점에 백 척 여의 조선 함대가 길목을 차단하고 있었다. 도해 중이던 와키자카 야스하루 역시 차단에 나선 조선 함대가 지금까지 부산 근해에 출몰하였던 함대의 두 배인 160여척이나 되었기 때문에 상당한 피해를 예상하였다. 이미 부산 근해에 접근한 상태였기에 회항할 수도 없었다. 더욱이 동풍을 받아 이동 중이었기에 제대로 돌아갈 수 있을지도 불투명했다.

일단 바람을 받아 부산 근해의 왜성에 최대한 접근하여 왜성 주둔 병력의 도움을 받는 것이 중요하였다. 원균이 일본군의 상륙을 막아 전략적 목적을 달성할 수 있는 절호의 순간이었다. 일본 수군은 상어를 만난 물고기 떼와 같이 160여척이나 되는 대규모 함대를 보고 두려웠다. 일본군이 접근하는 것을 막고 지금처럼 원거리에서 사거리만 유지해도 적을 초토화시킬 수 있었다. 원균 역시 이러한 점을 노리고 있었다. 지난번 7월 초의 조우 때는 비록 조선 수군이 소수라서 일본군에게 피해를 줄 순 없었지만 지금은 조선 수군의 최대 전력이었다. 멀리 도해 중인 일본 함대의 바쁜 움직임이 포착되었다.

일본 함대는 조선 수군의 집중 포화로 인한 피해를 막기 위해서 넓게 흩어지고 있었다. 돌아갈 수도 없기 때문에 취한 당연한 전술이었다. 그러나 돌발 변수가 발생하였다.

> 1597년 4월 초에 도요토미 히데요시가 다시 조선국을 정벌하게 되니, 와키자카 야스하루도 다시 바다를 건넜다. 이때 일본의 병선 수천 척이 쓰시마에서 부산포로 건너가려는데, 적선(조선 수군) 수백 척이 거제 앞바다에서 부산포로 진격해서 일본 병선의 진로를 가로 막으려 했다. 그러나 때마침 갑자기 큰 바람이 불어서 바다 위의 파도가 거칠어지니, 적선은 원래 있던 거제 항구로 되돌아가고 일본 배는 사방으로 흩어졌다"(김시덕 역, 『脇坂記』(下)).

위 사료는 와키자카 부대와 원균의 수군이 현해탄에서 조우한 사실을 보여주는 내용이다. 물론 이 사건이 칠천량 해전을 묘사한 것인지는 불명확하다. 하지만 일본 함대와 전면전을 꾀하고 해로를 차단하려는 조선 수군의 모습이 드러난다는 점에서 칠천량 해전 당시의 모습으로 보아도 무방할 듯하다. 칠천량 해전이 이와 유사한 조우전이 있었을 것이라는 점은 현해탄의 풍랑을 겪어본 사람이라면 의심할 수 없다. 모든 것은 바람이 문제였다. 현해탄의 바람… 와키자카의 표현대로 때마침 풍랑이 거세게 불어왔다. 부산 앞바다의 물마루는 워낙 거세서 근대에 이르기까지 수많은 일화를 남기고 있다. 따라서 큰 파도는 급속하게 조선 수군의 진용을 무너뜨렸다.

(2) 무심한 하늘, 파도가 삼킨 꿈

조경남의 『난중잡록』에서는 우리 수군의 진용을 무너뜨리는 요인으로 일본군의 지구전 기사가 나온다. "적은 아군을 지치게 할 계책으로, 아군의 배에 가까이 접근하였다가 문득 피하였다"고 하였다. 그러다 "밤이 깊어 바람이 심하게 불어서 우리 배가 사방으로 흩어지게 되면서 원균은 남은 배를 수습하여 가덕도로 돌아왔는데, 사졸들이 갈증이 심하여 다투어 배에서 내려 물을 먹었다"(『난중잡록』)고 했다. 풍랑으로 지휘통제력을 상실한 조선 수군은 가덕도 방면으로 철수하였다. 이미 해가 져서 한산도까지 돌아가는 것은 불가능하였다. 원균은 가덕도에서 전열을 정비하고자 했고, 물을 보급하기 위해서 400명의 수군을 하선하도록 했다.

「대동여지도」에서 왼쪽부터 칠천량, 가덕도, 부산포

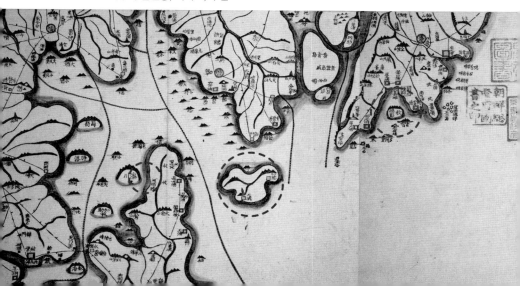

일부에서는 원균이 권율에게 곤장을 맞은 후 화가 나서 급하게 출정하느라 물 보급을 충분히 하지 않았다고 하지만 사실은 그렇지 않았다. 우리 수군은 지금껏 계속해서 부산 근해로 출정을 해왔기 때문에 장기전에 필요한 전투 물자는 적재가 되었을 것이 분명하다. 굳이 물이 없이 부산으로 갈 이유가 없었다. 그렇다면 왜 하필 가덕도에서 물을 길러 와야 할 정도였는가? 우리 수군이 부산에 진출하기 위해선 식량과 물은 대개 3일치 정도만 적재하면 되었다. 작전가용 시간 자체를 하루로 보는 상황에서 굳이 많은 양이 필요하지 않았다.

오히려 식량이나 물과 같이 부피를 차지하는 보급 물자를 무리하게 많이 적재할 경우 화약과 대장군전과 같은 전투물자를 싣지 못했다. 또한 칠천도에서 이미 하루를 보냈기 때문에 설사 부족하더라도 그곳에서 보충할 수 있었다. 가덕도에서 물을 긷기 위해서 수군이 내렸다는 사실은 원균이 풍랑으로 무너진 전열을 가다듬을 시간을 확보하고 지휘 통제를 회복하기 위한 시간벌기였다. 통상적으로 군대에서 장수들은 지휘통제가 무너지면 자신들이 지휘하고 있는 병력을 다시 장악하고자 줄을 세우는 등의 행동을 하고 일부 병력은 차후 작전을 위해서 보급에 힘쓴다. 이러한 이유로 가덕도에서 물을 길어 온 것이다. 원균 역시 조직력을 회복하기 위해서 안간힘을 다했다.

그러나 한번 드러난 약점은 계속해서 약점을 만들었다. 원균이 진영을 갖추고자 노력하는 사이 가덕도에서 폭음과 함께 일본군이 습격하였다. 아직 진형을 갖추지 못한 상태에서 기습을 받아 피해가 누적되었다. 원균은 긴급히 좀 더 안전한 해역으로 이동하라고 했고, 그 사이 가덕도에서 물을 가지고 오던 우리 수군은 배에 오르지 못했다. 원균은 이들을 구조하기에는 늦었다고 판단하였다. 나머지 함대를 온전하게 보전할 필요가 있었다. 이 함대마저 무너지면 더 이상 일본군의 서진을 막을 수 있는 병력은 없었다.

라. 기습의 우려가 있지만 칠천량으로

이유가 어떻든 배에 오르지 못한 4백 명의 병사들이 제대로 싸우지도 못하고 죽음을 당하였다. 피해가 급증하였다. 이 사건은 조선 수군에 큰 상처가 되었다. 늘 함께 하던 동료가 무참히 살해되는 모습을 본 수군은 대단히 충격을 받았을 것이고, 자신감은 더욱 오그라들었을 것이다. '누구를 위한 부산포 공격이었는가?' 자문하면서 지휘관에 대한 불평도 커졌다. 다시 거제도 북단의 영등포로 이동했지만 이곳 역시 일본군이 기다리고 있었다. 가는 곳마다 일본군이 있었다. 할 수 없이 거제도와 칠천도 사이의 칠천량에 묘박했다. 최후의 순간이 다가오고 있었다. 칠천량에 머물려고 하자 경상우수사 배설은 기습이 우려되는 상황에서 좁은 칠천량에 머무는 것은 위험하다고 했다. 하지만 원균은 묵살했다.

원균에게는 이런 주장 자체가 자신의 실패에 대한 도전으로 여겨졌을 것이다. 조정이 파악한 것처럼 원균은 용맹히 나아가는 것은 장기였지만 자신을 추스르면서 부대를 재정비하는 능력은 부족하였다. 원균이 굳이 칠천량에서 머물기를 원했던 것은 그동안 칠천량이 조선 수군에게는 안식처였기 때문이다(『난중일기』, 1594년 10월 4일).

그런데 어찌된 일인지 그날 칠천량이 위험하였다. 7년을 버텨 온 거제도 방어막이 뚫린 것이다. 일본군은 그날 밤 거제도에 수천 명을 상륙시키는 데 성공하였다. 고립된 일본군과 합세하여 삽시간에 거제도는 일본군으로 가득하였다. 『간양록』의 '소[疏]편'을 보면 강항이 포로가 되었을 때 일본군과 동행했던 조선인으로부터 칠천량 해전 당시 일본군의 작전을 물었다. 그 조선인은 "임진년에 왜군에 포로가 된 사람들이 왜적에 입대"했는데, "정유년 7월 15일 왜장이 정예병을 모아 가벼운 배에 태우고는 우리 아군의 함대가 쉬고 있는 곳을 몰래 정탐"했다고 하였다. 그리고 "우리 함대는 선박끼리

엮어서 쉬고 있었는데, 왜적이 별안간 두 발의 포시(砲矢)를 쏘자 우리 수군이 놀라서 서로 닻을 잡으려고 아우성을 치는 바람에(我軍爭割船纜) 놀라서 제대로 통제가 되지 않아(錯愕失措) 왜적들이 우리 병선에 급속히 들어와서 일시에 전투가 개시되니 방어선이 붕괴되고 말았다"는 것이었다. 철저한 정탐에 기초한 불의의 기습이었다.

마. 기습을 당하다

밤이 깊어지면서 거제도에 상륙한 일본군과 군선에 오른 일본 수군들이 조선 수군의 묘박지에 몰래 접근하였다. 외곽을 경계 중이던 복병선이 먼저 공격을 받았다. 조방장 김완이 급히 원균에게 기습 사실을 알렸다. 일본 수군은 앞 다퉈 조선 수군이 있는 곳으로 향하였다.

칠천교에서 본 칠천량

기습 상황에 대해 칠천량까지 동행하다 살아남은 김식의 장계를 보면, "7월 15일 밤 2경에(밤 9시~11시) 왜선 5~6척이 불의에 내습하여 불을 질러 우리 전선 4척이 불타자 우리 제장들이 급히 병선을 동원하여 어렵게 진을 쳤는데 닭이 울 무렵에는 헤일 수 없이 수많은 왜선이 몰려 와서 서너 겹으로 둘러쌓다"고 전한다. 조선 수군은 대적할 수 없어서 "고성 추원포(秋原浦)로 후퇴한 후 주둔하였는데 적세가 워낙 강하여 우리 전선과 장졸이 비극을 당하였다"는 내용이었다(『선조실록』, 1597년 7월 22일).

그런데 이러한 왜군의 기습을 원균은 몰랐을까? 과연 원균은 척후나 다른 수단을 사용하지 않았을까? 선조도 "척후병도 세워두지 않았단 말인가? 왜 후퇴하여 한산을 지키지 않았는가?"라고 할 정도로 척후가 없었던 사실에 많은 의문을 비쳤다. 이에 대한 류성룡의 대답은 일본군이 워낙 어둠을 이용하여 잠입했기 때문이라고 했다(『선조실록』, 1597년 7월 22일). 원균이 기습의 기미를 몰랐다는 것이다. 이미 지휘통제력을 상실하여 재정비가 이뤄지지 않은 상태라는 것이다. 그날 밤 척후장은 바로 김완이었다. 바로 이 부분이 훗날 김완이 자신이 쓴 『해소실기』에서 원균을 그토록 비판한 진짜 이유와 관련된 내용이다. 김완, 그날 밤 과연 그는 주어진 임무를 제대로 했는가? 조심스럽지만 『해소실기』에 나오는 '길잡이 조선인'들이 그날 김완이 지키던 칠천량의 조선인 척후선을 뚫은 것은 아닐까? 과연 그는 도망했던 것인가? 포로였던 것인가?

이튿날 7월 16일 새벽, 조선 수군과 일본 수군간의 본격적인 교전이 벌어졌다. 도도 다카토도, 가토 요시아키, 구키 요시타카 등 이순신 장군에게 뼈아픈 패배를 당했던 일본 장수들은 분풀이라도 하듯 공격하였다. 접근전이 벌어지면서 조선 수군의 장점들이 사라졌다. 기동할 공간이 사라진 칠천량의 좁은 바다에는 개인적 전투 역량을 장점으로 내세우는 일본 수군이 우위를 차지하였다. 일본 수군이 판옥선을 둘러싸고 올라탔다. 화포를 발사할 여

칠천량 퇴로

유도 없는 판옥선에 일본군들이 뛰어들었다.

조선 수군은 필사적으로 탈출하였다. 하지만 좁은 해역에서 뒤엉킨 상황에서 일본 함선은 판옥선에 접근하고 있었다. 노를 이용하기도 어려웠다. 기동수단이 없는 상태에서 좁은 해역을 지나 안전한 바다로 나가는 것은 어려웠다. 탈출로를 찾지 못한 충청수사 최호와 전라우수사 이억기는 스스로 목숨을 끊고 말았다. 간신히 포위망을 뚫고 탈출한 조선 수군은 진해만과 당항포, 그리고 견내량으로 뿔뿔이 흩어졌다. 지휘통제력을 상실한 조선 수군의 최후였다. 그 중 견내량을 통과해서 한산도로 탈출한 배설 휘하의 12척만 온전하게 전력을 유지하였다. 통제사 원균은 고성 추원포에 상륙했다. 『선조수정실록』에서는 칠천량의 패전상황을 이렇게 정리하고 있다.

(A) 그러자 적이 갑자기 나와 엄습하니, 원균 등이 황급하여 어찌할 줄을 모르고 급히 배를 이끌고 퇴각하여 고성 추원포에 주둔하였는데, 수많은 적선이 몰려와 몇 겹으로 포위하였다. 원균은 놀라 여러 장수와 힘껏 싸웠으나 대적하지 못하고, 배설이 먼저 도망하자 아군이 완전히 무너졌다. 이억기와 최호 등은 물에 뛰어들어 죽고, 원균은 해안에 내렸다가 적에게 죽음을 당하고, 배설은 도망하여 한산도에 이르렀다. 나중에 조정에서 명하여 주륙하였다 (『선조수정실록』 1597년 7월 21일).

(B) 신(김식)은 통제사 원균 및 순천 부사 우치적과 간신히 탈출하여 상륙했는데, 원균은 늙어서 행보하지 못하여 맨몸으로 칼을 잡고 소나무 밑에 앉아 있었습니다. 신이 달아나면서 일면 돌아보니 왜노 6~7명이 이미 칼을 휘두르며 원균에게 달려들었는데 그 뒤로 원균의 생사를 알 수 없었습니다. 경상우수사 배설과 옥포 · 안골 만호 등은 간신히 목숨만 보전하였고, 많은 배들은 불에 타서 불꽃이 하늘을 덮었으며, 무수한 왜선들이 한산도로 향하였습니다 (『선조실록』, 1597년 7월 22일).

(A)『선조수정실록』이나 (B)『선조실록』의 패전 기록은 대동소이하다. 다만, (A)는 배설의 배신을 패전의 중심에 놓고 최호와 이억기가 순절한 장면을 강조한 반면, (B)는 도망하는 원균의 모습에 포인트와 한산의 붕괴를 중점에 놓고 있다. 같은 내용이라도 전자는 절의나 배신과 같은 인격적 측면을 후자는 국가적 위기 국면, 한산의 붕괴 측면을 강조했다.

의병장 조경남의 『난중잡록』과 김완의 『해소실기』 그리고 이순신의 『난중일기』는 원균의 최후를 이렇게 묘사한다.

(A) 내가(김완) 큰 소리로 대장! 대장! 어찌 구조하러 오지 않는 거요? 하고 외치던 때 원균은 술에 취하여 베개를 높이고 있어 기강이란 전혀 찾아볼 수 없었다. 단지 군관 김대복이 편전 10개를 쏘고 나서 노를 재촉하였다. 수사 배설 역시 배멀미에 지쳐 선실에 들어가 누워서 인사불성이 되니 모두들 군관의 지휘를 따를 뿐이었다 (『해소실기』).

(B) 원균이 밤에 여러 장수를 모아서 의논하기를. "적세가 이 모양이니 아무래도 지탱할 수 없다. 하늘이 우리를 돕지 않으니 어찌하랴! 오늘의 일은 일심으로 순국할 따름이다"하였다. 배설이 큰소리로, "용맹을 낼 때 내고 겁낼 때에 겁낼 줄 아는

것은 병가의 계책이오. 우리가 부산 바다에서 기세를 잃어 군사들이 놀라게 되었고, 영등포에서 패하여 왜적의 기세를 북돋아 주어 적의 칼날이 박두하였는데, 우리의 세력은 외롭고 약하여 용맹은 쓸 수 없으니 겁내는 것을 써야겠소"라고 하였다. 원균이 노하여 말하기를, "죽고 나면 그만이니, 너는 많은 말을 말라"고 하였다 (『난중잡록』).

(C) 사람들이 울면서 말하기를 대장 원균이 적을 보고 먼저 뭍으로 달아났다. 여러 장수들도 뭍으로 가서 이 지경이라는 것이었다. 그것은 대장의 잘못을 말하는 것인데 입으로는 형용할 수 없고 그 살점이라도 씹어 먹고 싶다고들 한다 (『난중일기』, 1597년 7월 21일).

(A)는 김완의 『해소실기』인데 원균과 배설이 술에 취해 더 이상 지휘를 하지 못해 군관이 나서서 도망하던 모습을 전하고 있다. (B)는 원균이 위기의 순간에 여러 장수를 불러 비장한 최후를 고민하는 장면이다. (C)는 『난중일기』가 전하는 칠천량 전투에 참가했던 사람들의 하소연이다. (A)는 김완이 적과 싸우는 중에도 태평하게 자고 원균의 모습이고 (B)는 수많은 적에 둘러싸여 일심 순국을 말하며 결전을 당부하는 비장한 원균의 모습이다. (C)는 모든 부하와 전선을 내버리고 뭍으로 도망하는 무책임한 원균의 모습이다.

도대체 어느 원균이 당시 진짜 원균의 최후인가? 『난중잡록』과 『해소실기』 모두 원균의 싸움을 목도했고 둘 다 원균에 대해서 냉정한 평가를 한다는 공통점에도 불구하고 『해소실기』는 칠천량에서 우리 수군이 포위당한 가운데 보통 사람으로서는 할 수 없는 일을 한 것처럼 원균을 고발했다. 하지만 『난중잡록』은 원균은 못났지만 그래도 이 순간만큼 자신은 최선을 다했고 패전이 원균만의 책임이 아닌데 왕이 나서서 배려하니 참으로 다행이라는 입장이었다. (C)『난중일기』는 과연 원균의 추원포 상륙이 무엇을 말하는

지 의문을 갖게 한다. 원균의 극적 배신을 추정할 근거를 만든 내용이었다.

그런데 이들 세 개의 자료는 각각 원균과의 인간적 친분의 크기가 다르다. 그리고 보니 필자마다 평가의 수준이 다르다. 원균에 대해 비판적이어야 사는 현실 속에서도 조경남은 최선을 다한 원균의 모습을 기억하고, 김완은 자신이 제대로 수행하지 못한 척후의 잘못을 원균의 실책으로 호도하거나 자신을 포로로 만들어도 구해주지 않는 원망을 담아 원균을 비난했다. 이러한 모든 지적에도 불구하고 김완이 묘사하듯 부하는 죽든 살든 술 먹고 잠이나 자는 지휘관으로 보는 인식에는 무언가 설득력이 떨어져 보인다. 수많은 장졸의 죽음이 목도되는 상황에서 어느 역사에서도 장수가 그런 일을 즐겼던 사례는 없기 때문이다. 역시 원망으로 쓴 기억이기 때문에 많은 오해를 불렀다.

바. 자부심의 상실이 패전의 큰 원인

어떤 결론이든 원균은 지휘통제권을 잃고 뭍으로 이동한 것은 사실이다. 조경남의 기록이 사실이라면 원균은 부산 바다에서 이미 패전 가능성을 읽고 있었다는 것이 된다. 하지만 모든 자료에 나타나는 원균 성격에 비추어 볼 때 적선 1,000척을 앞에 놓고 싸움을 걸지 않았을 리 없다는 지적도 일리가 있다. 따라서 원균이 용감하지 않아서 패전이 초래된 것이 아니라 그보다 더 심각한 이유가 있었다는 것을 직감하게 된다.

이유인 즉 이미 수군 제장들과 병사들의 사기가 크게 저하되고 지휘부에 크게 실망하였던 상황이다. 그들은 황당한 조정의 요구에 순응하기 어려웠고, 원균이 줏대있게 자신들을 지켜주지 않는 점에 실망했으며, 몇 명 되지 않는 수군으로 거대한 판옥선을 이동하라고 하니 너무나 힘들었다. 게다가 싸움 직전에 하늘이 돕지 않아서 풍랑을 만났고, 지친 노꾼과 몇 명 안 되는 승무원들은 판옥선을 정돈시킬 수 없었다. 모두들 자신감이 없었다.

조정이 선택하고 만들어 놓은 딜레마에 이 정도 노력했으니 배설은 도망하자고 했고, 원균은 순국하자고 했다. 두 사람 다 할 만큼 했다는 자조와 연민으로 자포자기 상태였음을 보여주고 있다. 이런 상황에서 일사불란한 지휘통제는 애당초 어려웠다. 먼저 대장부터 도망갔다는 이의득의 주장은 현장에서 아무런 판단이 없이 바라본 현상이지만 대장선의 후퇴가 가져온 파장이 얼마나 컸는지 잘 보여주고 있다.

그러나 자세히 보면 칠천량 해전은 해전이라고 부를 만한 전투가 없었다. 지휘통제가 무너진 조선 수군이 일방적으로 일본군에게 포위당하여 전투능력을 상실한 채 추격을 당하였다. 이 전투로 통제사 원균과 충청수사 최호, 전라우수사 이억기가 모두 죽었고, 최소한 1백 40척의 판옥선과 거북선이 침몰했다. 전투라기보다는 조선 수군이 그냥 도망한 사건이었다. 모든 전선과 병기를 버리고 해체되는 상황이었다. 조선 수군에서 수년 동안 쌓았던 모든 지휘통제 기능이 일시에 붕괴된 것을 말한다. 그 원인은 단순히 적의 기습으로만 한정하기에 너무 급속한 해체였다. 이미 애초부터 싸울 의사가 없었던 것이고, 그것이 수년 동안 장수들이 일본군과 싸우면서 현장에서 얻은 교훈이고 진실이었다. 그래서 수군들은 의미없는 곳에 모든 것을 쏟지 않았던 것이었다.

일본 측 기록도 대체로 이상의 내용과 대동소이하다. 도도 다카토라의 행적을 담은 『고산공실록(高山公實錄)』에는 나포되거나 포획된 판옥선의 숫자를 174척으로 기록했다. 그리고 그가 히데요시로부터 받은 감사장에는 160척을 포획하고 조선 수군 천여 명을 참획했다는 언급이 있다. 또 다른 기록에서는 선두에 서서 결전하던 가토 요시아키가 조선군이 쏜 화살에 맞고 물에 빠지는 등 강력하게 저항한 모습도 보인다. 하지만 이미 조직력을 상실한 조선 수군에게 육군까지 동원하여 적극적인 접근전을 펼친 일본 수군을 우리 수군이 당해낼 수 없었다. 순간의 타이밍을 적절히 활용한 일본 수군에게 지금까지의 강점을 상실한 조선 수군이 철저히 참패한 것이다.

한산도의 본영 역시 포기해야 했다. 유일하게 전력을 보존한 경상우수사 배설은 한산도로 돌아와서는 주민들을 철수시키고 병영에 불을 질렀다. 이순신이 몇 년 동안 애써 모은 군량과 무기들이 한순간에 잿더미로 변하였다. 몇 가지 요인이 겹치면서 원균이 이끄는 수군은 전투다운 전투도 치러보지 못하고 와해되었다. 칠천량 패전은 실록에 '한산의 패전' 내지는 '한산의 무너짐'으로 표현되었을 정도로 수군에게 심각한 피해를 주었다. 조직력을 강점으로 하는 군대가 조직력을 상실하였을 때 만들어낸 최악의 참사였다. 당시 명나라 지휘관은 "한산도의 수비가 무너져 남원성이 함락된 뒤부터 이 나라 남쪽의 장수와 병사들은 모두 제각기 산속으로 도피하고, 오직 북쪽으로는 평양 일대의 군병뿐이다." 라고 할 정도였다.

사. 추원포로 간 원균, 한산을 정리할 기회를 주다

이순신의 『난중일기』(1597년 7월 21일)에는 우후 이의득이 왔기에 정황을 물었더니 "대장 원균이 적을 보고 먼저 뭍으로 달아났다. 여러 장수들도 힘써 뭍으로 가서 이 지경에 이르렀다"고 했다. 원균은 왜 추원포로 갔을까?

[그림]에서 보듯이 칠천량 수로에서 우리 수군이 무너진 다음 원균과 배설의 수군은 적들의 추격을 받으면서 겨우 수로의 끝자락인 '대문'을 지났다. '대문'이란 칠천량 끝자락에 나온 두개의 곳이 마치 대문처럼 생겨서 지금도 그리 부르고 있다. 추원포가 정확하게 어디인지는 현재 확인할 수 없으나 고성의 어느 해안이고 보면, 이 지역은 한산 본영과는 반대 지역이다.

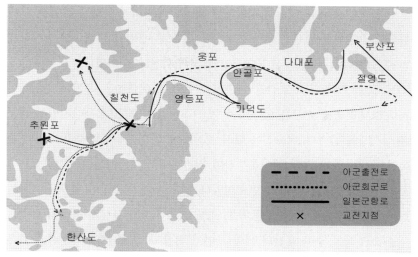

[그림] 칠천량해전 전황도

왜 원균은 이 지역으로 자신의 대장선을 비롯한 함대를 끌고 갔을까? 이 지역도 역시 일본군이 있는 지역이었다. 그가 이쪽으로 대장선을 몰고 갔다. 역사의 진실을 흐리게 하는 전형적인 수법인 '머리가 나빠서' 또는 '인품이 안 좋아서'라고 인격적으로 몰아버리면 편하지만 그래도 역사서라면 원균의 마음을 합리적으로 추론해 볼 필요가 있다. 그는 수군 총사령관이다. 대장선이 그쪽으로 간 덕분에 수많은 적선들이 대장선을 따라 추원포로 집중하고 원균을 잡으려고 혈안이 되었을 것이다.

반대로, '우여곡절' 끝에 칠천량 수로의 출구인 '대문'을 빠져나온 경상우수사 배설은 원균 쪽으로 몰려가는 수많은 일본 함대를 보면서 조심스럽게 한산도 방향으로 길을 잡을 수 있었다. 원균이 추원포에 상륙하는 동안 다행히 배설과 12척의 판옥선은 민족의 운명을 안고 일본군의 추격에서 벗어났다. 일본 함선의 속도를 감안할 때 조선 수군이 빠져나오는데 상당한 시간이 걸렸을 것이다. 일본군은 즉시 배설을 추적하기보다 대장선을 집중적으로 공략한 듯하다. 그렇지 않았다면 배설도 무사하지 못했을 것이다. 이에 한산으로 후퇴한 배설은 본영을 불태우고, 모든 관민들을 해산하는 시간을 벌 수 있었다. 남은 판옥선 12척은 하염없이 서진(西進)하였다.

거기에는 민족의 수호신인 이순신이 있었다. 이순신은 육군의 방어선인 진주로 내려와서 수군을 인수하려 했으나 권율이 맥없이 무너지면서 왜군은 섬진강을 건넜다. 이순신은 다시 서진하여 화령포에서 마침내 12척의 판옥선을 인수하게 된다. 역전분투하며 칠천량에서 빠져나온 배설과 만날 때까지 참으로 숨가쁜 시간의 연속이었다. 하지만 자기 주군인 원균을 괴롭힌 이순신에게 공손하지 않았던 배설, 그도 결국은 이순신에게 자신의 함대를 내놓고 조정이 뿌린 패전의 씨앗을 안고 죽음의 길로 갔다. 이순신은 판옥선 12척을 인수하고 일본군의 서진을 바라보며 토사곽란을 일으켰다. 몸도 가눌 수 없었던 이순신, 그의 심경이 얼마나 복잡했을까?

이후 수많은 기록에서 원균의 최후는 술에 취해서 정신도 못 차리는 모습으로 묘사되었다. 술을 먹은 것은 어쩌면 사실일 수도 있다. 하지만 도덕적 잣대의 술이 아니라 수군 생활 속의 술이었다. 아무리 조선 왕조가 문제가 었어도 수군 총사령관으로 시정잡배만 못한 사람을 앉히고 나라의 운명을 그에게 맡길 정도로 어리석은 조정은 아니었다. 그 수많은 폄훼의 글들을 다시 읽어 보면 그렇게 원균을 폄훼해야 자신과 가문이 생존할 수 있었던 비정이 있었고, 그래야 도덕적으로 정화된 자신을 보존할 수 있었던 사정을 엿볼 수 있다.

원균과 가까운 사람일수록 원균에 대한 폄훼를 크게 해야하는 사회적 사슬 속에서 원균 한사람만 그렇게 취급되면 많은 사람이 목숨과 희망을 유지할 수 있었다. 그동안 원균이 최후를 마친 곳이 왜 하필 추원포인가를 그다지 주목하지 않았다. 하지만 모든 왜적들의 화력이 대장선으로 집중하게 만든 원균은 죽기 직전까지 선전관 김식의 눈에 보였다. 완전한 죽음은 확인하지 못했지만 수많은 왜적에 둘러싸였다.

추원포로 원균이 도망했던 또 다른 이유는 동생 원전 때문이기도 했을 것이다. 동생 원전은 1740년에 간행된 《원주원씨 원성백계 족보》에 정3품 상계인 통정대부 경상도 고성현령으로 기재된 것처럼 칠천량 해전 당시 고성현령으로 재임 중이었을 가능성이 있다. 만약 그랬다면 원균은 동생이 있는 고성으로 자신의 배를 몰고 가서 거기서 수륙 연합으로 일본군을 공략하고 싶었을 것이다. 전투 이후 원전은 추원포에서 사망한 원균의 시신을 찾기 위해 백방으로 노력하였다고 한다. 후에 그 공을 인정받아 선무1등 원종공신에 책훈되었다.

이것으로 원균의 임진왜란은 끝이 났다. 원균은 분투하였다. 실패할 만한 이유와 실수도 많았고 죽을 때 이순신만큼 장렬하지도 않았지만 그래도 대장답게 모든 일본군의 화력을 집중하면서 죽었다. 그 덕분에 모든 배는 불탔으나 그다지 많은 인명 피해는 보지 않았다. 마치 일제강점기 박은식이 한국의 백(魄, 형체)은 죽었으나 한국의 혼(魂, 정신)이 살아있으니 반드시 한국의 백은 다시 살아날 것이라고 한 이야기를 생각하게 된다. 진정 이순신의 명량대첩에서 배설이 구한 12척이 큰 도움이 되었다고 믿는다면 그나마 원균과 배설이 이들 전함을 지키고자 마지막까지 노력한 공로는 인정할 필요가 있다. 그렇다고 칠천량 패전을 승첩처럼 미화하자는 것은 아니다. 그 아득한 어둠 속에서 조선 수군의 총책임자 원균이 택한 죽음이 그렇게 무의미하고 허망한 것은 아니었다는 점을 생각해 보자는 것이다.

원균에 대한 인격적 폄훼가 바른 역사라고 믿는 그런 역사는 근본적으로 비(非)역사이다. 인류 역사는 선

고성현령을 지낸 원전의 묘비

칠천량해전공원전시관(거제시 하청면 연구리)

과 악의 대립 관계로 발전한 것이 아니다. 그래서 선=이순신, 악=원균이라
는 해석은 불합리한 해석이다. 그런 생각이 가지는 가장 큰 문제는 우리 수
군의 자랑스러운 전통을 지휘관 한 사람의 태만과 나태로도 쉽사리 무너질
수 있는 한심한 것으로 오해하게 만든다는 점이다. 하지만 그것은 조선 사
회의 정체성 혹은 후진성을 설명하려는 일본인의 노림수에 속은 결과이다.
혹은 그런 일본인의 속셈에서 나온 문명개화와 근대화 논리에 현혹된 춘원
이광수의 착각이기도 했다. 우리 인류의 역사는 합당하지만 적대적인 의견
의 충돌로 세상의 갈등이 만들어진다. 즉, 바른 생각과 바른 생각의 충돌로
적대적이고 폭력적으로 변한다는 사실이다. 이성과 이성의 충돌이 세상을
움직인다는 것이다.

　너무나 나쁜 이와 좋은 이 그리고 분명한 선과 악의 대립으로 구성되는
단순한 역사는 실제의 역사에선 별반 없으며 만약 그런 것이 일반적인 역사
라면 역사가가 굳이 왜 그렇게 힘겹게 역사적 사실을 고민하겠는가? 옳다

는 주장이 만나는 곳에서 시기심이 발생하고 경쟁이 커지며 진보와 이성이 치열하게 작열한다. 한발 더 나아가면 이성의 각축이 폭력을 만드는 법이다. 그런데 많은 글들이 원균의 무능과 비양심을 찾는데 급급하다보니 진정 이순신의 원균에 대한 분노가 왜 그리 절절했는지 이유를 알 수 없게 되었다. 그 정도의 인물이었다면 이순신이 굳이 그렇게까지 폄훼하였겠는가?

전후 책임공방의 희생양, 경상우수사 배설

극적으로 칠천량에서 도망 나온 배설에 대한 여러 가지 논쟁이 가지는 가장 큰 약점은 바로 사료에 나온 배설의 행적에만 관심을 둔다는 점이다. 사료에 나오는 사실 자체에만 관심을 기울이면서도 왜 그런 사료가 나왔는지, 그 사료가 역사적 맥락 속에서 무엇을 말하는 지 제대로 파악할 수 없었다. 그들은 늘 사료의 배열만 가지고 다툰다. 사료를 바라보면서도 '이분법적 신념'으로 가득하여 늘상 이순신이 옳으니 원균이 옳으니, 배설이는 도망했느니 논한다. 하지만 그런 역사는 어리숙한 사료의 장난일 뿐이다. 중요한 것은 사료에 나타난 배설의 행적이 당대 시대적 맥락 속에서 수미상관하게 엮이고 있는가이다. 그것을 볼 줄 알아야 배설의 진짜 모습을 알 수 있다.

배설과 관련된 중요한 역사적 고민은 두 가지이다. 하나는 칠천량에서 어떻게 자기 수하의 판옥선 12척을 데리고 탈출할 수 있었는가? 하는 것이고, 다른 하나는 왜 그는 이순신에게 함대를 넘기고 진을 벗어나서 잠적했는가 하는 점이다. 둘 다 비판적인 신념으로 보면 '나쁜 놈이나 할 수 있는 파렴치한 행적'처럼 보인다. 과연 그럴까?

칠천량 패전 직후 패전의 책임을 묻는 상황이 되자 도원수 권율은 원균과 그 수하에 대하여 인간으로 차마할 수 없는 비열한 장계를 두 번이나 올렸다. 하나는 1597년 7월 21일 원균이 칠천량 패전 이후 도망했다는 장계(『선조실록』, 1597년 7월 25일)이고, 하나는 바로 원균의 수하들이 임금을 배신했다는 장계였다.

도원수 권율이 치계하기를, "통제사 원균이 알린 내용에 의하면 수사들이 「'반드시 패몰할 시기를 분명히 알고서는 부산과 절영도를 왕래할 수 없다. 장수가 밖에 있을 때에는 임금의 명령도 받지 않는다'」고 하니…이는 곧 제장들이 임금의 명령을 듣지 않는다는 뜻으로 이와 같은 일은 결코 용서하기 어려우니 조정에서 결단을 내리소서"(『선조실록』, 1597년 7월 25일).

권율의 장계는 배설이 한 이야기를 전한 것으로 보이는데, 패전한 원균의 수하들에게는 원균이 치졸하면서 용렬한 통제사라는 적개심을 심어주는 데 큰 영향을 주었을 것이다. 권율의 말을 믿는 모든 원균의 수하와 측근은 조만간 다가올 자신에 대한 치죄의 분위기에 공포감을 느꼈을 것이다. 목숨을 부지하려면 자신의 상관인 원균을 짓밟아야 하는 비정한 생존경쟁을 야기한 참으로 무서운 장계였다.

이제 원균의 수하는 언제든 임금의 명령을 거역한 반역적 존재로서 각인될 가능성이 컸다. 아니나 다를까. 1597년 8월 5일 체찰사 이원익은 도원수 권율과 의논하여 칠천량 패전의 책임은 수군들이 "처음부터 서로 힘을 겨루며 싸우다가 패멸된 것이 아니라 살아남은 자나 죽은 자나 모두 달아나기에 바빴기" 때문이었다고 선언하였다. 힘을 다한 사람은 "싸우다 바다 한가운데에서 전사한 조방장 김완뿐"이라 하면서 "모든 장수들에게 군법을 시행할 수 없다 해도 원균은 주장(主將)이었으니 군사를 상실한 군율로 처단"할 것을 주장하였다. 아울러 경상우수사 배설과 조방장·배흥립 두 장수의 경우도 "배흥립은 우선 군령을 시행하고, 배설은 지금 병선을 이끌고 바다에 있으므로 뒷날을 기다려 논의하여 처치"하자고 하였다.

수군 장수들은 이런 이야기를 듣고 자신들에게 닥칠 위기감에 몸을 떨었다. 아울러 비변사는 패전의 책임은 본래 군율로 하면 된다고 하고 "수령이나 변장들도 거처를 찾아내어 등급대로 죄를 주되 그 중 먼저 도망할 것을 선동하여 서로 구원하지 않은 자는 그 사실을 상세히 조사하여 모두 군법"으로 다스릴 것을 아뢰었다. 이에 대해 책임이 없지 않은 선조도 결국은 "아뢴 대로 윤허한다"고 하였다.

도대체 어떻게 살아야 할 것인가? 결국 1598년 4월 2일 선조는 다시 칠천량 패전을 초래한 수군에 대한 논죄를 명하면서 원균 한 사람에게 패전의 책임을 돌릴 수 없으며 오히려 원균을 구원하지 못한 수군 제장에 대한 군율을 요구하였다.

> 지난 해 한산 싸움(칠천량 해전)의 패배에서 수군 제장들에게 즉시 공과 죄를 가려내어 법대로 처리해야 했는데, 지금껏 한 사람의 죄도 바로잡지 않고 한 사람의 공도 포상을 하지 않았다. 그저 그들로 하여금 죄를 진 채 공을 세워 속죄하도록 하자는 것이다...(중략)...원균 한 사람에게만 책임을 돌리지 말라. 대장을 구출하지 않은 죄는 그에 따른 법이 있는 것이다 (『선조실록』, 1598년 4월 2일).

선조가 이런 말을 한 이유는 적어도 비변사와 이덕형, 권율 등의 실질 책임자들이 함구하고 있는 상황에서 '원균책임론'이 불거진데 대한 불만이었다. 지난해 사헌부가 권율을 탄핵해도 권율을 지켜주던 선조가 이렇게 강하게 죽은 원균이나 이억기를 외면하고 도망간 부하들의 논죄를 독촉한 것이다.

그러자 비변사는 정면으로 선조의 논의에 반대하였다. 즉 "원균이 대장으로 지휘통제[節制]를 못하여 왜적들이 불의에 기습하여 전군이 붕괴되었으니 죄는 모두 원균에게 있다"고 했다. 선조='원균 지지', 비변사='원균부하 지지'라는 구도가 된 것이다. 이것은 선조에게는 더더욱 원균과 부하들에 대한 분노를 자아냈고, 반대로 비변사는 부하들을 구출하는 것으로 자신의 주도권을 유지하려고 했다. 그러니 이러한 첨예한 왕과 신하(비변사)간의 정치적 주장에 깃든 치죄(治罪)논쟁에서 무언가 돌파구가 필요했다. 그 돌파구가 바로 배설(裵楔)의 처단이었다.

1597년 10월 11일 비변사의 주장에서도 그런 의식이 드러난다.

> 비변사가 아뢰기를, "수사 배설(裵楔)은 주사(舟師)의 차장(次將)으로 주장(主將)을 구원하지 않고 도망쳤으며 주장의 명령을 어기고 어둠을 틈타 도망쳤으니, 정상이 지극히 미워할 만하여 율에 처치하지 않을 수 없습니다 (『선조실록』, 1597년 10월 11일).

배설 정도를 처단하는 것으로 선조와 비변사간의 책임 공방을 정리하겠다는 흐름인데, 이후 지속적인 합의과정으로 이어졌다.

> 소문에 의하면 '배설(裵楔)이 지난 가을에 나주에서 도망하여 지금은 충청도에 와 있는데, 현몽(玄夢)과 합세하여 무뢰배들을 많이 모으고 있다. 그의 행적이 이미 드러났지만 사람들이 화를 당할까 두려워하여 감히 지적하여 말하지 못하고 있다.' 합니다.…본도의 감사와 병사에게 은밀히 하유하여 비밀리에 추격해 기필코 체포하도록 하소서 (『선조실록』, 1598년 12월 23일)

이리하여 1599년 3월 초 권율에게 추포되어 그 달 6일 처형당하게 된다.

> 전 수사(水使) 배설(裵楔)이 복주(伏誅)되었는데, 그 아비 배덕룡(裵德龍)과 아들 배상충(裵尙忠) 등은 모두 풀어주었다. 배설은 지난 정유년 7월 한산(閑山)의 전투에서 패전한 수범(首犯)이었으나 외지에 망명해 있었으므로 조정이 찾아내지 못했었는데, 이번에 도원수 권율이 선산(善山)에서 잡아 차꼬를 채워 서울로 보냈으므로 참수하였다 (『선조실록』, 1599년 3월 6일).

배설은 과연 죽을 만한 이유가 있었나? 일단 배설은 전란 과정에서 중요한 역할을 한 것을 세 가지 측면에서 정리할 수 있다. 하나는 부산포를 치는 일을 원균과 합세하여 반대했던 행동이다. 즉, 『선조실록』(1597년 7월 22일)을 보면, 비변사 당상들이 논의하기를 "원균은 처음부터 가려고 하지 않았으며 남이공의 말을 들으면 배설도 '비록 군법에 의하여 나 홀로 죽음을 당할지언정 군졸들을 어떻게 사지에 들여보내겠는가.'라고 했다는 것이다. 앞서 말한 권율의 7월 25일 장계에서 '원균의 수하 중에는 임금의 말을 듣지 않겠다고 한 사람이 있다'고 고자질을 했는데, 그 바람이 바로 배설이었다.

> 배설이 말하기를, 용맹을 낼 때는 내고, 겁낼 때는 겁낼 줄 아는 것은 병가의 긴요한 계책입니다. 우리가 부산바다에서 기선을 잡지 못하여 군사들이 의기소침하게 되었고 영등포에서 패하여 왜적의 기세를 돋우어 적의 칼날이 박두하였는데, 우리의 세력은 외롭고 약하며 용맹을 쓸 수 없으니 오늘은 겁내어 싸움을 회피하는 전략이 지당합니다 (『선조실록』, 1597년 7월 15일).

이 대목에서 권율이 왜 그토록 배설을 죽여야 하는지 이유를 발견하게 된다. 배설을 죽이지 않으면 자신의 말을 뒤집어야 할 상황인 것이다. 이런 권율의 '책임회피성' 장계의 여파가 몇 년 후 권율이 배설을 잡아 죽이는 상황까지 이르렀다. 하지만 자세히 배설의 이야기를 종합하면 당시 부산포를 치는 것은 무리라는 충언이었다.

둘째, 가덕도에서 패하고 돌아올 때 한산도로 가서 전열을 정비하자고 했던 것도 배설이었고, 마지막으로 칠천량 해전에서 유일하게 전열을 유지하여 안정적으로 한산도로 후퇴할 선단을 지휘한 것도 배설이었다. 권율도 배설을 간신(奸臣)처럼 묘사했던 것처럼 『해소실기』의 김완도 본래 배설이 멀미가 심하다는 등 자격 미달의 장수임을 주장했다. 둘다 칠천량 패전을 초래한 진범으로 보이지만 그들은 배설을 희생양으로 해서 그들이 칠천량 패전에서 원균과 다른 노력을 했다는 점을 일깨우려고 했다.

결국 권율과 김완은 배설과 원균에게 패전의 책임을 넘어 정치적 논쟁에서 희생양이 되게 할 필요가 컸다. 실제의 배설은 그런 간신이자 파렴치였을까? 실제 사료에 나온 배설은 진주목사 시절 나름 지역사회에서 지지층이 두터운 사람으로 보인다. 즉, 『선조실록』 1595년 2월 4일 기사를 보면 배설이 진주 백성들에게 어떠한 존재였는지 보여준다.

> 비변사에서 회계하기를, "선전관 조광익(趙光翼)이 새로 남쪽 지방에서 와서 비변사에 말하기를 '진주(晉州)의 백성들이 배설(裴楔)이 떠나는 것을 막아 그대로 머물러 있게 하여 온 경내의 노인과 어린애들이 떼를 지어 에워싸고 지키며 나가지 못하게 하고 있기 때문에 배설이 아직도 부임하지 못했다.' 합니다. 배설이 아직까지 부임하지 못했다면 원균(元均)과 선거이도 다 교대하지 못하였을 것이니, 일이 매우 난처합니다."

물론 사료 비판이 필요하지만 이 정도의 인물이라면 칠천량에서 배신하고 도망할 정도로 무책임한 사람이었는지 의심을 들게 한다. 사료를 자세히 보면, 그는 칠천량 해전 국면에서 ①부산포 공격 불가, ②칠천량 주둔 반대, ③경상우수군 12척의 안정적 후퇴 ④한산의 정리 등 그가 한 행적은 하나같이 현실감있고 정확한 판단력을 보여주었다. 물론 간신이라는 신념으로 가득한 사람의 입장에서 보면 하나같이 간신들이 할 수 있는 일로 해석되지만 정상적인 눈으로 봐도 그의 논리에는 오류가 보이지 않는다.

또한 항간에 이야기되듯이 원균의 말을 듣지 않고 몰래 도망쳤다고 주장하는 것도 근거가 없다. 원균이 추원포로, 이억기와 최호가 고성으로 가면서 수많은 적들이 대장선들에 달려들 때, 그나마 이들 장군들이 방향을 한산도와 다른 방향을 틀면서 후퇴하여 배설에게 퇴로가 일부 열렸을 것이다. 그 틈에 배설이 전열을 정비하면서 후퇴를 할 수 있었던 것이라고 보는 것이 옳다. 따라서 근거도 없이 배설이 혼자 미리 몰래 칠천량에서 도망쳤다는 것도 왜곡된 인식이다. 아마도 7월 16일 새벽 배설의 경상우수군은 일본군과 교전을 벌였을 것이다. 휘하에 적어도 경상수군이 8관 20포라고 하였을 때 어림잡아 70~80척 정도의 판옥선이 있었을 것이지만 실제로 남은 것은 12척이었다. 한산 본영에 돌아온 배설은 군량, 병기, 막사 등을 불사르고 성안에 남아 있는 백성들을 안전한 곳으로 옮기는 한편, 급히 노량으로 후퇴하였다.

7월 22일 『난중일기』에는 이순신과 만나서 자세한 전황을 이야기 했다는 기록이 있다. 그리고 왜군이 수백 척의 전선과 함께 한산도로 공격해 오자, 『난중일기』에 의하면 8월 30일 이순신에게 병이 있어 뭍에 내린다고 하고 사라졌다. 배설의 마지막은 무척 겁장, 망장의 모습을 보여주는 것이 사실이다. 하지만 왜 그런 생각을 했을까 하는 것은 역시 8월 5일 배홍립, 배설 등을 처단해야 한다는 이원익의 주장이 그 때쯤 알려졌을 것이고, 그 소식을 들은 배설은 속된 말로 멘붕 즉, 정신적인 착란 상태에 이르게 된 것이라 보인다. 언제 지은 지는 모르지만 배설은 시에서 그가 얼마나 감성적이었던 사람인지 보여준다.

月波亭

靑山(청산)아,

됴히 있던다

綠水ㅣ(녹수가) 다 반갑다

無情(무정)한 山水(산수)도

이다지 반갑거든

하물며 有情(유정)한 님이야 닐러 므슴하리오.

엊그제 언제런지

이러로

져리 갈 제

月波亭(월파정) 발근달애

뉘술을 먹던게고

鎭江(진강)의 휘든 버들이

어제런가 하여라.

어쩌면 배설은 칠천량의 패전 때문에 그 업보로 사형을 받은 것처럼 인정되지만 실제로는 선조의 원균지지론과 비변사의 수하지지론의 갈등 즉, 전후 책임론을 둘러싼 왕과 신하의 힘겨루기 과정에서 타협된 하나의 돌파구 (혹은 '희생양')로써 처단된 것이라 할 수 있다. 물론 배설이 8월 30일 이후 우수영을 이탈하여 은둔한 죄는 '희생양'을 만드는데 빌미가 되었다. 하지만 실제로 배설이 8월 말 은둔한 것인지는 재고될 필요가 있는데, 여러 가지 이유로 뭍으로 가겠다는 내용을 이순신에게 전한 것도 사실이다. 그러므로 도망했다는 표현보다는 칭병하여 현직을 벗어났다라고 수정되어야 한다. 또 하나 고려해야 할 것은 패전 이후 자신이 이끌던 12척을 이순신에게 내줘야 하는 자존심 문제도 고려해야 한다.

그렇다면 이러한 인식에 입각하여 원균과 배설이 보인 칠천량 해전 당시 모습을 다시 구성해보자.

칠천량 해전의 진실 : 1597년 7월 어느 날 판옥선마다 노꾼이 모자라고 적들이 해안에 요새를 즐비하게 만든 상황에서 배설은 부산포 공격을 적극 만류했다. 하지만 어쩔 수 없었던 원균은 자포자기로 부산포 공격에 나섰다. 이윽고 노꾼이 부족한 위에 급기야 풍랑까지 만난 조선수군은 기동력이 현저히 약화되었다. 그나마 배설만이 경상도 수군이라는 지역적 이점을 이용하여 비교적 안정적인 전열을 유지하였다. 피로에 쌓인 수군들이 기동력이 둔화된 채 좁은 칠천량에 엉켰다. 이때 원균의 지휘력이 순간 와해되었다. 반면, 조선 사람을 앞세운 적의 잠입선이 김완이 척후하던 라인을 뚫고 들어와서 우리 함대를 교란하였다. 우리 수군이 우왕좌왕하는 중에 세키부네 등 수많은 일본 배들이 붙었다. 원균은 조직적인 진(陣)을 형성할 수 없었고, 척후를 맡은 김완은 척후망이 뚫린 자책감 때문에 갈팡질팡하였다. 조직력이 상실된 조선 수군이 위험해졌다. 이에 각 수사가 탄 대장선들은 적들을 분산하기 위하여 고성 방향으로 산개하였다. 수많은 적선이 수사들이 탄 배를 추격하였다. 적들을 견제할 수 있었던 유일한 함대는 배설의 함대였고, 악전고투 끝에 70여 척(추정)에서 12척만 살아남은 상황이었다. 이때 원균이 후퇴하면서 적의 예봉을 추원포쪽으로 몰고 갔고, 그 덕분으로 배설의 경상수군이 잠시 열린 대문도를 빠져나와서 한산도로 들어갈 수 있었다. 배설이 원균과 헤어지기 전 마지막 회의에서 원균은 일심으로 순국하자고 했고, 배설은 중과부적이니 후퇴하자고 했다.

이상이 필자가 보는 칠천량 해전의 대체적인 진실이다. 원균이 대장선을 이끌면서 수많은 일본군을 몰고 추원포로 배를 돌리면서 12척이 생존할 수 있는 대문도가 열렸다는 사실을 생각해보자. 그러한 '시간벌기'가 없었다면 배설의 12척은 과연 살아남을 수 있었을까?

정리하자면, 칠천량 해전에서 통제사 원균은 물론이고 배설, 최호, 이억기 등 모든 장수들은 전란을 극복하고자 충성을 다한 조선 수군의 위대한 지휘관들이었다. 이순신이 이어받아서 민족을 지켜낸 12척의 판옥선이 생존할 수 있었던 힘에는 배설의 뛰어난 지략과 고민 그리고 원균, 이억기, 최호의 깊은 배려가 있었다. 거기에 패전이니 승전이니 하는 수식어는 다음의 문제일 뿐이다. 그럼에도 배설은 왕과 신하의 전후책임공방전 아래서 절충된 돌파구로서 희생되었다는 사실은 임란이 남긴 또 다른 어두운 그림자라고 할 것이다.

玉浦大捷紀念塔

옥포대첩기념탑(거제시 옥포동)

IV

산자를 위한
희생의 세월

1. 책임 추궁이 만든 비극

가. 원균을 두 번 죽인 권율의 장계
나. 사헌부가 전장터의 양심을 읽다. 권율의 죄를 물으라
다. 이순신, 수군을 재건하고 민족을 구하다
라. 원균의 논공 : 왜적을 막는 것은 양이 호랑이와 대적하는 것

2. 충신에서 간신으로, 패장을 향한 인신공격

가. 원균은 충신. 그러나 패배했으니 교훈삼자
나. 영조 말년, '모함원균' 소문이 퍼지다.
다. 원균을 잊어야 산다.
라. 나는 원균과 다르다.

3. 20세기 원균에 대한 평가

가. 절의로 왜곡하고 민족으로 폄훼하고
나. 1900~10년대 : 무능 원균을 말하다
다. 1920~30년대 : 모함 원균을 말하다
라. 1940~50년대 : 분열 원균을 말하다
마. 1960~70년대 : 사리사욕의 원균을 말하다
바. 1980~90년대 : 명장과 겁장 사이에 서다
사. 2000년대 이후 : 옹호와 폄훼 사이에 서다

1. 책임 추궁이 만든 비극

가. 원균을 두 번 죽인 권율의 장계

(1) 원균을 버려야 사는 생존자

한 가지 다행인 것은 칠천량해전에서 우리 수군의 인명 피해가 크지 않았다는 점이다. 통제사 원균이 도망치는 것을 본 수군들은 전의를 잃고 가까운 해안가에 상륙하여 뿔뿔이 흩어졌다. 파괴된 판옥선 대부분은 해안가에 있었고, 이것을 일본군이 발견하고는 불태웠다. 수군 장수들 역시 사령관급의 원균·최호·이억기 등 세 명을 제외하고는 전사한 인물이 거의 없었다. 당시 조정에서 장수 중에서 유일하게 전사한 것으로 알려졌던 조방장 김완 역시 일본군 포로가 되었다가 탈출하였다.

선조도 1597년 7월 22일 어전회의에서 "수군이 대패한 것은 (어쩔 수 없는) 천운"이라고 하였고, "원균이 죽었더라도 어찌 사람이 없겠는가? 다만 각도의 배를 수습하여 방비하라"고 지시했다. 그러면서 괜한 해로차단 작전이니 하여 함대를 사지로 몰았음을 시인하고 "한산을 고수하여 호랑이가 버티고 있는 형세를 만들었어야 했는데"라고 하면서 괜히 수군의 출병을 독촉하여 이렇게 패하였다고 반성하였다. 그러면서 "일찍이 원균이 절영도 앞바다에 나가기 어렵다 하더니 결국 이렇게 되었다"라고도 하였다.

이같은 선조의 언급은 원균이 통제사가 된 후 수군의 작전권을 탈취하여 한산에서 고수하는 이순신 전략을 폐기하고 원균의 수륙병진 전략조차 무시하면서 무리한 작전을 강행하였던 도체찰사와 도원수에 대한 불만이었다. 그리고 '칠천량에서 척후병도 두지 않았느냐?'라는 질책에는 원균 이하의 수군 제장에 대한 징벌이 예고되었다. 모두들 왕의 한마디에 목숨이 오갈 판이었다. 원균을 미워하던 사람이건, 원균을 모시고 살았던 생존자이건 고통스러운 시간이 흘렀다. 패전은 냉엄하게 생존자들을 괴롭히고 조정은 패전의 원흉을 가려서 치죄하는 공포 분위기를 조성하였다. 이제 원균과의 기억이 지옥처럼 변하는 순간이었다. 백성은 백성대로 원균이 육지로 도망한 줄 알았고, 수하 장수는 자기도 살아보려고 원균이 상식 밖의 행동을 일삼았다고 고자질하였다. 훗날 광해군 시절『선조실록』편찬자들은 한산의 패전(칠천량 패전)을 다음과 같이 논하였다.

"한산의 패배에 대하여 원균은 책형(磔刑)을 받아야 하고 다른 장졸들은 모두 죄가 없다. 왜냐하면 원균이라는 사람은 원래 거칠고 사나운 하나의 무지한 위인으로서 당초 이순신과 공로 다툼을 하면서 백방으로 상대를 모함하여 결국 이순신을 몰아내고 자신이 그 자리에 앉았기 때문이다. 겉으로는 일격에 적을 섬멸할 듯 큰 소리를 쳤으나, 지혜가 고갈되어 군사가 패하자 배를 버리고 뭍으로 올라와 사졸들을 모두 물고기 밥[魚肉]이 되게 만들었으니, 그때 그 죄를 누가 책임져야 할 것인가? 한산에서 한 번 패하자 뒤이어 호남이 함몰되었고, 호남이 함몰되고서는 나랏일이 다시 어찌할 수 없게 되어버렸다"(『선조실록』, 1598년 4월 2일).

이 글은『선조실록』을 편찬한 사신들이 얼마나 노련한지 보여주는 자료이다. 총사령관인 원균을 징벌하고 부하는 벌주지 말아야 정상적인 사후처리가 가능하다는 이야기이다. 왜냐하면 원균은 대장이니 모든 책임을 져야한다는 것은 패장으로서 당연한 것이었다. 그런데 패장이 상을 받고 부하가 오히려 벌을 받는 국면이 되면서 원균과 관계하던 많은 사람들이 고통스러워졌다.

원균의 패전을 정치적으로 이용하려는 사람들은 원균이 유전자부터 나쁜 인격, 나쁜 인간이라서 패전했다는 도덕적 폄훼를 일삼았다. 이런 사례들은 대부분 원균의 패전으로 인해 상처받은 사람의 원한이 담긴 것이었다. 그런 상황을 더욱 조장한 것은 원균의 수하 장졸에 대한 조정의 협박이었다. 그것은 원균에게 더 큰 비극을 가져왔다. 이제 그들도 살아나고 싶으면 로마 시민 앞에서 기독교인이 십자가를 부정하듯이, 원균을 부정하고 그를 다른 누구보다 폄훼해야 했다.

이런 비정한 인심에도 불구하고 그래도 원균을 지켜주어야 할 책임이 있었던 사람이 이원익과 권율이었다. 정치적으로 실수한 원균의 약점을 이용하여 모든 수단으로 수군의 위상을 추락시키고, 모욕을 주면서, 멋대로 수군의 편제를 바꾸고, 일방적으로 부산포 공격을 강요하고, 원균에게 씻을 수 없는 모욕인 곤장까지 쳤던, 그래서 조선 수군의 궤멸을 결정적으로 초래한 인물이 바로 권율과 이원익이었다.

(2) 세상에서 가장 비극적이고 비열한 장계

그럼에도 권율은 원균을 모함하는 고금의 역사에서 씻을 수 없는 가장 비굴한 장계를 올렸다.

> (A) 도원수 권율이 치계하기를, "통제사 원균이 알린 내용에 의하면'수군을 몇 부대로 나누어 번갈아 내보내어 오가는 일을 삼도 수사와 함께 회의하였더니 수사들이'반드시 패몰할 시기를 분명히 알고서는 부산과 절영도를 왕래할 수 없다. 장수가 밖에 있을 때에는 임금의 명령도 받지 않는다'고 하니, 어리석고 용렬한 통제사로서는 어떻게 처치할 수 없다'라고 보고 하였습니다. 이는 곧 제장들이 임금의 명령을 듣지 않는다는 뜻으로 이와 같은 일은 결코 용서하기 어려우니 조정에서 결단을 내리소서"하니 비망기로 정원에 전교하기를, "이 서장을 사책(史册)에 상세히 기록해 두라"하였다 (『선조실록』, 1597년 7월 25일).

(B) 7월 21일 도원수 권율의 서장에 아뢰기를, "신의 군관인 최영길(崔永吉)이 한산도에서 지금에야 비로소 나왔는데 그가 말하기를 '원균이 사지를 벗어나 진주로 향하면서 말하기를, 사량도에 도착한 대선 18척과 전라선 20척은 본도에 산재해 있고, 한산에 머물러 있던 군민·남녀·군기와 여러 곳에서 모여든 잡선 등을 남김없이 창선도에 집합시켜 놓았으며, 군량 1만여 석은 일시에 운반하지 못하여 덜어내어 불태웠고, 격군은 도망하다 패배한 배는 모두 육지 가까운 곳에 정박시켰으므로 사망자는 많지 않았다'고 전하였습니다 (『선조실록』, 1597년 7월 26일).

이순신은 그래도 원균과 사이가 좋지 않아서 정말 인간적인 고민을 『난중일기』에 담았다. 하지만 자신의 잘못을 왜곡하여 권력으로 원균을 두 번 죽인 사람은 권율이었다. 권율은 자신의 과오에 대한 방패막이를 만들고자 하지 말아야 할 행동을 저질렀다.

(A)는 권율이 원균의 말을 빌려서 '이번 전투에서 수군 제장들이 하나같이 나라를 기망하고 임금을 배신하면서 제대로 열정을 가지고 전투에 임하지 않았다' 장계하였다. 이런 주장은 원균의 명예에 치명타를 주었다. 권율의 장계는 조정에서는 '원균의 무능함'을 알리고, 특히 원균을 따르던 부하에게는 치졸하고 용렬한 통제사라는 적개심을 심어주는 데 큰 영향을 주었다. 원균을 지휘관으로 모셨던 수하 장졸들이 원균에 대해 깊은 서운함과 적개심을 갖게 하는 최악의 비방문이 되었다. 부하들도 이런 지휘관을 섬겼다는 비탄에 빠졌을 것이고, 이런 말을 믿는 원균의 수하와 측근은 조만간 다가올 처벌에 큰 공포심을 느꼈을 것이다. 살려면 원균을 짓밟아야 하는 비정한 생존 경쟁을 야기한 참으로 무서운 장계였다.

(B)는 권율이 죽었다던 원균이 살아서 "최영길을 곧이어 보낼 터이니 이순신에게 흩어져 도망한 배를 수습하도록 사량으로 보내소서"라고 말했다는 사실을 전한 것이다. 이 이야기는 사실의 여부를 떠나 권율이 원균을 얼

마나 무책임하고 무능한 사람으로 객관화하려 했는지 보여주는 글이다. 그는 원균이 구차하게 목숨을 구하여 진주로 달아났다고 무고함으로써 원균을 만고의 겁쟁이로 만들었다. 실제는 아마도 배설의 행적을 이야기하는 것일지도 모르지만 이를 알면서도 권율은 원균이 한 짓이라고 무고하였다. 그래서 모든 사람에게 '순국한 원균'이 아니라 '도망자 원균'이라는 이미지를 머릿속에 각인하는 근거를 제공하였다.

(A)와 (B) 모두 권율 자신에게 닥칠 책임추궁의 위기를 원균에게 무능과 무책임을 덧씌우면서 빠져 나가려고 한 비정한 계략이었다. 무엇보다 원균에게 가슴 아픈 일은 '부하들이 말을 듣지 않아서 일이 잘 되지 않았다. 그래서 원균이 조정이 나서서 해결해 달라는 주문'한다고 하여 마치 원균이 자신의 부하마저도 정치적 수단으로 이용한 사람처럼 누명을 씌운 일이다. 그런데 위 두 자료 내용 어느 것도 '진실'이라는 증좌는 없었다. 원균을 두 번 죽인 것은 이처럼 이순신이 아니라 조정의 방침에 최선을 다했지만 참담한 결과를 책임지고 싶지 않았던 권율이었다.

원균을 무고한 권율의 장계로 인해 이후 수백 년 동안 원균에 대한 도덕적 폄훼와 사실 왜곡의 단초가 열렸다. 글이 왜 권력이 되는지, 죽음도 바꿀 수 있는지 보여주는 대목이다. 8월 초가 되도록 아직 원균의 죽음 여부는 조정에 알려지지 않았으나 모두들 원균과 그의 수군 장수에게 패전의 책임을 묻는 데 혈안이 되었다. 실제로 모든 계획을 도모한 도원수 권율과 도체찰사 이원익에 대해선 아무런 처벌 움직임이 없었다. 명백하게 두 사람의 작전으로 시작된 칠천량 전투였지만 어디에도 그들의 과오에 대한 비판은 없었다.

8월 5일 체찰사 이원익은 도원수 권율과 의논하여 칠천량 패전의 책임은 수군들이 "처음부터 서로 힘을 겨루며 싸우다가 패멸된 것이 아니라 살아남은 자나 죽은 자나 모두 도망했기 때문이었다"고 선언하였다. 힘을 다한 사람은 "싸우다 바다 가운데에서 전사한 조방장 김완뿐"이라 하면서 "모든 장수들에게 군법을 시행할 수 없다 해도 원균은 주장이었으니 군사를 상실한 군율로 처단할 것"을 주장하였다. 아울러 경상우수사 배설과 조방장 배흥립에게도 "배흥립은 먼저 군령을 시행하고, 배설은 지금 병선을 이끌고 바다에 있으므로 나중에 논의하여 처치하자"고 하였다. 죄 없는 수군 장수들에게 힘써 싸우지 않은 죄를 씌워서 칠천량 패전의 책임을 묻도록 한 것이다. 수군 장수들은 권율의 이야기를 듣고 자신들에게 닥칠 위기감에 몸을 떨었다. 그 상황에서 더 이상 원균은 존경할만한 상관으로 기억될 수 없었다. 어쨌든 원균을 몰아세우지 않으면 목숨을 유지할 수 없는 분위기였다.

아울러 비변사는 "패전의 책임은 본래 군율로 하면 된다"고 하고 "수령이나 변장들도 거처를 찾아내어 등급대로 처벌하되 그 중 먼저 도망을 선동하여 서로 구원하지 않은 자는 상세히 조사하여 모두 군법으로 다스릴 것"을 아뢰었다. 이에 대해 책임이 없지 않은 선조도 결국은 "아뢴 대로 윤허한다. 다만 원균을 죽이려 할 경우 그가 마음으로 수긍하지 않을 것이니 잘 헤아려서 처리하라"고 하였다. 원균에게 독촉한 자신의 명령에 대한 일말의 고뇌가 보인다. 선조는 그나마 이런 양심을 보였다. 그러자 비변사도 "원균이 군사를 잃은 죄는 참으로 용서하기 어려우나 잘못한 죄를 원균에게만 책임 지울 수는 없으니, 우선 원균이 나타나기를 기다렸다가 다시 의논하여 처리하는 것이 어떻겠습니까?"라고 하여 유보적인 입장을 비쳤다.

패전은 누구의 책임인가?

칠천량 해전을 촉발한 일등 공신은 역시 이원익과 권율이었고, 선조가 그것에 부화뇌동함으로써 발생한 수군의 비극이었다. 그렇다고 이는 개인적인 잘못으로 몰 수 있는 것도 아니었다. 즉, 이순신의 책임도 아니고 원균의 책임도 아니었다. 그렇다고 이원익이나 권율의 책임이라고 할 수도 없었다.

현장 사정을 모르지만 어찌하던 어서 빨리 전란을 이길 비책으로 해로차단 작전을 믿고 있었던 도체찰사 이원익의 강권이 무슨 죄이며, 그리고 같은 군인으로서 현장의 고민을 알고 있었지만 현실적인 조정의 고민과 해결책에 눈을 가릴 수 없었던 권율의 고민도 무시될 수 없다. 그리고 수군의 현장을 보고 자신의 말에 책임을 질 수 없어서 번뇌하였던 원균도 두문불출했지만 개인의 영달을 위한 것은 아니었다.

힘없는 조선 육군이 절대적으로 일본군과 대적할 수 없는 상황에서 명나라 육군을 앞세워 일본군을 무찌르고 싶은 조정이 그나마 믿을 수 있는 수군에 기대하는 것이 무슨 죄일 것인가? 문제는 이런 모든 주체들의 이해와 기대가 현실 속에서 잘못 엮이면서 칠천량 패전을 부른 것이라는 점이다.

그 누구도 개인적인 사리사욕은 없었고, 만약 있더라도 국난 앞에서 편히 잠 잘 수 있는 위치는 아니었다. 그래서 이 시기 각 주체에 대한 인격적이고 도덕적인 폄훼는 조심해야 한다. 하지만 제대로 엮이지 않은 각 주체들의 기대감은 어느 누구도 좋은 결과를 얻지 못하였고 결국 칠천량 패전으로 인해 일본군의 침략에 무방비가 되었다. 이 모든 혼란을 수습하는 길은 역시 일본군을 직접 크게 무찔러서 그들의 야욕을 근본적으로 좌절시키는 것뿐이었다. 그런 면에서 이순신의 명량대첩은 모든 고민의 실타래를 풀어

준 쾌거였다. 모든 고민을 들어준 비책은 특별한 것이 아니었다. 그 모든 계교보다도 중요한 것은 우리 힘으로 우리 스스로 우리 국가를 구할 힘을 만들어야 한다는 점이다. 원균은 조정의 요구와 현재 수군의 상황이라는 딜레마에서 벗어날 궁리보다는 부족한 현실이나마 주어진 여건에서 최선의 역량을 만들어 대적할 수 있는 인화와 용기를 수군 장병들에게 심어주는 일이 더 시급하였다.

나. 사헌부가 전장터의 양심을 읽다. 권율의 죄를 물으라

선조는 도원수 권율을 이 모든 정책의 실질적인 책임자로 인식하고 원균에 대한 깊은 연민을 드러냈다. 이에 1597년 11월 4일 사헌부도 권율을 탄핵하였다. 사헌부는 권율에 대하여 "원수(元帥)로서 경솔한 생각과 부질없는 행동으로 원균에게 엄한 곤장을 쳐서 독촉하여 6년 동안 어렵게 만든 수군 함대를 단번에 패몰시켜서 많은 산책(山柵)을 한 곳도 지키지"못하게 하여 일본군들이 호남으로 침략하고 군민이 이산하는 결과를 초래하였다"고 하였다. 그리하여 "남원이 함락되고 전라도가 적의 수중에 들어갔으며 충청도 각 고을도 유린당하여 죽은 시신이 들판에 즐비하니 지난 임진년보다도 더 참혹하게 되었다"고 하였다. 그러므로 권율이야 말로 "망국의 원수(元帥)"로 불러야 한다고 하였다.

그럼에도 현재 그는 "영남에서 서울로 도망 와서는 강탄(江灘)을 지키고자 한다는 핑계로" 장계나 올리니 "이것이 과연 원수다운 태도"인지 반문하면서 "도원수 권율은 다시 남쪽 바다에 가서도 그간 자신이 지은 죄를 은폐하는데 급급하고, 영남의 산속 절간으로 은폐하여 술을 마셨으며, 자신에 대한 '좋지 않은 여론'을 은폐하고자 전라도 중에서도 일본군이 물러난 지역만 골라서 맴돌고 있다"고 했다. 그러므로 "도원수가 자신의 임무를 다했는지?" 비판하였다. 이에 선조는 "도원수의 일은 논한 바가 너무 지나치다. 한창 일본군과 대치하고 있는데 어찌 이럴 수가 있겠는가"라고 하여 권율을 보호하였다.

그런데 이듬해 1598년 4월 선조는 다시 칠천량 패전에 대한 논죄를 명하였다. (A)는 4월 2일 칠천량에서 패한 수군에 대한 논죄를 명한 것이고, (B)는 원균 한 사람에게 패전의 책임을 돌릴 수 없으며 오히려 원균을 구원하지 못한 수군 제장을 군율로 다스리라는 명령이었다.

(A) 지난 해 한산 싸움(칠천량 해전)의 패배에서 수군 제장들에게 즉시 공과 죄를 가려내어 법대로 처리해야 했는데, 지금껏 한 사람의 죄도 바로잡지 않고 한 사람의 공도 포상을 하지 않았다. 그저 그들로 하여금 죄를 진 채 공을 세워 속죄하도록 하자는 것이다. 옛말에 3군이 죽음을 영광으로 삶을 치욕으로 생각하게 한 것은 오직 권징(勸懲)이라 했는데, 지금 한산 싸움에 대하여 실시한 권징은 어떠한가? (『선조실록』, 1598년 4월 2일)

(B) 원균 한 사람에게만 책임을 돌리지 말라. 대장을 구출하지 않은 죄는 그에 따른 법이 있는 것이다. 또 이억기처럼 여러 해 동안 적과 싸우다가 나랏일에 죽은 자는 포장(褒獎)을 하여야 하니 그의 아들을 등용하라. 그리고 어찌 목 베고 포상해야 할 자가 없겠는가(『선조실록』, 1598년 4월 2일).

선조가 이렇게 말을 꺼낸 본심은 알 수 없다. 하지만 적어도 비변사와 이덕형, 권율 등의 실질 책임자들이 일체 함구하고 있는 상황에서 갑자기 '원균책임론'이 불거진 데 대한 선조의 대응으로 보인다. 지난해 사헌부가 권율을 탄핵해도 권율을 지켜주었던 선조가 이토록 강하게 원균이나 이억기를 외면하고 도망한 수군 제장을 논죄하라는 것이었다.

여기에 비변사는 정면으로 선조에 반대하였다. 즉 "원균이 대장으로 지휘통제[節制]를 못하여 왜적들이 불의에 기습하여 전군이 붕괴되었으니 죄는 모두 원균에게 있다"는 논리였다. 선조의 입장이 난처해졌다. 비변사 측이 선조의 의중에 순응하지 않는다는 것이었다. 그러자 다시 선조는 비변사에 "원균 한 사람에게만 핑계대지 말라"고 하였다. 원균에 대한 평가는 선조와 비변사측의 이해가 나눠지면서 복잡하게 얽혔다. 원균을 보호하려는 선조와 모든 허물을 원균에게 돌리려는 비변사의 줄다리기는 선조 사후 더욱 심화되었다. 하지만 전반적으로 왕권이 약화되면서 비변사측 논리가 일반성을 얻었고, 거기서 원균에 대한 모략과 모함 그리고 폄훼가 싹트기 시작하였다. 『선조실록』을 편찬한 사관들이 후일 원균에 대하여 표현한 모든 언술은 이러한 선조와 비변사측의 책임 공방에서 비롯된 것이었다.

> 사신은 논한다. 이순신은 사람됨이 충용하고 재주와 지략[才略]도 있었으며 기
> 율을 밝히고 군졸을 사랑하니 사람들이 모두 즐겨 따랐다. 전일 통제사 원균은 비
> 할 데 없이 탐학하여 크게 군사들의 인심을 잃고 사람들이 모두 그를 배반하여 마
> 침내 정유년 한산의 패전을 가져 왔다 (『선조실록』, 1598년 11월 27일).

비변사가 자신의 허물을 벗어나기 위하여 이순신의 탁월한 능력에 찬사를 보내고 선조는 원균을 통해서 비변사를 견제하려고 하는 모습이었다. 사실 임금에게서 사랑을 받고 싶지 않은 신하가 없을 것이지만 원균은 선조의 특별한 사랑을 받았다. 그런데 통제사로 부임한 이후 원균이 보였던 아쉬운 굴종의 자세는 자의가 아니었지만 많은 수하들을 실망하게 하고 비변사 및 양반귀족의 지탄을 받는 이유가 되었다.

일이 급하게 되고 패전에 이르자 모든 책임이 죽은 원균에게 씌워졌다. 서양의 중세사회에서 사회적인 극한 모순의 탈출로가 마녀사냥이었던 것처럼, 임란 이후 수많은 정치적 이해관계나 논공행상, 치죄의 공포 등에서 비롯된 모순을 원균 한 사람에 대한 극한의 폄훼로서 중화하고자 하였다.

이제 원균이 그러한 폄훼를 당할 일을 했는지 아닌지 여부와 상관없이 '폄훼를 자동화하는 메커니즘'이 작동하기 시작하였다. 바야흐로 정치적인 문제가 된 것이다. 모든 원균에 대한 폄훼는 해로차단 작전에 신념을 가지고 현장을 변화시키고 수군 조직을 허수아비처럼 만들어 자신의 목적을 달성하려 했던 이원익과 권율이 자신의 허물에서 벗어나고자 수군에 모든 책임을 전가하였다. 만약 수군의 책임이 아니라면 원균의 책임도 아니기 때문이

다. 수군의 책임이 확인되면 원균이 총책임이었고, 그러므로 수군에 가담한 사람은 원균과는 무조건 거리를 두어야 그나마 직임을 유지할 수 있었다. 그런데 훗날 많은 사람들은 원균의 패전은 처음부터 이순신간의 쟁공 갈등에서 시작된 것인 양 착각하였고, 끊임없이 이순신과 원균의 대립, 인간적인 갈등, 과도한 쟁공 등에서 패배의 요인을 찾고자 하였다.

칠천량 패전의 일등 책임은 역시 이원익이었고, 원균 폄훼의 일등 공신은 권율이었다. 당시 현장에서 그나마 육군을 지휘하고 있는 권율을 벌주기 어려웠지만 벌주려고 해도 이미 전란이 끝난 뒤 1년 후인 1599년 7월에 사망하였기 때문에 구체적으로 그의 과오를 물을 수 없었다. 특히 비변사 당상들은 그와 연분이 있는 사람이었다고 보면 선조의 주장과 대립하는 비변사는 그를 보호하는데 심혈을 기울였을 것이라 볼 수 있다.

그러나 그의 과오는 죽은 다음 그에 대한 사신들의 평가에서 더욱 명명백백하게 정리되었다. 1599년 7월 19일 도원수 권율을 추증하는 일로 이산해 · 윤두수 · 정탁 · 최홍원 · 이원익 · 이항복 등 중신들에게 의견을 물은 일이 있다. 이 날의 일에 대한 사신은 다음과 같이 논평하였다.

권율은 영의정 권철의 아들이다. 늦게 과거에 급제하여 여러 벼슬을 거친 다음 호조 정랑이 되었고 의주 목사로 승차하였다. 임진왜란 당시 전라도 광주목사였다. 성품은 본래 우둔하고 겁이 많았다. 위망이나 지략이 별로 없었다. 단지 행주에서 한 차례 승첩을 거두자 갑자기 이름을 얻어서 도원수에 제수되었다. 오랫동안 적진과 대치하였지만 제대로 적의 흉봉(凶鋒)을 꺾은 적이 없었다. 정유년 칠천량 해전 당시 아무리 조정의 명령이라고 해도 시기를 살피고 힘을 헤아려 왜적과 대결하기가 어렵다면 즉시 조정에 알리고 제장에게는 군사를 정돈하여 고수하고 적을 가벼이 보지 말라고 했어야 했다. 만약 그랬다면 적이 많아도 제멋대로 치고 오지 못했을 것이다. 그러나 권율은 이런 계책이 없이 경거망동하면서 통제사 원균을 고문하면서까지 급하게 독전하였다. 그리하여 6년 동안 어렵게 모은 수군을 전멸시키고 말았다. 그 많은 산책(山柵) 역시 한 곳도 보존할 수 없었고 적들이 무인지경으로 호남 · 호서를 침입하게 만들었다. 그는 겁내고 나약하여 방략이 없었지만 조정에선 후임자를 구하기 어렵다고 하며 다시 병권을 주었다. 하지만 권율은 과거의 잘못을 고쳐 제진을 독려하며 힘껏 적을 토벌하지 못하였다. 다만 8년 동안 밖에서 수고한 공로가 없지 않은데, 조정에서 증직한 것이 혹시 여기에서 나온 것은 아닌가 한다(『선조실록』, 1599년 7월 19일).

사관의 논평은 한마디로 칠천량의 패전은 권율의 경거망동 때문이며, 행주에서의 분투 말고는 전쟁에서 그다지 뛰어난 행적을 보이지 못했다는 것이다. 괜한 오기로 전후를 살피지 않고 원균을 닦달하여 귀한 수군함대를 궤멸시키는 위기에 몰아넣어 결국 호서, 호남이 위험에 처하고 국가를 위험에 처하게 했다는 것이다. 그런 인물인데도 조정에서는 후임자를 구하기 어렵다고 하여 계속 일을 맡겼으나 어느 하나 두드러진 싸움의 결과를 얻어낸 것이 없다는 것이다. 칠천량의 패전에 대한 당대 지식인들의 일반적인 고민이나 책임론을 반영한 것이었다. 원균을 진정 모함한 것은 그리고 사지로 몰아넣고 나라를 위기에 빠지게 한 것은 권율이었다는 사실을 여실히 보

『선조실록』1599년 7월 19일

여주고 있다.

이런 논리가 광해군 시절 지식인 관료가 원균을 바라보는 관점이라면 일반 민간에서도 원균의 억울함을 예의 간파한 사람이 있었다. 바로 의병장 조경남이었다. 그는 『난중잡록』에 이렇게 썼다.

> 원균 장군은 비록 싸움에 패하여 죽었으나, 그가 불충하고 불의한 사람이 아니다. 그런데도 훗날 그를 비방하는 자가 많으니, 어찌 옳고 그름을 헤아리는 것이, 그다지 불공평한가! 당시에 장수된 자들이 원균보다 뛰어난 자가 몇 명이나 있었는고, 그 뒤에 논공할 때에 원균도 선무원훈의 반열에 참여하게 되었으니, 아! 왕법이 공정한 것을 공정한 것을 볼 수 있도다. 만약 원균을 불충하다 하여 적에게 죽은 사실을 죄 준다면, 저 관망하고 퇴각하여 달아나서 목숨만을 구한 자에게는 장차 무슨 죄를 주어야 할 것인가 (『난중잡록』(3), 정유년).

원균의 전술이 잘못되었다고 지적한 조경남조차도 원균은 비록 패장이나 불충도 불의도 하지 않은 사람이라고 했다. 그런데 '달천의 기록이 모두 진충진의한 사람을 그린 것인데 원균의 부족함은 그것의 만분의 일에도 미치지 않으며, 당대에 그보다 뛰어난 장수가 없는데도 원균을 비방하고 매도하는 사람이 많다는 것은 참으로 불공평하다'고 했다. 그렇지만 다행히 선무원훈의 반열에 들었으니 참으로 왕법이 공정함을 알겠다"고 하였다.

다. 이순신, 수군을 재건하고 민족을 구하다

칠천량 참패 이후 이순신이 다시 통제사에 오르고 수군을 재건하면서 반격의 단초를 마련한다. 이순신은 명량해전에 앞서 이렇게 장계하였다. "신에게는 아직도 13척의 배가 남아 있나이다. 신의 몸이 죽지 않고 살아있는 한 적들은 감히 우리를 업신여기지 못할 것입니다." 그리고 3개월 후 이순신은 명량에서 일본 수군을 차단함으로써 결정적인 승기를 잡았다. 이날 전투에서 구루지마 미치후사 함대는 전멸하고 그 자신도 전사했으며 총사령관인 도도 다카도라 선박도 격침되었다. 조직력을 회복한 조선 수군의 저력이었다. 명량해전에서 조선군의 희생자는 김탁과 계생이라는 병사 두 사람뿐이었다.

한편 조정은 10월 28일경 이순신이 승전한 내용을 사례로 들면서 명나라 총병부에 자문하고 명나라 수군을 요청하였다. 조정은 "우리 수군대장 이순신이 전선 13척, 초탐선 32척으로 해남현 해로를 차단하여 적선 1백 30여 척을 이진포 앞바다에서 만났고, 전라우수사 김억추, 조방장 배흥립, 거제현령 안위 등과 함께 진도 벽파정 앞바다에서 깨뜨렸다"고 하면서 "이로서 한산도가 무너진 이후 남쪽의 수로에 적선이 가득했으나 적의 예봉이 좌절되었다"고 선언하였다.

그러면서 "이제 적선이 서해에는 진입하지 못할 것이며 명나라 수군이 강화도에서 전라우수영까지 간다고 하니 명의 수군이 제대로 전진해준다면 우리 수군도 조만간 한산도 일로(一路)를 수복할 것"이라고 하였다(『선조실록』, 1597년 11월 10일). 그동안 몸을 사리던 명나라는 이순신의 승리로 다시 조선에 과감한 지원을 약속하였다. 이순신의 승전이 명나라 군대를 동원하는 결정적인 기여를 한 것이다.

당시 조정은 원균이든 이순신이든 일본군을 한번은 제대로 이겨주어야 명나라 육군이 움직일 것이라 생각하였다. 당시 조정이 얼마나 수군의 승리를 고대하고, 두 장군이 그런 역할을 해주길 바랐는지 보여준다. 그러므로 당시 이순신과 원균의 수륙병진은 옳고 조정의 해로차단 전략은 나쁘다는 이분법적인 생각도 잘못이라고 할 수 있다. 그리고 이 일은 육군이 취약한 상황에서 수군이 해야 할 역사적 업보이기도 했다. 하지만 우왕좌왕하는 와중에 위대한 조선 수군의 두 장군이 희생되고 말았다.

라. 원균의 논공
: 왜적을 막는 것은 양이 호랑이와 대적하는 것

(1) 치죄성토보다는 공신책록으로

칠천량 패전은 선조, 비변사 등 조정의 오판과 지휘관 교체 그리고 원균의 무리한 출정이 종합적으로 얽힌 결과였다. 하지만 당시 상황이 되풀이 된다면 그와는 다른 판단이나 결정을 할 수 있을지 단언할 수 없다. 모두들 자기 위치에서 최선의 방안을 고민했던 것이다. 전쟁이 임박한 상황에서 전쟁을 억제하기 위해 최선책을 선택한 조정의 잘못은 과연 무엇일까? 당면한 해로 차단 전략에 부합된 인물인 원균을 발탁하여 임무를 부여해 조선의 바다를 지키게 하고 조정과 현장 수군이 일사불란하게 연계되면서 전투하며 부산포를 막으려 한 것이 무슨 잘못인가?

조정이 이런 정책을 포기했다면 명나라 육군의 적극적인 개입은 불가능했을 것이다. 도원수와 도체찰사의 강권 아래 원균도 제한된 조건에서 불리한 환경을 극복하기 위해 나름의 판단으로 작전을 수행하였다. 그 어느 전쟁의 주체도 임진왜란을 부도덕한 자세로 시종일관하지 않았다. 조정이든 이순신이든 권율이든 원균이든 최선을 다하여 당시의 현실을 극복하려고 발버둥을 쳤다. 그러니 모두 개별적으로는 죄가 없다.

그렇다면 무엇이 잘못이며 무엇 때문에 그런 위난을 당했나? 그것은 일본군에 대한 무지가 문제였고, 이순신이 축적한 수많은 지식에 대한 존경심이

애마총 이야기

평택 도일동 내리 저수지 인근에 있는 원균의 묘소. 원균 신도비 옆에 애마총이라는 비석이 있다. 원균의 죽음을 알리기 위하여 천리를 달려와 신발과 담뱃대를 놓고 그 자리에서 죽은 애마의 충절을 기리기 위해 원씨 문중에서 마련된 것이라는 전설이다. 죽은 말에 대해선 『선조실록』에 나오는데 선조가 이몽학의 난의 여파를 잘 정리하라고 원균에게 전라병사를 제수하였고, 이에 임지로 떠날 때 다음과 같은 치하와 준마 한 마리를 하사하였다.

> 경이 나라를 위해 힘을 다하여 지성스러운 충성과 용맹이 옛 사람도 비할 자가
> 드물기에 내가 일찍이 아름답게 여겨 왔지만 돌아보건대 아무 것도 보답한 것이
> 없었다. 이번에 또 멀리 떠나게 되어서 친히 접견하고 전송하려 했었는데 하필 기
> 운이 편치 못하여 그렇게 하지 못하겠다. 대궐 마구간(內廐)에서 좋은 말 한 필을
> 내려 나의 뜻을 표하니 받으라 (『선조실록』, 1596년 8월 11일).

그런데 칠천량 해전에서 원균이 죽자 이 말이 원균의 신발과 담뱃대를 가지고 와서 따라 죽었다는 이야기가 전한다. 그리고 후손이 죽은 자리를 울음밭으로 그리고 말이 묻힌 자리를 애마총이라 부르게 되었다고 한다. 당시는 아직 담배가 조선에 전래되지 않은 시절이기 때문에 실제한 이야기로 보기 힘들다는 주장도 있지만 죽은 말은 선조의 애마라고 할 때 당시 선조가 얼마나 원균을 총애했고, 원균이 얼마나 왕을 충성되게 섬기다 죽었는지 증명하려던 후대 사람들의 회한을 담은 전설로 봐야 한다.

울음밭

없었다는 점이 패착이었다. 이순신이 남녘 바다를 7년 동안이나 지킬 수 있는 노하우에 대해선 아무도 귀를 기울이지 않았다. 결국 우리 자신이 축적한 그 모든 경험과 노하우를 존경하지 않고 새로운 전술과 새로운 방식에만 혈안이 되었다. 그래야 참신하고 그래야 혁신적이라는 자신만의 이해에 너무 급급하였다. 각자는 잘못한 것이 별로 없지만 그것을 모아보니 그 보다 더 가소롭고 엉터리가 없었다.

우리가 축적한 전통과 자산에 대한 존경심이 없는 주체들이 백가쟁명한 결과가 칠천량 패전이었다. 전통과 현장에 대한 존경심이 사라지니 수군을 함부로 대했고, 자존심으로 항상 승리하던 수군은 육군장수인 권율의 명령에 이리 가고 저리 갔다. 자존심에 상처입고, 자부심에 금이 간 수군이 전투 의지를 바로 세울 수 없었다. 이순신이 명량해전 앞에서 가장 두려웠던 것이 바로 수군의 자신감이었다. 칠천량패전으로 자신감이 사라진 조선수군의 기를 살리기 위하여 이순신은 벽파진 해전(碧波津海戰, 1597.9.7.)에서 일본군 전함을 토끼몰이 하면서 이길 수 있다는 자신감을 심어 주었다.

원균의 패전 이후 누구를 죽여야 된다거나 살려야 된다는 등 수많은 갑론을박이 있었다. 여기에서 조정은 하나의 결론에 도달한다. 지나간 전쟁에서 참패하고 벌을 받아야 할 사람보다 칭찬하고 포상해야 할 사람들을 찾고 선양하여 왕조의 불안을 없애는 일이었다. 그래서 조정은 벌주는 작업보다는 공신도감을 설치하고 본격적으로 공신 녹공에 들어가게 되었다. 공신의 종류는 호종(扈從)·토역(討逆)·평왜(平倭)로 각각 3등급씩 해서 등급에 맞는 사람을 정하는 방식이었다.

그런데 호종과 토역은 정확히 어떤 사람이 받아야 하는지 알 수 있어서 등급을 정하거나 불공평의 문제는 없었지만 평왜(=선무공신)는 경우가 달랐다. 임진왜란과 정유재란 기간 동안 육지에서 지킨 것은 조정의 입장에선 역시 "중국의 덕택이고 우리 군사들은 진실로 평왜에 해당하는 경우가 없다"는 것이었고, 선조의 입장도 마찬가지였다. 그나마 원균과 이순신의 수하 장수에 대한 심사에서도 정확한 자료가 없어서 문제가 있었다.

선조는 철저하게 중국군 덕분에 재조지은[나라를 다시 찾은 은혜]을 입었다고 했고, 평양이나 의주로 파천할 때 자신에게 등을 돌리던 관료나 궁인 그리고 임란 초기에 느꼈던 백성으로부터의 서운함이 남았던 것같다. 하지만 원균 집안은 시종일관 의병을 일으키고, 임금을 호종하거나 임금이 시키는 일을 모두 수행했던 가문이었다. 원균만 공신이 아니라 원균의 일족이 대부분 공신이었다. 모두들 임금에게 등을 돌리는 데 원균 집안의 대부분 사람들은 의병으로 나섰고 근왕을 위한 노력을 다했다. 이것이 원균이 선조로부터 사랑을 받게 되는 첫 번째 이유였다.

(2) 선조가 이순신을 견제? 원균은 죄가 없다

그렇다면 선조가 원균을 앞세운 또 다른 이유는 이순신과 수하에 대한 견제심리 때문일까? 선조는 이미 전란 중에도 이순신에게 쏠리는 민심에 몹시 경계했고 그래서 원균을 이용하였다. 선조는 원균과 이순신 두 장군이 죽은 다음에도 철저히 두 사람을 비교하고 이순신의 인기를 폄훼하였다. 대표적인 사례가 1601년 1월 17일 선조와 이덕형 간의 대화이다. 당시 선조는 원균에 대한 여러 가지 험담과 폄훼에 대한 소식을 접하고 그런 행태가 얼마나 잘못된 것인지 도체찰사 이덕형과 이야기하였다.

여기서 선조는 "원균이 전쟁에서 패한 후 사람들이 그를 헐뜯으나 나는 원균이 용감하고 슬기로운 자라고 생각한다"고 하면서 "원균은 임진년에 이순신과 마음을 함께하여 왜적을 칠 때는 반드시 앞장섰으니 용감히 싸운 사람이다. 칠천량 해전에서 패전한 것으로 허물을 그에게 돌리지만, 그의 잘못이 아니라 조정이 빨리 들어가도록 재촉했기 때문이다"라고 하였다. 이것은 실제 사실과 부합되는 선조의 인식이었다.

> 원균의 서장을 보면, 안골포가 그 앞에 있어 금방 들어갈 형세가 못되니 육군이
> 먼저 적을 몰아내게 한 다음 들어가야 한다고 하였다. 그런데 도원수가 잡아들여
> 곤장을 치자, 그는 패할 것을 알면서도 들어가야 했다. 그게 과연 그가 스스로 패
> 한 것인가? 후에 들으니, 이억기와 최호 등이 조정에서 빨리 들어가라고 재촉한
> 것을 듣고는 서로 말하기를 '명령을 어기면 우리 세 사람이 죽을 것이고 들어가면
> 나라를 욕되게 함이 작지 않을 것이다'라고 하였다 하였으니, 패군 한 죄에도 차등
> 이 있다 (『선조실록』, 1601년 1월 17일).

그리고 원균에 대한 험담이나 폄훼의 풍토에 대해서 "내가 평소에 매우
온당치 않게 생각했기 때문"이라고 밝혔다. 그러자 이덕형도 '원균은 무척
용감한 사람이었다'는 고장 사람들의 이야기'를 전하고 이어서 "원균이 강
직한 사람이었는데, 주변의 제장들이 모두 이순신의 부하여서 서로 의논하
지 않아 원균 세력이 고립되었다"고 알렸다. 그러면서 "한효순이 이원익 체
찰사에게 보고하려고 했지만 아직 알리지 못한 상태에서 패전했다"(『선조실
록』, 1601년 1월 17일)고 하였다. 이 자리에서 이덕형은 부산포를 공격할 때
원균이 어떻게 패전했는지 당시 노꾼의 증언을 전하기도 하였다.

> 제장들의 말은 비록 믿을 수 없으나 노꾼의 말은 믿을 만합니다. 부산에 가서 공
> 격할 때 우리 나라 수군 90척이 곧바로 적을 향해 돌진하자 부지기수의 적선이 바
> 다에 가득히 떠오니, 수효가 적은 우리 수군은 도저히 당할 수 없어 한산으로 후퇴
> 하였는데 노꾼들은 밤낮 없이 노질하여 춘원포(春原浦: 추원포의 오기)에 닿았습
> 니다. 적군들이 밤을 이용하여 정면으로 공격해 오는 바람에 힘이 지친 나머지 갑
> 자기 당하는 변이어서 싸움도 하지 못하고 도망쳐 1명도 전사자가 없었다고 하였

　노꾼들이 정신없이 노를 저어 추원포에 닿았는데, 야습에 의한 패전이지만 모두 도망치는 바람에 노꾼 중에 전사자는 한명도 없었다는 것이다.

　이에 대해 선조는 원균의 죽음을 초래한 옛 부하에 대한 처벌의지를 밝혔다. 선조는 원균의 패전을 초래한 배후 세력이 있다고 믿었다. 즉, 선조는 "원균이 이미 싸움에 패하여 죽었으니 그 휘하들을 비록 다 죽이지는 못할지라도 사실을 밝혀 군율로 처리해야 옳다. 지금 원균의 수하(後人)로서 고관대작이 된 자가 많은 데도 싸움에 패한 죄를 유독 원균에만 돌린다면 원균의 본심이 후세에 밝혀지지 않을 것이다"라고 하였다(『선조실록』, 1601년 1월 17일).

　이러한 선조의 언급은 커다란 정치적 파장을 낳았다. 글자 그대로 보면 원균의 죽음을 옹호하는 글인듯하다. 하지만 뉘앙스는 분명 원균의 패전을 초래한 배후에 대한 경계나 처벌이었다. 패전의 뒷배를 파악하고 논죄함으로써 당대 이미 폄훼에 시달리던 원균의 원혼을 위로하고자 하였다.

　그렇지만 이러한 선조의 언급은 알고보면 당대부터 타오르고 있던 이순신에 대한 높은 추모분위기와 깊은 관련이 있었다. 완전한 근왕 세력이었던 원균에 대한 깊은 신뢰에 대비하여 선조에게 자존심의 상처를 주었던 이순신에 대한 씁쓸한 기억이 이러한 선조의 행위에 영향을 주었을 것이다. 그런데 이러한 선조의 언급은 현실 정치에서는 여러 가지 파장을 일으키고 원균을 오히려 고립시키는 역효과를 초래했다. 진짜 패전의 배후인 비변사의 당상에 대한 논죄 가능성은 희박했고, 오히려 원균 수하에게 위험이 미치려했다. 이는 원균 측근이 이후 원균을 매도하는 씨앗이 되었다.

(3) 원균을 위한 공신 책록

논공으로 전후의 갈등을 해결하자는 공감대 아래서 공신선정 작업에 들어갔지만 원균과 이순신 등 수공자들은 제외하더라도 수하 장수에 대한 심사가 난항이었다. 왜냐하면 그들을 심사하고 등급을 알려주어야 할 원균 · 이순신 · 권율 · 이정암이 모두 죽었기 때문이었다(『선조실록』, 1602년 4월 20일). 그러므로 심사 자료는 '단지 당시의 장계와 소문'에 의존하는 것이라서 논공에 시일이 많이 소요되었다. 심사가 완료된 것은 1603년 2월경이었다.

1603년 2월 12일 공신도감은 "임진년에 순안에서 진을 치고 왜적을 차단하여 행조(行朝)를 보필하고 중국군의 길잡이가 되어 지역 의병을 수합한 순찰사 이원익"을 최고 공신으로 선정하였다. 아울러 선조가 전교한 대로 '이순신과 원균의 승전과 권율의 행주에서의 승전'을 으뜸되는 공으로 삼았다. 이순신 휘하에는 권준 · 이순신(李純信) · 안위 · 배흥립, 원균 수하에서는 이운룡 · 우치적 등에 대한 심사가 진행되었는데 선조는 "이순신과 원균의 해상전이 으뜸 되는 공[首功]"이며 나머지는 제대로 알지 못하니 "논공 심사하는 조정의 의논을 따르겠다"고 하였다(『선조실록』, 1603년 2월 12일).

1603년 3월 4일 공신도감은 다시 심사의 어려움을 토로하였다. "우리나라 장수와 사졸이 전쟁터에서 수고했지만 특별한 공은 없다고 하고 이순신 · 권율 · 원균 · 권응수를 제외"한 사람들에 대한 새로운 심사 방식을 상주하였다(『선조실록』, 1603년 3월 4일). 이에 대해 선조는 "수군을 중심으로 자세히 조사하고, 육군은 별 공이 없으니 같이 기록하지 말라"고 하였다. 즉, 선조는 육군에 대한 논공 심사에 부정적이었다. 그해 4월 28일에는 공신도감 당상 이항복 · 이호민 · 황진(黃璡) · 홍가신 · 박명현 등 26명이 모여서 왜적 정벌 공로자를 선발하였다. 수군에서는 이원익 · 이순신 · 권율 · 원균 · 이억기 그리고 이순신의 휘하에는 권준 · 이순신(李純信) · 배흥립, 원균

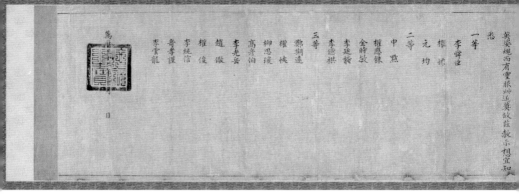

원릉군원균선무공신교서(보물 제1133호)

의 휘하에는 이운룡 · 우치적이 포함되었다.

선발 방법은 당시 올라온 장계를 살펴서 거기에 행적이 어떤지 보고 판단하는 방식이었다. 그리하여 이순신의 장계에는 권준 · 이순신의 이름이 첫머리에 있어서 문제가 없었는데, 반면 원균의 장계에는 이운룡 · 우치적의 이름이 다른 사람 아래에 있기도 하고 어떤 장계에는 '이 두 사람의 공보다 앞설 사람이 없다'고도 해서 순위를 정하기 어려웠다. 그래서 공신도감은 우치적과 이운룡은 논공하기 어렵다고 했다. 자칫 원균 수하에 대한 포상이 무산될 위기였다. 그러자 선조는 이순신의 수하는 권준 · 이순신(李純信) · 정운 · 배흥립 등 원균 수하에 비해 수효가 많다고 하여 정운과 배흥립을 삭제하였다.

그러자 빈청에서도 훈공은 같은데 탈락된 사람들이 원망할 것이라고 우려하였다. 그러면서 이억기는 전라우수사로서 전투에 참여하였으니 입록하고 대신 안위는 삭제하였다. 그런데 이 시점에도 원균은 2등 공신이었다. 이유는 "원균은 당초 군사가 없는 장수로 해전에 참여하였고, 뒤에는 주사를 패전시킨 과실이 있으니 이순신, 권율과 같은 등급일 수 없다"는 것이었다(『선조실록』, 1603년 6월 26일). 이에 선조는 1603년 6월 26일에는 비망기를 내려서 원균의 공은 삼공의 으뜸이라 하며 1등 공신으로 책봉해야 할 당위성을 이렇게 말했다.

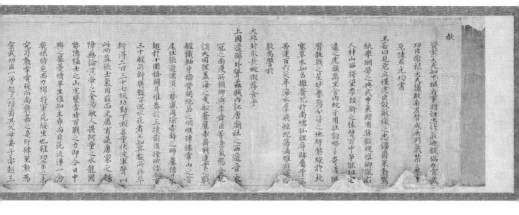

원균을 2등에 녹공해 놓았다마는, 적변(임진왜란)이 발생했던 초기에 원균이 이
순신에게 구원해 주기를 청했던 것이지 이순신이 자진해서 간 것이 아니다. 왜적
을 토벌할 적에 원균이 죽기로 결심하고서 매양 선봉이 되어 먼저 올라가 용맹을
떨쳤다. 승전하고 노획한 공이 이순신과 같았는데, 그 노획한 적의 우두머리와 적
선[樓船]을 도리어 이순신에게 빼앗긴 것이다. 이순신을 대신하여 통제사가 되어
서는 원균이 재삼 장계를 올려 부산 앞바다에 들어가 토벌할 수 없는 상황을 극력
진달했으나, 비변사가 독촉하고 도원수 권율이 윽박지르자 원균은 패전할 것을 환
히 알면서도 주둔지[鎭]를 떠나 왜적을 공격하다가 드디어 전군이 패배하고 그는
순국하였다. 원균은 용기만 삼군에서 으뜸이었던 것이 아니라 지혜도 또한 지극했
다(『선조실록』, 1603년 6월 26일).

한 달 후인 1603년 8월 17일 선조는 다시 비망기를 내려서 "왜적을 물리
친 공은 이순신·원균·권율이 마땅히 1등이며, 그 밖에는 모두 삭제하라"
고 지시하였다. 두 번에 걸쳐서 원균의 1등 공신을 요구한 선조의 요구에 대
해 빈청에서도 상당한 진통이 있었다. 결국 10개월이나 지난 1604년 6월
19일에 와서도 빈청에서는 '공신 책록을 시작한 지 4년이 지나도록 아직 심
사가 끝나지 않은 상태'라고 토로하였다. 그간 얼마나 많은 공신 명단에 수
정이 가해졌는지 추측할 수 있다. 그러다 마침내 왜적을 물리친 무장(토왜)

원균장군묘역(평택시 도일동)

으로 이순신 · 권율 · 원균 · 고언백 등 네 사람이 정해졌다. 그러자 선조는 사후조치에 대하여 물었고 빈청에서는 이순신 · 권율 · 원균 등 세 사람을 1등으로 삼겠다는 의지를 보였다. 물론 공신의 등급기록부[等及單子]도 정리하였다.

1604년 6월 21일 빈청은 이항복 · 윤승훈 · 유영경 · 기자헌 등의 대신들이 몇 명의 공신 후보자를 삭제한 조치에 우려하였다. 지나치게 원균 · 이순신 · 권율만 녹훈하고 그 이외에는 '고언백 1명만 뽑으니 권응수 등 녹훈할 만한 사람의 마음은 어떻게 달래며 그들이 실망하면 뒷날 위급한 때 어떻게 힘을 보탤 수 있는가' 하는 우려였다. 그러면서 권응수 · 이억기 · 조견 · 김시민 · 이정암 등 6인을 녹훈해달라는 주청을 올렸다.

'이순신과 원균의 휘하 장수들에 대한 녹훈도 어려웠다. 즉, 빈청 대신들은 당초 녹훈된 사람 중에 권준 · 이순신(李純信)은 이순신의 관하이고, 이운룡·우치적은 원균의 관하인데, 이들은 해상에서의 전공이 있음에도 녹훈할 만한 자료가 부족하여 우열을 논하기 어려우며 또한 의거할 만한 문헌[文籍]조차 없어서 공의 경중을 분간하기가 어렵다'(『선조실록』, 1604년 6월 21일)는 것이었다. 이러한 대신들의 주청은 수군인 원균과 이순신과 그 측근에 대한 지나친 논공으로 자칫 다른 장수들의 사기가 떨어질 것을 걱정한 것이었다. 수군에 대한 과도한 논공에 대한 견제이면서도, 특별히 이순신 측근에 대한 비대한 포상을 견제하는 의미에서 원균을 상대적으로 우대한 것이기도 했다. 이런 우려 속에 1604년 6월 24일 마침내 호성공신 3등급, 선무공신 3등급, 청난공신 3등급을 정한 공신녹권이 완성되었다.

호성공신 1등은 이항복·정곤수였고, 2등에는 이원익·윤두수·윤근수·류성룡·김응남 등, 3등은 정탁·허준 등 총 86명이었다. 그중에서 내시가 24명, 이마(理馬)가 6명, 의관이 2명이고, 별좌와 사알이 2명이었다. 1등에는 이원익이 처음 물망이었으나 결국 끝까지 선조를 옆에서 호종한 이항복이 받았다. 이는 역시 국내 동원보다 명나라 군대 동원에 기여하고 선조 옆에서 오랫동안 호종한 측근 위주로 포상한 사실을 보여준다. 반면 이원익에게는 칠천량 패전의 책임을 고려한 것이었다.

선무공신으로 1등은 이순신·권율·원균, 2등은 김시민·이정암·이억기, 3등은 권준·이순신(李純信)·기효근·이운룡 등 18명이었다. 이에 대하여 훗날 『선조실록』편찬에 참여한 사신은 "호종한 것을 논공하는 것은 마땅치 않다는 말도 있는데, 요리나 하고 말고삐나 잡던 천한 자까지 맹부(盟府)에 이름을 올리는 이가 무릇 35명이다. 왜적을 무찌른 공[征倭]은 비록 중국군의 것이지만 우리 군도 진을 펼쳐서 승전한 곳도 있다. 호종한 신하들은 많이 넣고 싸움에 임한 장사들은 박하게 대우하니 진정 공로에 답하는 방도를 잃었다"(『선조실록』, 1603년 2월 12일)라고 꼬집었다. 호성공신은 큰 공이 아닌데도 큰 상을 받고 반대로 육군은 일본군과 싸워서 상을 줄만한데도 완전히 무시되었다는 불만이었다.

그렇다면 이러한 논공 과정에서 선조는 어떤 입장이었을까? 선조는 원균과 그의 부하에 대한 심사를 위하여 오랫동안 비변사의 의견을 거부하고 이순신 수하에 대한 포상 범위를 제한하였다. 이런 선조의 행위가 원균에 대한 '과도한 믿음의 결과'라고 보는 것은 정답에 가깝지만 옳은 답은 아니다. 오히려 이순신의 이름 아래 결집할 새로운 현재의 세력에 대한 깊은 우려와 견제 의지가 있었음을 말한다. 즉, 원균 수하의 공을 포폄하는 방식으로 이순신 세력을 견제한 것이다. 그 과정에서 사관도 언급했듯이 '호종'에 대한 공적 심사가 후하게 된 것이다.

선조는 누구 한 사람도 급속히 명망이 높아지고 정치적으로 세력이 성장하는 것을 바라지 않았다. 원균은 전란에 공이 큰 충성스런 집안이었고, 그 세력이 미미하니 별도였을 뿐이다. 비변사 입장에서는 지역 의병에 대한 포상과 지역 주민에 대한 지배관계 확보라는 현실적 과제를 위하여 전쟁 중에 육군이 보다 많은 역할을 한 사실을 확인받고 싶었다. 그러나 선조는 그런 의지에 대해 반대하고 공신 반열에 이원익이나 류성룡을 낮추고 중국군을 몰고 온 이항복을 호종 1등으로 만든 것이다.

공신이 되면서 원균의 묘는 오랫동안 충훈부에서 관리하였는데『승정원일기』에 의하면 1687년(숙종 13년 9월 12일) 그곳의 지력이 쇠하여 이장을 독려하면서 관청의 지원으로 선조들이 있는 평택으로 옮겼다고 한다.

과연 누가 원균과 이순신을 죽였는가?

나라를 위한 영웅의 일생을 돌아보면 참으로 마음이 고적하다. 그 이유는 민족을 위해 온 몸을 바친 이러한 선각자 영웅들의 목숨이 그다지 길지 않았기 때문이다. 백범 김구가 그랬고, 성웅 이순신도 그랬으며, 북동 6진의 김종서, 『아리랑』의 김산(金山)이 그랬다. 그런데 누가 이들을 죽였는가? 그리고 이순신은 누가 죽였는가? 대체로 많은 사람들은 원균은 칠천량 해전에서 패사하여 추원포에서 도망하다 죽었고, 이순신은 노량해전에서 일본군의 흉탄에 유명을 달리한 것으로 알고 있다.

임진왜란의 두 영웅은 이처럼 무언가 강요된 현실 속에서 자신의 뜻과 상관없이 죽음을 당했다. 물론 이순신은 자살일 수 있다는 설이 있지만, 늘 원균과 이순신 두 수군 장군의 죽음은 당파싸움이나 혹은 원균 모함 등의 이상한 주장들에 휩싸여 버렸다. 그래서 이순신은 원균이 모함하고, 원균은 무능해서 죽었다는 일반적인 생각에 무차별적으로 독자들을 내몰고 있다.

하지만 원균의 죽음은 역시 남도의 수군 패자가 될지도 모르는 수군통제사 원균에 대한 미묘한 문신출신 육군(권율)의 견제에 의해서 시작되었고, 이순신의 죽음도 남도의 메시아 같은 그에 대한 정부의 농간이 크게 작동하고 있었다. 원균도 죽을 때 오직 죽음만이 있을 뿐이라는 비장한 고민을 배설에게 토로했던 것처럼 이순신도 죽을 때 나의 죽음을 적들에게 알리지 말라는 비장한 명령이 있었다. 두 사람은 비장하게 죽었고, 죽음을 마다하지 않았던 애국적인 충신이었다.

그런데 원균에 대해서는 도망갔느니 비참하게 죽었느니 하면서 죽음의 비밀에 대한 관심이 그다지 많지 않았지만 특히 이순신의 죽음에 대해선 자살설에서 타살설, 혹은 암살설 등 갖가지 논의가 나왔다. 또한 이순신이 막강한 수군을 거느리면서 임진·정유의 7년 전쟁 동안 적의 근거지인 부산포(釜山浦)를 치지 못한 것에 대해서도 많은 의문이 제기되고 있다. 그런 많은 의문의 출발점에 되돌아가 보면 이순신이 단순한 수군통제사만은 아니었다는 사실을 발견하게 된다. 달라진 일본군에 대한 견제와 연약한 조선의 경제적 지원 여건에 대한 조그마한 고려만 있었다면 그러한 부산포 공격이 얼마나 무모한 작전이었는지 알 수 있었을 것이다.

반면, 원균도 통제사가 되자마자 자신이 말했던 해로차단 전략이 얼마나 무모한 착각이었는지 금방 발견했다. 그가 보았던 새로운 세상에서 그는 상당한 고민이 필요했을 것이고, 그가 이러한 세상에 적응할 수 있는 시간은 너무 짧았다. 국가권력을 쥐고 생사여탈을 쥐고 있는 문관 도체찰사 이원익 도원수 권율의 무지막지한 권력의 폭압 앞에서 결코 물러서면 용서하지 않겠다는 선조의 협박 앞에서 자존심 강한 무인 원균의 자존심은 상처를 입었고, 오판의 위험도 그만큼 커졌다. 권율에게 원균은 오직 수단화되어야 할 무인 나부랭이였다. 칠천량에서 원균이 배설의 권유에도 오직 죽음만을 말한 것도 이미 자신의 삶이란 더 이상 용납되지 못한 현실을 알았기 때문이었다.

이처럼 칠천량 해전을 촉발한 일등공신은 역시 이원익과 권율이었고, 선조가 그것에 부화뇌동함으로써 발생한 수군의 비극이었다. 이는 이순신의 책임도 아니고 원균의 책임도 아니었다. 현장 사정을 모르는 조정과 육군의 입장만을 고민한 권율, 그리고 그럴듯한 해로차단 작전에 대한 신념으로 가득 찬 이원익의 강권이 만들어 낸 수군의 비극이었다. 그런데 집권 세력들은 모두 권율과 이원익의 잘못을 보지 않고 원균과 그의 수군 장수에 대한 패전의 책임을 묻는 데 관심이 집중되어 있었다. 실제로 모든 계획을 한 도원수 권율과 도체찰사 이원익에 대해선 아무런 치죄의 움직임이 없었다.

이런 분위기의 조선에서 이순신이나 원균은 자신이 죽을 자리가 어디인지 잘 알았을 것이다. 이순신이 무조건 부산포를 치지 않은 것은 첫째, 외해이기 때문에 판옥선의 기동이 불가하고, 둘째, 부산포 인근에 정박할만한 항구가 부재하여 조선 수군이 중간에 안전하게 기항할 곳이 없으며, 셋째로 조선 함대의 움직임이 적에게 노출된다는 논리였다. 그런데 거기에는 또 다른 이유가 있어 보인다. 적어도 이순신은 왕조가 일본군의 마수 앞에 백성을 내팽개친 상황에서도 그들을 지키고 보호했던 '남도(南道) 백성의 수호자'였다.

한산도를 중심으로 조선수군이 진을 치고 있는 곳은 백성들이 전란을 피하여 목숨을 연명할 수 있었던 안전한 거점이었다. 그 곳에서 백성들은 새롭게 시장을 세우고 돈을 모았으며 의식 있는 병사들은 '불궤(不軌:혁명)의 마음'을 품게 되었고, 노비들 또한 돈으로든 칼로든 비천한 신분에서 탈출하는 꿈을 꾸었다.

그러한 분위기를 조선정부는 그냥 두고 볼 수 없었다. 전쟁기간 내내 이름 높은 의병장이었던 금산의 조헌, 진주성의 고경명, 합천의 정인홍, 의령의 곽재우 등은 한산도의 이순신 수군과 더불어 '민관연합군체제'를 구축했고, 일본군이 전라와 충청도에 한 치도 넘어올 수 없도록 철의 마지노선(Maginot 線)을 치고 지켰다. 그렇기에 일본군은 경상도 지역에 고립되었고, 조선 왕조도 전쟁을 지속하면서, 끝내 승리할 수 있었다.

하지만 중앙정부는 이들 의병장과 이순신 등의 전쟁 영웅이 지키는 지역에서 부는 새로운 변화의 바람을 좌시할 수 없었다. 그들은 이순신이 그 지역 백성들의 지지와 군사력을 바탕으로 마치 '제2의 이성계'처럼 중앙정부를 전복할 세력으로 성장할 것을 우려하여 그를 제거하려 했다. 그것은 1597년 2월 6일자 『선조실록』에서 선조가 전교한 내용을 보면 추측할 수 있다.

> "이순신을 잡아올 때에 선전관에게 표신과 밀부를 주어 보내 잡아오도록 하고,
> 원균과 교대한 뒤에 잡아오라. 이순신이 만약 군사를 거느리고 왜적과 대치하고
> 있다면 전투가 끝난 틈을 봐 잡아오라."

전투가 끝난 틈을 타서 잡아오라는 명령처럼 그의 군사력에 대한 경계심이 은연중 포함되었다. 실제로 1596년 7월에 발발한 이몽학의 난을 계기로 이순신을 비롯한 많은 의병장들이 반역의 혐의로 하옥되거나 죽음을 당하였다. 이순신이 사헌부의 탄핵을 받아 죽음을 목전에 두었고, 류성룡의 간청으로 겨우 목숨을 건져 '백의종군'했으며, 마침내 명량해전에서 12척의 군함으로 수백 척의 적 함대를 궤멸했다는 이야기는 초등학생도 아는 상식일 것이다. 『조선왕조실록』을 보면, 사헌부는 이렇게 이순신에게 죄를 뒤집어 씌웠다.

> "왜적이 재란을 일으켜 쳐들어 오는데도 나아가 싸우지 않고 또 적의 소굴 부산
> 포를 치지 않았기에 나라를 배반했다"

이 정도의 탄핵은 이번 만이 아니었다. 수군통제사로 있는 동안 틈만 나면 참소되었고, 이순신에 대한 탄핵은 한 해도 그치지 않았다. 하지만 조선정부는 정유재란이 있기 전에는 이순신을 죽이지 않았다.

그런데 정유재란이 시작될 위기 속에서 이순신을 제거해야 할 절박한 이유는 무엇일까? 정유재란이 있기 전 조정은 수군에 대한 적극적인 병참지원을 할 수 없었고, 기근과 일본군과의 대치로 인해 백성들은 정상적으로 곡물을 수확할 수 없었다. 이러한 상황에서 정유재란이 점쳐지자 다시 이순신 진영에는 전란을 피한 백성들이 모였고, 새로운 형태로 군부 안에 이순신의 영향력이 강화되자 이순신 제거 계획이 급조된 것이다. 민요 '강강술래'에서 님[민중 혹은 이순신]의 승전을 바라는 민중의 애달픈 가사가 아직도

전하고 있다. 자신을 향한 조정의 끈질긴 모함을 알았지만 이순신은 참담한 조선현실과 일본군과의 대치 속에서 근심의 밤을 보내고 있었다.

"한산섬 달 밝은 밤에 수루에 홀로 앉아 깊은 시름"하게 한 것은 일본군의 침략에 죽어가는 백성이었고, "애간장을 끊나니" 하게 만든 것은 바로 도탄에 빠진 백성을 보고도 아무것도 할 수 없었던 조정의 무능에 대한 분노였을 것이다. 이순신이 전쟁영웅이고 백성의 지지를 받는 이상 이래도 저래도 죽음 이외에는 혁명만이 있을 뿐이었다. 조금씩 연구를 진척할수록 원균의 죽음도 이순신의 죽음과 크게 다를 것이 없는 당대의 현실을 발견하게 된다. 대신 그들이 성장할 수 있는 기회에 길목에서 먼저 그들의 목숨을 앗아가는 길을 알아 낸 문신의 궁극적인 정치적 승리였다는 점이 역사가 주는 쓸쓸한 뒷맛이다.

2. 충신에서 간신으로, 패장을 향한 인신공격

가. 원균은 충신. 그러나 패배했으니 교훈삼자

1603년 4월 21일 『선조실록』을 보면 공신 책정을 앞두고 거제도 해양의 전투에서 보여준 원균의 공을 정리하였다.

> 임진년에 이순신이 전라 좌수사로서 전함을 거느리고 경상우수사 원균과 함께 거제도 앞바다에서 왜적과 싸워 크게 쳐부수고 왜적의 배 50여 척을 포획하여 전란 이래 제 일의 공을 세웠다. 그러나 그 때 계책을 마련하여 먼저 올라갔던 것은 모두 원균이며, 이순신은 달려와서 구원했을 뿐이다. 크게 이긴 뒤 원균이 행조(行朝)에 장계를 올리려 하자 이순신은 속이면서'원균과 협력한 마당에 이러한 소소한 승전마저 굳이 조정에 장계할 필요가 있을까요? 나는 다른 도에서 구원하러 왔기에 병기를 갖추지 못했으니, 왜적에게서 노획한 것을 써야겠다.'고 하자 원균이 따랐다.

이러한 선조의 '원균 사랑'은 진실로 원균의 전승을 기뻐한 결과인 쓴 것일까? 원균보다 훨씬 이순신의 위상에 대한 우려가 컸던 선조가 원균의 승전을 이용하여 이순신을 폄훼하거나 군공을 축소하려는 의도가 더 깊었다. 수군 장군 두 사람은 모두 최선을 다해 국가를 보위했지만 선조와 비변사의 이해관계와 새로운 영웅 출현에 대한 선조와 조정의 우려가 두 장군에 대한 후세 평가를 극단적으로 만든 중요한 단서가 되었다. 선조는 가능한 원균의 입장에서 비변사는 이순신의 입장에서 새로운 영웅의 출현을 걱정스럽게 바라보았다.

그러한 우려와 견제의 총체적인 결론이 바로 두 장군의 죽음이다. 원균은 이순신의 견제 수단으로 이용되었고, 이순신도 원균과 같은 근왕적인 세력의 발호에 대응하여 내세울 수 있는 카드였다. 따라서 선조 시절 원균은 '충의'의 대명사였고, 이순신은 '의리'의 대명사였다. 광해군 시절에도 여전히 원균은 충의를 앞세운 '근왕지신'의 반열에 있었다. 광해군 7년(1615년 11월 18일) 당시 충신전을 건립하는데 광해군은 "김천일을 충신에 넣는다면 이대원 · 이순신 · 원균 · 이억기 · 최호 · 이복남 · 임현 등도 수록해야 한다"라고 하여 원균과 이순신을 추호의 반감도 없이 충신의 반열에 올렸다.

이 시기에는 자주 원균의 패전을 논하지만 원균의 인성이 어떻고 원균의 체중이 어떻고 하는 인간적인 폄훼는 나타나지 않는다. 패전은 하였으되 승전한 이순신과 장수로서의 능력을 대비하는데 이용될 뿐이었다. 『승정원일기』(1639년 3월 21일)를 보면 거제도 지역의 방어책과 관련해 인조와 유림이 대화를 하는데, 유림이 "이순신은 전라좌수사로 있을 때 적선이 오면서 부산의 견내도에서 격파하였습니다"라고 했다. 그러자 인조는 "병기의 튼튼함보다 그 사람이 어떤 사람인가에 달려있으니 원균은 패하고 이순신은 크게 이겼다"라고 답하였다. 그러자 유림은 "어찌 원균과 이순신의 승패에만 그렇겠습니까?"라고 하여 승패의 대비를 위해 두 장군을 인용할 뿐이었다.

『효종실록』(1650년 6월 22일)에서도 "비변사가 아뢰기를 영남 주사의 방수군은 본래 수군으로 정하여진 것은 아닙니다. 임진왜란이 일어난 초기에 이순신과 원균 등이 계획하여 창립할 때 각종 군병을 통합하였고, 또 도내 각사의 노비에게 윤번으로 방수하러 간 것이 규례가 되어 지금까지 시행되고 있습니다."라고 하였다. 노비를 방수군에 들게 하는 제도는 국가적으로 중요한 사안이었는데, 이 때에도 원균과 이순신이 함께 이 계획을 세웠다고 하면서 원균을 부정하는 언급을 하지 않았다. 『비변사등록』(1653년 2월 26일)에서도 통영에서 선박에 대한 낙인제도를 폐지하자는 주장이 올라오자 비변사는 "이순신 시절 왜적과 전쟁할 때 선박은 모두 이순신이 사용하였고 표시나 관리 유무는 중요하지 않았다. 그리고 원균이 장수가 되면 패배하고 이순신이 장수가 되면 승리하니 오직 장수의 좋고 좋지 않음에 달려 있을 뿐 배에 낙인을 하든 말든 그게 무슨 상관입니까?"라고 답하였다. 낙인제도 자체는 승패의 역사와 상관없다는 것이었다.

현종 시절에는 원균의 묘를 이장하는 데 상당한 국가적인 특전과 상부의 요구가 있었고, 이에 모든 비용이 국가의 비용으로 이뤄졌다(『승정원일기』, 현종 8년 1667년 9월 18일). 숙종 시절 민정중(당시 인현왕후 민씨의 숙부)은 "원균이 많은 전선을 모아두었다가 바다에 처넣고 도망친 뒤에 이순신이 배 몇 척을 가지고 적을 쳐부수었으니…문제는 장수가 장수라야지 그렇지 못하면 배가 아무리 많아도 어디 쓰겠습니까"(『국조보감』, 1681년 5월)라고 하여 원균을 패전지장으로 비판하지만 인격적으로 모독하지 않았다.

1703년 숙종이 홍하명을 삼도통제사에 제수하며 내린 교서에서도 이순신은 양장으로 표현하여 높이지만 반대로 원균은 악장으로 표현하지 않았다.

> 바다를 지키는 통병의 지팡이를 잠시라도 놓으면 위험하다. 나라가 택한 장수는 중요한 사람이니 변함없는 어깨와 한 마음으로 수군을 통솔하여 나라를 지키는 것을 한시라도 잊지 말아야 난을 이기는 첫걸음이다. 이것은 마치 이순신과 같은 양장은 공로가 있었으나 원균이 어리석은 재주에 기대다 결국 패배하고 마는 죄를 범한 것을 임지에 가면서 반드시 마음에 새기라. 오직 사람을 얻음이 첫 번째이다 (『승정원일기』, 1703년 1월 16일).

『승정원일기』(1738년 9월 19일)에도 영조 시절 우의정 송인명이 "이순신의 재주는 당시 알아주는 사람이 없어서 원균이 이순신을 대신했지만 결국 크게 패전하였으니 지금 생각해보니 진실로 한탄스럽다"라고 했고, 『영조실록』(1750년 7월 3일)에서 호조판서 박문수도 "적을 막는 길은 오로지 장수다운 사람을 얻을 수 있는지 아닌지에 있는데, 하나의 통영(統營)인데도 원균이 장수가 되자 군대가 패망하고 이순신이 되자 가는 곳마다 겨룰만한 상대가 없었다"고 했다. 다음에도 박문수는 "원균이 장수가 되어서는 패배하였고 이순신은 승전했으니, 장수의 잘하고 잘못하는 데에 달려 있는 것이지 어찌 선박 여부에 있겠습니까?"(『영조실록』, 1753년 2월 22일 :『승정원일기』, 같은 일시)라고 하였다.

영조 시대에 자주 원균이 인용되는 것은 재주 있는 사람을 잘 가려서 써야 한다는 당대의 탕평 정신을 반영한 것이다. 그 어떤 개혁보다 그 자리에 적절한 사람을 가려서 써야만 제대로 된 정치나 제도개선이 가능하다는 이야기에 항상 단골메뉴로 원균과 이순신 이야기가 인용되었다. 그렇지만 그 모든 인용에서 원균의 패전은 문제 삼아도 원균이 성격이 어떠한지, 인성이 어떠한지는 없었다.

오히려 영조 4년(1728)에는 원균을 충신이라고 상주하는 사람도 있었다.

원릉군사우(평택시 도일동)

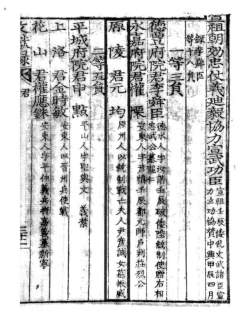

「동국문헌록」(1870년)에 수록된 원균

영조가 채팽윤에게 통제사 원균에 대하여 물으니 "원균은 임진왜란 당시 곤신(참으로 요긴한 신하)"라고 하였다. 대부분 패전한 원균으로 기억하고 일부 관료는 충신 원균으로도 마음에 두고 있었다. 그러면서 그는 "원균의 증손이 첨사가 되기도 했고, 그 자손도 계속 궁마를 다루고 혹은 선비의 길을 걷기도 한다"고 소개하였다(『승정원일기』, 1728년 2월 6일).

이 시기 대사헌 김간이 『원균행장기』를 작성하였다. 『원균행장록』은 전란 후 백 수십 년이 지난 영조 초년(1725년 경)에 작성된 글로서 원균과 부인의 묘를 합장하는데 필요한 행장을 요청받고 쓴 글이다. 그래서 직접적인 사료로는 현장감이 떨어지고 또 원균을 찬양하는 글로 되어서 어느 정도 비판적으로 읽어야 하지만 이 글 자체가 당시까지 원균에 대한 온건한 분위기가 있었다는 사실을 반영한다.

『원균행장기』에서도 나오듯이 '이순신과 원균이 마음과 힘을 합하기를 청하고 반드시 흉도를 초멸하여 해사의 기세를 확장하기로 약속하였으며 불태우고 빼앗고 붙잡고 적의 목을 벤 공이 이순신에게 사양할 바 없었다'고 하여 행장답게 원균의 공을 높이 평가하였다. 그런데 주목할 만한 글귀가 있다. "원균이 이순신과 마음과 힘을 합하고자 하여"라는 서술이다. 대사헌 김간은 당시 갈등 중이던 노론과 소론의 탕평을 기대하려는 지식인으로서 고민을 담았던 것이다. 원균이 높이 평가될 때는 역시 사회적 소통이 강조되던 시점들이었음을 알 수 있고, 이순신만 강조될 때는 성장과 리더십이 강조될 때였다.

요컨대, 영조 초년까지 원균 관련 기사는 제도개혁보다 능력있는 인물을 사용하는 것이 치국에 훨씬 유용하다는 사례로 자주 인용되고 있었다.

나. 영조 말년,'모함원균'소문이 퍼지다

원균에 대한 인식은 영조 후반부터 달라지는데, 대체로 이인좌의 난과 관련된 듯하다. 즉, 이인좌의 난이 전개되던 과정에서 보여준 이순신의 후손 이봉상·이태상·이홍무 등의 미담 때문이었다. 이봉상(李鳳祥)은 이순신의 후손으로 무과에서 급제한 다음 충청병사로 재임하던 중 이인좌의 난(1728)을 맞았다. 이인좌 군이 청주 병영을 점령하고 이봉상에게 항복을 요구했으나 끝까지 항거하다 순절하였다. 이에 조정은 좌찬성을 추증하고 시호를 충민이라고 하였다.

이홍무(李弘茂)는 이봉상의 숙부였다. 이인좌 군이 이봉상을 죽일 때 함께 병영에 있었는데, 이인좌 군이 항복하라고 하자 '불의에 굴복할 수는 없다'고 하면서 무릎을 꿇지 않았다. 이름을 묻자 '죽이려면 죽일 것이지 이름은 물어 무엇 하겠는가?'라고 대항했으며, 병부(兵符)의 소재를 묻자 '알더라도 말할 수 없다'고 하면서 항거했다. 그러자 이인좌 군은 가쇄(枷鎖)를 씌워서 감옥에 가두었고, 그는 결국 단식하면서 죽었다.

마지막으로 이태상(李泰祥)은 영조 말년, 정조 초년의 삼도수군통제사였고, 재임 당시 「임진장초」 등 이순신과 관련한 귀중한 사료를 정리하여 훗날 《이충무공전서》를 편찬하는데 크게 기여하였다. 이인좌의 난 이후 정통성에 상처를 받은 영조는 이순신을 통하여 백성에게 충성이 무엇인지 보여주고 싶었다. 그 와중에 원균에 대해서도 그냥 칠천량에서 패전한 사람이 아니라 이순신을 통제사에서 물러나게 한 참소와 비방의 주범으로 생각하기 시작하였다. 점차 원균의 부도덕과 이순신의 지극한 충효의가 대비되기 시작하였다.

> 임금(영조)이 말하기를 "이순신이 해적을 격파하고 연일 승첩을 구가하는데, 요사이라의 반간계에 속고 거기에 원균의 참소와 비방(元均之讒謗)으로 인해 죄를 받아 형을 당하는 상황에 이르렀는데, 그때 정탁이 구하여 명을 살리니 옥문을 나와 나라에 지은 죄 충으로 보답하기로 결심하고 아울러 부모에 효를 결심하고 몸소 말을 잊으니 듣는 소리마다 비통해하였다. 원균이 패몰한 후 백의종군으로 패망한 병사를 수습하니 능히 56척에 이르러 마침내 왜적을 격파하기를 시종여일하였으니 어찌 성공이 여기에 그치겠는가?"(『승정원일기』, 1756년 1월 16일)

『선조수정실록』을 제외하고 공식 기록에서 이렇게 원균의 참소와 비방 문제나 이순신의 지극한 충성과 효성에 대한 비통한 감격이 본격적으로 대비된 것은 이번이 처음이었다. 이제 곤신 원균 이미지가 모함 원균 이미지로 정립되기 시작한 것이다.

정조는 이러한 영조 시절 변화된 원균 이미지를 더욱 강화하여 인격 파탄의 이미지로 몰아갔다. 급기야 "충무공이 김덕령과 서로 갈등하게 된 것은 재상인 류성룡이 상주하지 않아서 그런 것이 아니라 원균의 참소 때문"(『승정원일기』, 1788년 10월 10일)이라고 하여 정조가 충무공과 김덕령간의 갈등을 원균의 참소로 인한 것이라고 확신하고 있다. 이처럼 영조와 정조 연간을 거치면서 옛 곤신 원균의 기억은 사라지고 모함 원균이미지가 자리 잡게 되었다. 『홍재전서』(전선인)에서도 원균은 "충무공을 대신했지만 백 척이 넘는 전선을 도탄에 빠지게 했고, 충무공은 원균을 대신했지만 열세 척으로 육백여 척을 쳐부수었으니 좋은 사람을 얻는다면 어찌 배가 많고 적음을 말하리"라고 하여 '교훈적 원균 패장론'은 계속되었다.

그런데 1795년 9월 14일 규장각 문신 윤행임에 의해《이충무공전서》가 발간되었다. 여기서 정조는 이순신의 '충의를 드높이고 공로에 보답하며 무용을 드러내고 공적을 표창하려는 뜻에서 본 전서를 발행한

『승정원일기』, 1756년 1월 16일자

다'고 하였다. 그리고 내폐 금 500민(緡, 꾸러미, 1민=1냥, 1000푼, 100전)과 어영금 500민을 보조하였다(『정조실록』, 1795년 9월 14일). 당시의 국가적인 공식 물가가 5냥 정도에 미곡 1섬(석)이었으니 미곡 200석 규모의 자금이었다. 땅값으로 보면 약 30마지기에 해당하는 거금이었다.《이충무공전서》가 발간된 해는 화성이 축조되고 거대한 군사퍼레이드와 축성행사가 벌어져서 귀족 관료에 대한 왕권의 서슬을 과시하던 때였다. 즉위할 때부터 사도세자의 아들임을 안 정조가 노론 벽파의 견제에 대응하여 충의와 무용을 고양할 정신적인 자료를《이충무공전서》에서 찾으려 한 결과였다.

원균과 이순신을 사욕과 충의로 대비하려는 노력은 당시 조선이 오랫동안 청나라로부터의 치욕을 씻으려 했던 결과였다. 그리고 문화적 자부심에 상처를 받은 양반 사회의 활력을 높이기 위한 조치이기도 했다. 소중화로서 민족적 자부심을 확보하기 위한 고민과 절치부심의 반청의식이 민족의 영웅인 이순신을 다시 불렀던 것이다. 이런 의미에서 정조는《홍재전서》편

찬이나 규장각 설치 등을 통해 학문의 융성을 도모하였고 농민교화 확대와 《대전통편》과 같은 국가기강의 정립, 역사서의 편찬 등을 추진했다.

정약용의 시 〈팔량령을 넘으며〉[踰八良嶺](다산시문집 2권)에도 원균에 대한 이야기가 나온다.

팔량령을 넘으며	/ 踰八良嶺
팔량고개 험난한데 맥파를 지나오니	/ 八嶺崎嶇度麥坡
운봉현 한 가닥 길 하동까지 이어졌네	/ 雲峯一路接東河
원균이 적 놓쳤던 산 막힌 게 없이 트였고	/ 元均縱賊山無障
유수의 이름 새긴 돌 마멸되지 않았네	/ 劉帥鐫名石不磨
반듯한 돌에 '유정이 이곳을 지나갔다	/ 劉綎過此
섬 오랑캐는 우연히 주흘산을 넘었으나	/ 島虜偶然由主屹
대방은 이곳에서 신라를 대항했었네	/ 帶方於此抗新羅
금성 철벽 만약에 다시 설치한다면	/ 金城鐵甕如重設
바다 위에 출몰하는 왜적 아니 두려우리	/ 不怕蜻蛉點海波

원균을 말할 때는 항상 적을 놓치거나 잘못해서 배를 몰살시킨 패전지장이었다. 정약용조차도 그는 일본군을 쫓다가 놓친 사람으로 보았다.

이러한 경향은 고종 시대에도 마찬가지였다. 이 시기는 왕실을 중심으로 추락하는 왕권을 지켜줄 영웅, 죽음으로 종묘사직을 지켜준 인재에 대한 갈망이 커졌다. 김병학과의 대화에서도 고종은 "저 배가 아무리 정교하다 할지라도 언젠가는 부서지며 옛날 임진왜란 때 원균이 패한 이후 이순신이 거북선으로 대파했으니 지금도 이러한 사람이 있은 즉 걱정할 것이 없다(『승정원일기』, 1871년 5월 15일)"고 했다.

이처럼 공식 기록에 나타난 원균의 패전에 대한 인식은 탕평책이나 제도

개혁에서 물질적 가치가 강조될 때, 또는 그것을 반대하면서 인치(仁治)와 인재 발탁 그리고 인사의 공정함을 교훈적으로 설명할 때 자주 인용되었다. 그런 면에서 원균은 패장의 비극과 인사의 적절성을 교훈적으로 설명하는 대표적인 표본이었다. 패장은 패인이 있어서 패하고, 승장은 승리할 만한 이유가 있어 이긴다는 이분법적 관념은 경쟁과 정쟁에서 살아남기 척박해지는 조선후기 사회에서 무척 각광을 받는 생각이었다. 거기에는 이순신과 같은 승장의 기억이 훨씬 역사적으로 모범이 될만 했다.

이처럼 조선 말기까지도 승장과 패장으로 비교되고 이분법적인 인식에 근거하기도 했지만 원균에 대한 인격적 모독이나 인성의 부족 등 유전적 요인을 설명하면서 도덕적 상처를 내는 국가적인 공식 기록은 없었다.

다. 원균을 잊어야 산다

공식적인 기록에서는 원균을 충신으로 배려하는 사례가 많듯이 일부 문집에서도 이순신과 원균을 함께 나라를 지킨 믿음직한 장수로 칭송하는 글이 있다. 예를 들어 『기재사초』(寄齋史草) (임진일록 1592년 7~8월)에는 "적들이 전라도로 감히 쳐들어오지 못하는 것은 원균과 이순신이 한 곳에서 합전"했기 때문이라고 하였다. 그럼에도 조선후기 각종 문집 등 개인기록에서는 수군 패전을 초래하는 원균에 대한 도덕적이고 악의적인 폄훼 작업이 차고 넘쳤다. 물론 이들 문집은 대체로 두 가지 유형인데, 하나는 이원익 · 권율 등의 문신 후예들이 자신들의 행적을 합리화하고 정당화하기 위하여 각종 문필로서 원균의 도덕적 미흡을 꼬집은 내용이다. 먼저, 1600년에 쓰인 『달천몽유록』에도 원균이 장수들 모인 자리에도 끼지 못한 채 귀신들에게 희롱 당하고 있는 이야기가 나온다.

긴 시냇가에서 여러 귀신들이 손뼉을 치며 웃으므로 그 까닭을 물으니 통제사 원균(元均)을 기롱하고 있는 것이었다. 배는 불룩하고, 입은 삐뚤어지고, 얼굴빛은 흙빛이 되어 기어왔으나 퇴짜를 맞고 참여하지 못하였던 것이다. 언덕에 의지하여 두 발을 죽 뻗고 주저앉아 주먹을 불끈 쥐고 길게 탄식할 뿐이다. 파담자 역시 크게 웃고 조롱하다가 기지개를 켜고 깨어나니, 그것은 한바탕 꿈이었다.

여기서 귀신들은 아마도 임진왜란 당시 열심히 싸우다 사망한 사람들이고 반대로 원균은 제대로 싸우지 못한 패장으로 귀신의 조롱을 받는다는 내용이다. 패장에게 가해지는 조롱이 이 정도라면 그다지 나쁘지 않다. 왜냐하면 열심히 싸우다 죽은 사람에 비하면 도망한 원균에 대한 불편한 인식은 어쩌면 당연한 것이다. 그러나 문제는 왜 원균이 도망간 사람으로 그려지는가 하는 점이다.

'도망자 원균' 이미지가 확장되는 것은 무엇을 말하는가? 이것은 조선후기 의병장=사족 중심의 국가 재건이라는 역사적 흐름과 관련된다. 즉, 임진왜란 이후 그동안 애쓴 의병장들이 자신의 고향에서 자신들의 전공과 공신녹권을 기초로 새로운 향촌질서를 세우려고 하였다. 일본군과의 전투는 의병장(=양반)들이 향촌사회에서 주도권을 쥐게 하는 중요한 이력이었고, 그들은 왜적과의 용감한 싸움에 대한 기억을 신화화하고 체계화하면서 강력한 지역사회의 패권을 획득하려고 했다. 그러니 도망·비겁·간신·무능력과 같은 이미지는 용납되지 않았고, 자신들의 용감성과 충의 그리고 지역에 대한 책임감을 도드라지게 하는 이미지 확립 작업이 필요했다. 이것이 서원이고 향약이었다. 사족들은 이러한 창조된 이미지와 새로운 향촌 지배 기구를 통하여 지역 사회에서 자신의 역할을 강화하고자 하였다.

조선후기의 변화는 바로 이러한 의병장 중심으로 향촌질서가 재편되는 과정의 산물이었다. 그러니 자연스럽게 전쟁에서 비겁한 행위를 한 사람에 대한 멸시가 이어졌고, 의병장들의 '책임' 이미지는 지역 사회에서 의병장 권력의 우월성을 보장하는 수단으로 정착하였다. 이처럼 당시 원균에 대한 폄훼와 '도망자 원균'이미지의 형성은 이러한 의병장=사족 중심의 향촌질서 변화와 깊은 관련이 있었다. 『달천몽유록』의 내용은 그러한 이미지를 에피소드 방식으로 정리한 픽션이었다.

이어서 원균의 인격적 폄훼를 지지하는 아주 격정적인 글이 바로 안방준이 지은 『은봉전서』이다. 실제의 사실과 거리가 먼 원균 관련 사료를 가지고 온갖 형태의 원균에 대한 중상모략을 논리적으로 체계화한 문집이다.

(A) 이순신은 목숨을 걸고 계략을 짜내어 한산도에서 차단함으로써 적으로 하여금 서쪽으로 노를 저어가지 못하도록 한지 모두 6년이나 되었다. 그러나 원균은 겁이 많아 어찌할 바를 모르다가 스스로 그 전선을 몽땅 침몰 시키고 바닷가에 숨어 있는 것을 이순신이 끌어내어 진중에 두고 돈과 군량을 넉넉히 보급해 주고 자기가 싸워 얻은 적의 머리와 포로를 원균에게 나누어 주었다.

(B) 원균은 이순신을 시기하는 마음을 품고 이순신을 해치려는 흉측한 짓이 극도에 이르렀다. 이순신이 바다의 왕으로 자처한다는 헛소문을 퍼뜨리면서 모함하고 가토 키요마사가 바다를 건너자 장계를 올려 이순신이 두려워서 머뭇거린다고 하여 체포당하고 국문을 받게 만들었다.

『은봉전서』에 나오는 원균 관련 기록이 어느 정도 신빙성이 있는가를 보자. 먼저 (A)에서 호기심이 드는 것은 '이순신이 비겁한 원균에게 온갖 정성을 다해서 구원하고 지원했다'는 주장이다. 하지만 어떤 사료에도 이순신이 원균에게 자진해서 수급을 주고, 숨어 있는 원균을 끌어내어 돈과 군량을 주었다는 기록은 없다. 몽땅 침몰이니 하는 말에서 『선조수정실록』에서 원균을 배격하는 유사한 신념체계가 드러난다.

(B)도 마찬가지다. 원균이 장계를 보내서 '이순신이 머뭇거린다'고 고자질하였다고 하지만 어떤 공식 자료에도 이런 기록은 없다. 조작된 기억이고 이순신이 한양에 끌려간 것에 원균의 숨은 노력이 있었는지도 현행 자료로는 확인할 수 없다. 조정이 이순신에게 죄를 준 것은 ① 가토의 상륙을 저지 못한 죄 ② 부산 왜영 방화 사건의 군공 조작한 죄 ③ 부산포를 치지 않은 죄 ④ 원균 아들을 무고한 죄 등이었다. 사료 상으로 원균이 모함해서 이순신이 걸려들었다는 논리는 근거가 없다.

안방준은 원균의 친척이었다. 그는 왜 『은봉전서』에 그런 글을 실었을까? 친척인데 실제와 다른 이야기까지 만들어 원균을 비판한 이유는 무엇일까? 안방준의 왜곡에 무언가 석연치 않은 이유가 있다면 글 내용의 잘잘못을 따질 것이 아니라 왜 그렇게 써야 했을까라는 점을 분석할 필요가 있다.

아마도 이 글은 칠천량 패전 이후 선조와 조정이 앞 다투어 원균의 패전과 관련된 인사들을 벌주려 하는 서슬퍼런 사회적 분위기와 관련된다. 칠천량에서 죽지 않은 사람들의 고통은 죽음으로도 해결되지 않는 패졸의 낙인 때문이었다. 나라를 저버렸다는 낙인. 그래서 선조가 원균을 옹호할 수록 조정의 치죄에 대한 원균 측근의 공포는 막심하였다. 원균 집안의 사람들은 공신이 많아서 선조의 아량으로 녹공을 받았지만 별반 연줄 없는 배설이나 수많은 원균의 수하들은 칠천량 패전에서 닥친 불명예에 가슴 아파야 했다.

권율은 "원균의 부하장수들이 임금의 명령인들 우리가 왜 듣느냐 하면서 원균과 상부의 지시를 듣지 않았다"고 장계를 올리는 판이었다(『선조실록』, 1597년 7월 25일). 말 그대로라면 죽으려고 작정한 부하들이었다. 『은봉전서』류의 기록은 그러한 자기 삶에 대한 회한과 자신의 삶을 옥죄는 것으로부터 벗어나기 위한 노력, 나아가 자신의 존재에 대한 뚜렷한 정체성 확립을 위한 고민의 결과물이었다. 안방준이 원균의 친척이어서 기록이 정확한 것은 아니다. 원균의 친척이기에 원균의 무능과 도덕적 약점에 모든 것을 덧씌우지 않을 경우 원균을 곱지 않게 보는 수많은 적들로부터 자신과 가족 그리고 가문을 지킬 수 없었기 때문이다. 선조는 임금이고, 왕이 하사하는 사랑이나 신뢰야 한번 가면 그뿐, 영원히 살아야 하는 것은 원균을 질시하는 사람들이 판치는 세상이었다. 이것은 마치 1953년 9월 지리산 빨치산 총 사령관 이현상이 죽자 그의 아버지가 집안에 그의 시신조차 들이지 말라고 엄명한 일과 다를 것이 없었다.

1597년 1월 27일 어전회의에서 원균을 그렇게 아끼고 믿었던 한음 이덕형조차 1598년 12월 7일자 장계에서 "자신은 이순신과 한 차례 서신밖에 주고받은 적이 없는 생면부지였기에 그를 잘 몰랐다"고 하면서 "지난날 원균이 이순신의 처사가 옳지 못하다는 말만 듣고, 이순신의 진실성과 용기가 남보다 못하리라 여겼다"고 하여 그동안 원균의 장점만 보고 이순신의 허물만 생각했던 것에 후회하였다. 하지만 이제 이순신이 활약하던 고금도에 들어가서 백성의 이야기를 들어보니 예전에 알던 이순신이 아니었고, "모두가 이순신을 칭찬하며 한없이 아끼고 추대하였으며, 이순신이 지난 4월에 고금도에 주둔할 때 행정을 잘하여 3~4개월 만에 민가와 군량의 수효가 한산도 시절보다 많았다"고 칭송하였다.

이처럼 원균을 아끼던 이덕형조차 옛 일을 반성하면서 이순신의 가치를 높인 것은 자신이 굳이 과거에 원균을 지지했던 사실을 후회하는 것으로 이덕형의 깊은 회한이 엿보인다. 이는 당대에 원균을 따랐던 사람이라면 모두 겪어야 했던 공통의 상처였고, 회한이었고, 고통이었다. 과거 원균을 지지했던 사실을 털어버리지 않고는 달리 충성이고 구국이고 고굉지신이고 하는 말들이 무의미하였다.

그와 같이 서슬이 퍼런 공포는 전쟁이 끝나도 계속되었다. 선조는 '원균

한 사람에게만 책임을 돌리지 말라. 대장을 구출하지 않은 죄는 그에 따른 법이 있는 것이다. 어찌 목 베고 포상해야 할 자가 없겠는가?'(『선조실록』, 1598년 4월 2일)라고 했다. 해당자에게는 죽음과 같은 공포였다. 선조의 무서운 처벌주장 속에서 원균의 이름은 더욱 기피 대상이 되었다. 그만큼 원균에 대한 기억은 그와 함께 했던 측근의 머리에서 지우고 싶은 굴레였다. 이런 이유로 자기 생존본능에서 출발한 측근들의 번민이 원균에 대한 공격으로 비화하였다. 몇 십 년이 지나면서 이런 생각은 더욱 심화되었다.

> 정유년(1597년) 왜적이 다시 군사를 증강하여 쳐들어오면서 속임수로 우리 수군을 부산 앞바다에 도열하게 하여 허실을 살피려 하였다. 통제사 이순신이 듣지 않자, 첩자[用事者]가 이순신이 일을 그르친다고 무고하여 이순신은 죄를 받고 물러났다. 이원익이 장계를 올리기를 "이 사람이 죄를 받는다면 대사를 그르칩니다."라고 하였다. 임금(선조)이 이 일을 이원익에게 묻자, 임금에게 제대로 뜻이 전달되기도 전에 원균이 와서 자리를 차지하니 임금의 본심은 아니었다. 원균은 결국 패주하여 피살되었다 (『미수기언』 −오리 이상국 유사−).

남인의 영수 허목의 이야기이다. 허목은 칠천량의 패전 원인을 원균이 재침을 위한 일본의 속임수와 그 속임수에 엮여서 섣불리 해로차단 작전을 벌인 것 그리고 이순신을 하옥하고 원균이 수군을 제대로 운용하지 못한 점에서 찾았다.

하지만 허목의 입장에는 이러한 착오가 있었다. 먼저, 당시 조정의 해로차단 작전은 전란을 하루라도 빨리 끝내기 위한 최선의 전략이었다. 원균조차도 이 전략에 찬동하면서 통제사 직위에 한발 다가갔다. 따라서 해로차단 작전은 그 자체로 잘못은 아니었으나 현장 수군의 고민과 수군의 현실을 망각한 전략이라는 점에서 문제가 있었고, 원균도 그것에 반대했다. 그런데 부산포에서 적을 막는 해로차단 작전이 마치 일본의 속임수에서 나온 허황된 것이라고 오해하였다.

둘째, 허목은 원균은 통제사가 되면 안된다고 이원익이 주청했지만 갑자기 원균이 통제사로 밀고 들어와서 어쩔 수 없었다고 했다. 또한 원균이 모든 화근을 일으켰고, 이순신을 하옥하는데 주동적인 역할을 했다는 것이다. 하지만 이는 실제 사실과 다르다. 이순신이 하옥될 당시 류성룡이나 이원익의 입장은 이순신의 교만과 직무유기를 비판했던 것이다. 그리고 같은 책 〈서애유사〉에서도 허목은 이렇게 쓰고 있다.

정유년(1597, 선조30) 첩자가 "가토 키요마사가 막 바다를 건너오고 있으니, 수군이 맞아 싸우면 사로잡을 수 있다"고 하였는데 이순신은 거짓임을 알고 듣지 않았다. 그러나 원균이 이순신을 시기하여, "이순신이 명령을 받고도 출병하지 않는다"고 모함하니 이순신이 부득이 출병하였다. 그러나 가토 키요마사는 이미 바다에서 떠난 후였다. 이순신은 공(류성룡)이 발탁한 사람이라 공을 비난하는 자들이 이순신이 일을 잘못했다고 비방하자 임금이 노하여 원균이 대신하게 하였다. 이원익 공이 힘써 다투며, "원균은 반드시 패할 것입니다"라고 하였다 (『미수기언』-서애유사).

이 기록은 『선조실록』에서 『선조수정실록』을 거쳐 원균에 대한 비판의 강도가 새로운 '창조된 사실'(=허구)이 더하여 보다 인격적이고 도덕적 폄훼까지 도달한 사실을 보여준다. 허목은 원균이 마치 '이순신이 가토 키요마사를 일부러 잡지 않은 듯 상부에 고자질하였다'고 왜곡하였다. 하지만 당시 원균은 전라 병사로 있던 시절이라 그의 주장과 부합되지 않으며, 그가 올린 장계에도 이순신을 모함한 내용이 없다. 「서애유사」에 나온 원균의 이미지는 '고자질이나 모함하는' 이미지였다. 이순신이 하옥당한 것이 일본의 속임수라고 믿는데 더하여 원균의 모함이라고 생각한 것은 대단히 정치적인 고려에서 비롯된 것이다.

그렇다면 허목은 왜 이러한 스토리를 창조했을까? 원균 이야기가 더 이상 '패전 장수의 교훈'으로 들리지 않고, 상대방 이순신에 대한 모함과 고자질로 세월을 보낸 유전자부터 왜곡된 인간으로 그리려는 진짜 이유가 뭘까? 역시 붕당정치의 폐해와 관련된다. 즉, 남인인 그가 서인과의 쟁패에서 이념적 우월성을 끊임없이 추구한 결과, 원균처럼 고자질하고 모함하는 이미지를 반대당의 당색과 연관지우고 싶었다. 당시 각 붕당들은 자신의 집권을 정당화하기 위해 끊임없이 도의와 절의로 뭉친 성리학적 인간형에 대한 자신들만의 모델을 주장하였다. 그러면서 상대방에게는 고자질하고 모함하며 끊임없이 환국을 획책하는 그야말로 유전자적으로 문제가 있고, 근본적으로 인성이 나쁜 악당의 이미지를 투영하고자 했다. 그러므로 허목에게 원균은 어쩌면 현실에서 자신을 모함하는 서인 이미지를 대변하는 것이었다.

원균은 패전했다는 그 자체로 비판받아 마땅한 장군이다. 하지만 전쟁기간 수군 총사령관으로서 패전의 비판은 감내할 일이지만 나라를 위하여 싸운 사람으로서의 인격적 수치는 오히려 실제 사실과도 거리가 멀다. 그런데 그런 이야기들이 '진위논쟁'에 빠지면서 원균에 대한 이해폭은 더욱 위축되었다. 이러한 호불호 중심의 논의를 보면서 왜 이들은 나라를 위해 죽은 원균을 패장으로 비판하는 것을 넘어 인격적 모독과 도덕적 폄훼까지 일삼는가 하는 점이다. 왜 그들은 이런 글을 양산했을까? 악한 인성의 원균은 패전할 수밖에 없고, 선한 이순신의 인격은 승리를 가져온다는 '묘한' 교훈의 역사는 무엇을 겨냥한 것일까? 그리고 그런 책동을 통하여 저자들은 무엇을 얻을 수 있었던가? 등이다. 이러한 의문을 해결하는 첫 번째 관문은 역시 실제 사실과 다른 내용으로 무장하여 흡사 마녀사냥과도 같은 언술들을 계속해서 생산해야 하는 절박한 시대적 상황을 이해하는 일이다.

원균의 패전 이야기는 워낙 사회적 파장이 큰 사건이었다. 그래서 원균의 이야기는 수많은 계층의 사람들에게 다양한 버전으로 이해되었고, 나름의 감정이 이입되어 사실이 가감되고 새로운 스토리가 더해졌다. 패전했다는 사실에서 교훈을 얻으려 했던 사람들은 차츰 왜 패전할 수밖에 없었던가에 대한 호기심을 보이게 되었다. 그런 생각이 생긴 것은 병자호란에서 조선이 패한 것과 관련된다. 즉, 위대한 성리학 세상이 있었고, 소중화의 민족적 자부심도 있었는데 왜 병자호란 당시 청나라에 조선이 패배했는지 궁금해진 것이다. 그러한 관점에서 문인들은 원균의 패전을 다시 보았고 결국 원균이라는 장수는 유전자 때부터 사단칠정이 고르지 못하고, 백성에게 '가렴주구'하는 인격을 타고 났기 때문에 패전했다는 것을 이론적으로 증명하고자 한 것이다. 이것이 병자호란 당시 조선이 패전한 근본적인 원인이요, 국난의 원인임을 확인해야 했다.

〈이순신 신도비〉(1794) 비명을 보면 당시의 그러한 논의가 잘 드러난다. 비명을 찬한 정조는 원균이 작전에 실패하고 패전한 사람이라는 비판을 넘어 고자질하고 유언비어를 퍼트려서 남을 모함하는 인격적 결함으로 가득한 인물로 묘사하였다. 즉, "조정이 통제사 자리에 이순신을 앉히고 한산도에 옮기도록 하니 당시 원균은 수치스럽다고 여러 차례 비천한 말로 언관에게 고자질하고 결국 충무공을 관청에다 탄핵하는 일도 하였으니"라고 쓴 것이다. 언관에게 고자질한 것이 사실이 아니었으나 마치 이순신이 고난을 받게 된 것이 오로지 원균의 모함 때문이라는 허구를 명문화한 것이다. 무엇보다 '도망자 원균' 이미지를 공식화한 것이 바로 〈이순신 신도비〉였다.

이렇게 패전이라는 업보에 수반한 '진실의 각색'과 '인격적 폄훼'의 수순은 역사적 사실을 제각기 자기 시대의 삶과 처지를 설명하거나 해결하는 수단으로 이용되면서 더욱 도를 넘어갔다. 그것이 그 자체로 잘못은 아니었다. 역사 자체가 시대마다 사람들에게 즐겨지는 방식이 대체로 이러했기 때문이다. 분명한 선과 악이 대비되어야 전하려는 메시지나 교훈이 스포츠 경기처럼 분명히 드러난다는 것이다. 이런 대중의 소비욕구로 인해 무언가의 목적을 담은 원균에 대한 인격적인 모독이 확장되고 원균에 대한 희화화나 멸시가 자연스러운 사실적 뒷받침으로 이뤄진 것처럼 위장되었다. 예를 들어 조경남의 『난중잡록』을 보면, "원균은 신체가 비대하고 한번 식사할 때 1말을 먹고 5묶음의 고기를 그리고 닭이나 꿩 3~4수를 먹으니 항상 배가 무거워 걷기 힘들었다. 칠천량에서 패하여 앉아 있다가 죽음을 당했다. 사람들이 그것을 나무랐다"고 하였다. 쌀 1말이나 꿩 4마리를 한 번에 다 먹었다는 말이 사실일까? 실제 밥 1말을 먹는 사람은 없겠지만 그가 대단한 대식가였다는 사실을 말하면서 이러한 인격이 패전의 유력한 단서였다는 사실을 보여주고자 하였다.

마치 오늘날에도 악한 부자나 권력자를 그림그릴 때 배부르고 기름기 넘치는 얼굴로 묘사하는 것과 유사하다. 따라서 실제로 그것을 1말을 먹었다는 것은 마치 백제 의자왕의 삼천궁녀이야기와 마찬가지 표현이다. 나아가 비대한 몸집에 대한 비아냥은 차천로(車天輅)의 「도중문 남방주사 등륙패몰 조원장군」(途中聞 南方舟師 登陸敗沒 弔元將軍, 『오산집』) 이라는 글에서 더욱 적나라하다. 차천로는 "개펄은 하늘도 빠지는 함정인데 어째서 전선을 끌고 그 속에 들어갔나. 살 찐 몸뚱이 개미 밥 되는 걸 누가 애석해 하랴"하면서 원균의 패전에 대한 악감정을 신체 일부의 모욕을 통하여 조롱하였다. 위대한 세종대왕이 갖가지 성인병에 시달려서 폭식을 해도 너무 연구를 많이 하느라 스트레스로 인해 많이 드셨다는 위로의 말씀을 올리는 것과 참으로 대조적인 평가이다. 비만이 죄가 아니라 패전이 죄인데, 비만이 대신 벌을 받았다.

또한 정조시대 안석광은 상소에서 그의 6대조 안홍국은 힘껏 싸우다가 1597년 6월 19일 안골포 앞 나루에서 죽었는데, 《이충무공전서》에는 7월

15일 한산도 군진이 무너져서 통제사 원균과 같이 죽었다고 기록되어 있다고 하고, 죽은 것은 같으나 싸우다가 죽은 것과 군진이 무너져서 죽은 것은 다르니 특명으로《이충무공전서》를 고쳐달라는 것이었다(『일성록』, 1797년 8월 20일). 그러자 예조에서는 '힘껏 싸우다가 죽은 것이나 군진이 무너져서 죽은 것은 다르다'고 안석광의 주장에 동의하면서 사실대로 바로잡겠다고 약속하였다. 항간에는 사료를 가지고 원균이 무능하고 비겁한 장수였다는 증거로 활용하는 경우가 많다.

그런데 당시 예조의 대답이 재미있다. 마치 칠천량 패전에서 죽음은 비겁한 죽음이고 6월에 미리 죽은 것은 용감한 죽음이라는 사실이다. 따라서 6월에 죽었던 8월에 죽었던 안석광의 6대조가 어떻게 죽었는가의 문제이다. 그런데 모두 원균의 수하로 있을 때의 일이었다. 죽음의 방식에 대한 지적을 마치 비겁한 죽음=원균, 성스런 죽음=이순신으로 만든 것은 사료에 대한 심층적인 분석이 아니었다. 따라서《이충무공전서》가 꼭 원균의 폄훼를 통해서 이순신을 강조하려는 저작물로 보는 것은 큰 오류였다. 일정하게 원균을 도망자, 비겁자, 고자질쟁이로 보는 경향은 있지만 원균과의 비교가 문제가 아니라 진정한 이순신다운 삶에 대한 희구와 경의를 표하여 충의와 도의를 고양하고자 한 결과였다. 정조가 현실의 정치적 고민을 하찮은 원균의 인격폄훼를 통해 해결하고자 했다고 믿는 것은 민족문화에 대한 모욕일 수 있다.

사실 이시기가 되면 패전의 원인이 작전이나 무능 때문에 빚어진 일이 아니라는 생각이 커졌다. 점차 패전을 초래한 것이 '악한 인성', '교화되지 못한 인성'때문이라는 생각이 확산되었다. 그러한 인식은 악한 자는 망하고 선한 자는 흥한다는 당대의 이분법적인 권선징악관이 묘하게 충성과 배신이라는 유교주의적 감정이입과 화학 반응을 일으킨 것이었다. 때문에 작전에 실패한 패장 원균은 성질이 나쁜 악장 원균으로 더욱 폄훼될 상황이었다. 논리적인 차원에서 설명할 수 없는 패전에 대한 원인을 인간적인 약점에서 확인하려는 의지들이 인격적 폄훼를 지속하였다. 실제와는 상관없는 인격적인 요인에 의한 패전론을 만들면서 원균은 조선인의 목을 베어야 하고, 가렴주구를 해야 했고, 기생과 노느라 적들이 쳐들어와도 고주망태가 된 '이상한' 인격으로 변화하였다.

라. 나는 원균과 다르다

(1) 방덕룡전에 나타난 원균 읽기

전쟁에 패한 장수라는 질책을 넘어 본래 악한 사람이었다는 도덕적 흠결을 지목하는 단계에 이르자 수많은 원균 옹호 세력이나 원균과 연줄이 있던 사람들의 전향이 속출하였다. 도덕률과 충효의 의미, 의리와 절개가 강조될수록 원균은 파렴치한으로 낙인을 받았고, 그러한 주군을 모셨던 부하들은 원균이라는 흙탕물에 손을 담근 '패전의 전과자' 취급을 받게 되었다. 그런 낙인이 있는 이상 스스로의 힘으로 생존하기 힘들었다. 원균과 같은 사람과 더불어 살았다고 하는 경험이 얼마나 자손만대에 화를 미칠 것인지 고민한 사람들은 상심이 커졌다. 원균의 부하로서 전란을 치르고 고생하였던 부장들의 자손조차도 원균의 도덕적 흠집으로 인해 자신의 조상이 오욕을 쓰는 것은 두려웠을 것이다.

그럴 때 원균의 그림자 속에 살았던 조상을 가진 후손들은 무언가 원균으로 발생한 몰인격적 비도덕적 굴레에서 벗어나기 위해 새로운 노력을 기울일 필요가 있었다. 전형적인 사례가 바로 『연경재전집』에 수록된 〈방낙안전(方樂安傳)〉이다. 『연경재전집』은 문인 성해응(成海應 : 1760~1839)이

쓴 총서이다. 188권 102책, 전집·본집·외집으로 구성되었다. 간행연대는 1840년으로 추정된다. 외집 중에서 권14~18은 예류(禮類)에 속하는데, 이중 17권에 〈방낙안전〉이 있다. 이에 성해응이 정리한 〈방낙안전〉을 통해서 당대 원균회피자들이 가졌던 생각이 어떻게 체계화되어 있는지 살펴보자.

먼저 방덕룡은 자가 낙천(樂天)이고, 온양 사람으로 어려서 경사에 일찍부터 통달했다. 옛 선인의 충효와 본분을 다하는 일을 논하는 일에 크게 깨닫고, 무과에 급제하여 선전관을 시작으로 군자감정으로 일하던 사람이었다. 임진왜란이 발생하자 방덕룡은 자신의 주변에 있던 장졸 100여 명을 모아서 이순신이 있는 전라좌수영에 가서 합류하고자 했다. 그런데 경기도 천안군에 이르자 마침 그곳을 지나던 원균의 사자와 만났다고 한다. 그 인연으로 원균의 군대에 들어가게 되었다. 원균 부대의 당시 사정에 대해선 이렇게 적고 있다.

원균은 전함이 70여척이었으나 싸우려하지 않아서 제장들과 모의하여 뭍으로 올라 적을 피하자 하니 방덕룡은 불가하다고 항의하고, 이에 옥포만호 이운룡이 다시 논쟁하니 원균은 부득이하여 운룡을 보내서 이순신에게 군사를 청했다 (『연경재전집』(17) 방낙안전).

재미있는 증언은 임진왜란 초기 원균이 70여 척의 함대를 본래 가지고 있었다는 것이다. 사실일까? 『선조수정실록』과 같은 불명확한 기록을 남긴 자료를 제외한다면 실제로 원균이 70척을 가졌다고 알려주는 자료는 없다. 또한 경상우도에 8관20포가 있었으니 전라좌수영보다 배가 2~3배 있었을 것이라 추정도 한다. 그럼에도 원균이 경상우수사가 된 것도 두 달 남짓이고, 유비무환의 이순신이 보유한 판옥선조차 20여 척에 불과하였다. 물론 소선이나 포작 등이나 낡은 배를 포함하면 가능하겠지만 전투력으로 지목할 정

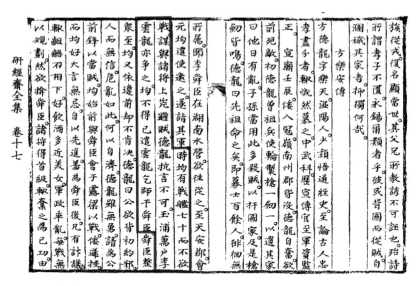

『연경재전집』(17) 방낙안전

도는 아니었다. 아울러 옥포만호 이운룡이 원균에게 적과 싸울 것을 요구하자 즉각 이순신에게 연합작전을 요청했다는 사실이 「이운룡신도비문」이나 『난중일기』 혹은 《임진장초》에 골고루 나오는 기록이다. 그것은 사실이다.

그러면서 이순신이 원균에게 실망한 이야기가 나온다. 즉, "이순신이 도착하니 원균이 또 약속을 어기고 앞에 있는 적을 물리치려고 하지 않았다"는 것이다. 그래서 방덕룡은 원균에게 엄중한 충고를 하기를 "원균 공은 처음 우리가 한 약속을 저버리는구려. 사람이 신뢰가 없으면 어떻게 위기를 극복하겠습니까? 청컨대 나를 선봉에 세워 주시오"라고 하여 자신이 선봉에 나서기를 자청했다는 것이다. 그러자 원균이 정신을 차리고 이순신과 노량에서 만나 일본군을 굴복시켰다고 하였다.

그런데 일본군을 물리치고 나니 원균이 교만하게도 '내가 앞장서서 싸웠는데, 이순신의 뒷자리에 앉았으니 수치'라고 하였다는 것이다. 그러면서 방덕룡은 당시 원균의 방탕한 생활을 이렇게 증언하였다.

계획하고 모의할 일이 있어도 번번이 저어하면서 아랫사람을 돌보지 않고 술 마시길 좋아하고 미녀를 가까이 두니 군정이 어지러워지고 매 전투마다 규제와 계획이 사라지고 그러면서 순신을 이기고자 제장들은 수급을 얻고자 하여 번번이 다른 사람들의 공을 빼앗으니 그로인해 인심이 흉흉하고 평안하지 않았다(『연경재전집』, (17) 방낙안전).

그래서 이런 원균을 방덕룡은 매번 경계하고 다그쳤으나 원균은 '스스로 만들어내는 것'이 없고, 원균이 '듣지 않으면서 오히려 이순신을 더욱 비방할 뿐'이었다고 했다. 그러자 방덕룡은 "이순신은 당세의 현명한 장수인데도 원균 공께서 가리고 있으니 무슨 허물이 있어서 그런가요?"라고 원균에게 항거하였고, 원균은 방덕룡의 지적에 분노하여 "군대 안에서 망언하는 자는 모두 참수하겠다"고 협박했다는 것이다. 결국 방덕룡은 함구하였고, '원균은 싸울 의지는 물론 왜적을 격퇴할 의지가 없어보였다'고 하였다.

사실 이 글은 성해응의 글이다. 그는 방덕룡을 통해서 무엇을 말하고자 했을까? 글 속의 방덕룡은 원균이 충청병사 시절이나 다시 통제사로 올 때까지 한 번도 원균의 곁을 떠나지 않은 충용한 원균의 부장이었다. 10년 가까이를 지낸 사람으로 서로 세월이 주는 많은 인간적 신뢰와 연민을 가지고 있었을 것이다. 늘 사이가 나빴을 것 같지도 않고 그렇다고 원균의 좋은 점만 본 것도 아닐 것이다.

하지만 그의 글에 나오는 원균은 항상 인격적인 문제가 많은 사람으로 묘사되었다. 그런데 〈방낙안전〉을 보면 방덕룡 자신은 분명 자발적인 참전이었고, 원균에게 자주 그의 허물조차 직언으로 고발하는 정직하고 도의적이며, 절의가 있는 인물로 묘사된다. 그래서 이순신이 도착해도 원균이 오지 않아서 원균에게 "신뢰 없는 사람"이라고 직언했고, 조금이라도 잘못이 있으면 용감하게 잘못을 지적하는 도덕적인 사람이라고 하였다.

반면, 직속 상관인 원균은 훌륭한 장군인 이순신을 모함하고 갖은 파렴치한 행동으로 후안무치하고 주색잡기를 일삼으며 교만 방탕해 군정이 어지러워졌다고 비판하였다. 실제로 원균이 이렇게 한 것인지는 확인할 수 없다. 하지만 〈방낙안전〉 내용은 사실적으로 확인되지 않는 이면의 이야기를 엮은 것으로 원균이 보다 비도덕적일수록 자신은 보다 도덕적인 인물로 확장되게 하는 이른바 이항대립적인 필법을 구사하여 자신을 정당화하고 있다.

그렇다면 이런 지적은 사실일까? 실재하는 원균은 어떤 모습인가? 실제로 원균은 공이 있어도 상을 받지 못해서 불만을 가지고 이순신을 찾아가 괴롭힌 것은 『난중일기』에 자주 나오는 대목이다. 많은 기록에서 원균이 그렇게 어필을 하는 모습은 사실이었다. 하지만 원균이 주색잡기, 교만방탕, 후안무치한 인물이라는 사실은 실제와 다르다. 즉, 모든 사서에서 원균은 단순하고, 군율이 엄격하고 직선적이며, 원리원칙에 강하고 돌격적이며, 인정사정이 없는 사람이었다. 따라서 『난중일기』에 나오는 원균에 대한 인상을 그대로 투영하면서 〈방낙안전〉이 작성된 것을 알 수 있는데 이러한 원균에 대한 도덕적 비판은 원균의 행적에 대한 재해석이나 새로운 해석을 원천봉쇄하였다. 이렇게 충직한 방덕룡이미지를 만든 것은 원균이 장군으로서 원래부터 도덕적인 결함을 가진 인물이고, 이에 대하여 늘 새롭게 각성하고 성찰하도록 도운 인물이 바로 방덕룡이라는 도덕적인 명도대비를 완성하기 위한 것이었다. 도덕적으로 원균의 우위인 이상 방덕룡은 도덕적인 대비에 걸맞게 능력의 대비를 통해 원균을 극복하려고 하였다. 상관인 원균은 본시 능력이 없어 남의 공을 탐낸다고 했다.

하지만 반대로 방덕룡 자신은 원균과 달리 용감하여 "1592년 6월 사천에서 30급, 1593년 2월 웅천에서 많은 적을 베었으며, 1594년 정월 고성에서 70여급, 정유년에는 안골포의 일본군을 쳐서 20급"을 베었다는 것이다. 그리고 우리 수군이 가덕도에 머물 때 "때마침 안개가 깊고, 한밤중에 파랑새가 담 위로 날아오르는데, 마치 인기척 같기도 하여 방덕룡이 병사들을 깨워서 해안을 향해 밤새 화살을 쏘았는데, 이튿날 새벽에 보니 죽은 왜적이 수십 수백 인"이라는 신비로운 전투 경험도 소개하였다. 그러면서 "이튿날 왜놈을 습격하여 11급을 베었고 천여 명의 항복을 받았다"고도 하였다. 참으로 눈부신 전과였다. 인기척으로 적을 알아 수백 명을 죽인다는 사실에서 그의 비범한 전투능력을 과시하고 있었다. 이처럼 원균의 도움이 필요없는 자립적인 명장이었지만 도의적으로 원균을 도와 주었다는 줄거리였다.

윤리적 우위와 능력상의 우위에 이어 방덕룡은 절의나 인륜상의 우위를 말하기 시작하였다. 폭력적이고, 잔악한 원균이지만 자신이 한번 따르기로 한 이상 마지막까지 함께 할 것이라는 결연한 의지를 보였다. 다들 원균을 떠나려 했지만 자신이 나서서 그것을 막아 원균 곁을 지키게 함으로써 의리와 절의를 지켰다는 것이다.

> 방덕룡의 사촌인 방응원이 먼저 이순신 수하로 가면서 말하되, 원균 절도사가 다른 사람의 공을 빼앗으려 하니 그 사사로움이 이와 같은데, 형님은 어찌 그자를 따르는 것이요? 하니, 방덕룡은 어찌 공을 다투는가? 내가 이미 원균을 따르고 있으니 그를 버리는 것은 불가하다. 제장이 모두 흩어지려 했지만 방덕룡만은 좋은 말을 하니 모두들 머물렀다 (『연경재전집』(17) 방낙안전).

이는 자신이 마지막까지 원균의 측근으로 살았던 것에 대한 도덕적 변명, 절의적 수단을 통한 해명이라 할 수 있다. 이러한 절의는 비록 원균이 악장이라도 당대에는 유의미한 사회적 인간으로서의 인증 수단이라는 점에서 양보할 수 없는 변론 수단이었다.

이제 마지막 코스는 원균이 이순신을 죽였다는 레파토리를 통하여 패전의 모든 업보를 원균에게 전가하는 작업이었다. 즉, 〈방덕룡전〉의 마지막 대목에서 원균이 마치 이순신을 함정에 빠트려서 삼도수군통제사가 된 것이며, 이후 방덕룡은 원균이 잔악하고 폭력적인 행동을 지속하여 반드시 일본에 패할 수밖에 없음을 예언했다는 것이다. 게다가 '부산포 공격 전략'은 일찍부터 자신이 원균에게 주청한 내용이라는 점도 부가했다. 투철한 절의와 넉넉한 인품 그리고 놀라운 예지 능력까지 겸비한 방덕룡은 전투면 전투, 예측이면 예측, 작전이면 작전, 모든 것을 다 할 줄 아는 사람이었다. 그러나 하나 잘못한 것이 바로 원균을 잘못 인도한 것이고, 이는 원균이 워낙 성격이 잘못되어 있었기 때문에 그렇다는 이야기이다.

> 을미년에 원균이 충청병사로 옮기자 방덕룡도 같이 옮겼다…정유년에 원균이 갑자기 이순신을 함정에 빠트려서 대신 삼도수군통제사가 되었다. 모두 이순신의 정책을 바꾸고, 잔악하고 폭력으로 여러 군졸을 다스리니 방덕룡이 이렇게 하면 반드시 패한다는 사실을 알고 있었으나 어찌할 도리를 몰랐다. 그러면서 원균에게 일찍이 말하기를 부산은 오래된 적들의 근거지이오니 청컨대 공격하여 그 소굴을 쳐부수며 가히 왜적을 제압할 수 있다고 하였다 (『연경재전집』(17) 방낙안전).

성해응이 방덕룡을 통해서 말하고자 한 것이 많지만 그 중에서 결정적으로 빠트린 것이 하나 있었다. 그것은 원균이 본래부터 부산포 공격을 반대하지 않았다는 사실이다. 원균은 수륙병진이 가능해야 부산포 공격에 희망이 있다고 보았다. 결국 〈방덕룡전〉에 나오는 이야기는 표면적인 원균에 대한 이해일 뿐이었다. 방덕룡이 진짜 살아있었다면 성해응의 글쓰기에 크게 반발했을 것이다. 왜냐하면 그는 6년 동안 지근거리에서 원균의 행적을 하나하나 보았기 때문이다. 그러나 많은 사람들은 원균이 '능력이 없어서' '폭력적이어서' '인덕을 쌓지 못해서' '이순신을 모함해서' 등의 이유로 칠천량에서 패전한 것으로 믿는다. 그 이유는 이렇게 불확실한 당시의 상황에 대해 믿고 싶은 것만을 맹목적으로 믿어버린 데서 발아된 것이다.

(2) 창조된 폄훼, 네가 원균을 아는가?

훗날 선조는 비망기에서 칠천량 패전 이후 원균 수하에 대한 제대로 된 조사가 없었다고 분노하였다. 선조는 '대장이 죽으면 차장을 참수한다'라는 《진서》에 나오는 글귀를 말하면서 "원균이 이미 싸움에 패하여 죽었으니 그 휘하들을 비록 다 죽이지는 못할지라도 사실을 밝혀 군율에 의하여 처리해야 옳다"고 하였다. 어찌해서 주장이 죽었는데 아랫사람들이 호의호식하느냐 하는 분노였다. 그것으로 원균에 대한 도의적인 후의로 삼고자 하였다.

> 지금 원균의 수하[後人]로 고관대작이 된 자가 많은데도 싸움에 패한 죄를 유독 원균에만 돌리니 원균의 본심이 후세에 밝혀지지 않을 것이다. 구천에 있는 그의 넋도 어찌 자기 죄를 승복하여 억울하게 여김이 없겠는가 (『선조실록』, 1601년 1월 17일)

실제로 칠천량 패전에서 원균을 버리고 도망한 장수들에 대한 선조의 노여움이 하늘에 닿았고, 원균에게 공신 책록을 하면서도 주변의 제장을 징계하겠다는 의지를 자주 말했다. 이러한 상황에서 궁지에 몰린 '원균 측근'은 자신을 변호하기 위해서 '모든 것이 원균 때문이다'라는 논리를 전파하여야 하였다. 그만큼 칠천량 패전은 원균뿐만 아니라 그의 수하나 지인에게도 씻을 수 없는 불명예의 꼬리표를 주었다. 그런 조치에 대한 짙은 공포감과 면피하고 싶은 인간적인 고민이 이들 문집에서 '원균 회피 문체'로 나타났다.

그런 인간적인 고민에도 불구하고 이런 주장이 담긴 문집류의 가장 큰 문제점은 원균이 진정 무엇을 고민하고 무엇을 이룩하려 했는지를 전혀 묻지도 않았고, 알고자 하지도 않는다는 점이다. 그저 원균은 유전자 시절부터 머리가 나쁘고, 술 마시고 여자 좋아하고, 탐욕하고, 남의 공(이순신의 공)을 시기하는 단순하고 탐오한 인간이라는 이미지만 양산하였다. 이러한 작품들은 대개 사서에 담긴 몇 자의 원균에 관한 폐행 기록을 나열하는데, 그것으로 원균의 인격적 결함을 증거하는 수단으로 이용했다. 그래서 원균에 대해 많은 말을 했지만 정작 원균이 누구인지 알지 못하였다. 칠천량 패전에 상처를 입은 자들은 살기 위해 그의 상관을 팔아야 했고, 그래서 이뤄진 것이 조선후기 이래의 '원균모함론'이었다.

요컨대, 방덕룡은 임란 초기부터 시작하여 칠천량 해전의 마지막 순간까지 원균에게 충성하고 원균의 수하로서 공을 세웠던 사람이었다. 오랫동안 함께 살았고, 동고동락했던 원균과의 사이에 다양한 곡절이 있었을 것이다. 하지만 후대에 그를 추모하는 글인 〈방덕룡전〉에서는 충군애국으로 무장한 방덕룡이 상관 원균의 온갖 학정과 인간적인 부족함에도 어쩔 수 없이 원균 곁에 머물면서 의리를 지켰고, 원균의 어리석은 지휘에도 순응하면서 용감하게 적병을 물리쳤다는 사실을 주장하였다. 이순신이 스카웃을 해도 가지 않은 절의를 가졌으며, 패전지장 원균의 제장으로 살아가면서도 그 많은 어려움을 잘 이겨내는 의리를 가진 인물이었음을 보여주고자 하였다.

물론 이 글은 방덕룡이 쓴 것이 아니라 방덕룡을 사모하는 문인 성해응이 쓴 글이다. 그러므로 이 글을 통해서 한때 원균의 수하였으면서도 최선을 다해 적을 물리치고 온갖 동고동락을 함께 했으면서도 자신의 지휘관을 망장, 겁장으로 폄훼하기 위해 온갖 사실을 활용할 수밖에 없었던 시대적인 억압이 무엇인지 알게 한다. 그리고 점차 패장이었던 사실관계를 벗어나서 원균에 대한 인성모독과 도덕적 폄훼가 특히 칠천량 패전에 관계된 부하 수장들의 자구책과 결합되면서 실제의 역사적 사실과 상관없이 무차별적인 중상모략과 인신 모독 단계에 진입한 사실도 확인할 수 있다.

　영·정조 시대는 이런 글이 널리 펴졌다. 왜 일까? 이는 이런 글을 쓰는 사람들이 처한 당대 사회의 국가적인 과제와 연관된다. 위기에 선 양반사회의 재건과 왕권강화 그리고 탕평이라는 시대적 요청이 비등하자 이순신이 보인 충의와 노력은 그런 기풍의 사회를 만드는데 좋은 사례로 활용될 수 있었다. 특히 이인좌의 난에서 보인 충무공 후손의 선행이 더욱 왕들의 가슴을 따뜻하게 채운 반면 원균은 더욱 혐오스런 인간형으로 전락하였다. 이순신은 가장 전형적인 천리를 따르고 충의에 불타는 덕장이라는 '성리학적 이상형'으로 추켜졌다. 하지만 원균은 오로지 교만방탕하고 안하무인이며 간악하고 폭압적인 심성의 장수로 대비되고, 이는 다시 순역의 논리로 양극화되었다. 이것은 조선후기 성리학적 인식이 사회를 지배하면서 형성된 이분법적 논리가 비극적으로 원균의 사례에 적용된 것이다. 바로 그런 의미에서 1794년 정조가 이순신 신도비명을 찬하고 1795년《이충무공전서》를 간행한 것은 그러한 당대의 사회적 목표와 긴밀한 관계가 있었다.

3. 20세기 원균에 대한 평가

가. 절의로 왜곡하고 민족으로 폄훼하고

　강화도조약 이후 조선이 개화되면서 우리 사회는 서세동점과 제국주의에 저항해야 하고, 안으로는 반봉건적 사회관계를 청산해야 하는 역사적 과제 앞에 놓이게 되었다. 이러한 과제를 제대로 구현하지 못할 경우 자칫 우리는 국망의 위험아래 놓일 판이었다. 그런 상황에서 이순신과 원균의 사례는 한층 뜨거운 사회적 이슈를 담은 채 새로운 해석을 기다리고 있었다.

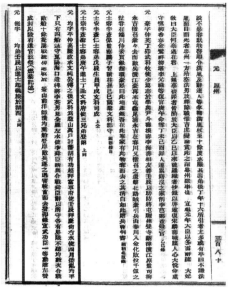

이제 이순신은 충의와 절의를 상징하는 인물을 넘어서 민족적 영웅으로 변화하여 나라의 안녕을 지키는 호국의 신과 같은 존재가 되었다. 반면, 원균은 그러한 민족적 영웅을 괴롭히고 사회 발전의 진로를 가로막는 부패하고 파렴치하며 낡은 사상으로 가득한 전근대적인 전통의 대변자로 낙인이 찍혔다. 애국적인 이순신과 반(反)문명 · 반(反)개화적인 원균의 이미지가

『조선명신록』(1925년)에 수록 된 원균

뚜렷하게 대비되어야 근대화와 반(反)침략의 긴급한 현안을 국민에게 좀 더 분명하고도 빠르게 알릴 수 있고, 그 해결책도 홍보할 수 있었다. 그러므로 원균은 첫째, 조선왕조의 부패를 대변하는 부패한 원균의 모습으로. 둘째, 나라의 위난에도 불구하고 주색이나 잡는 전근대적 혹은 한발 나아가 무능한 원균으로 모독 수준이 급상승하였다.

이렇게 출발한 이순신과 원균의 근대적 이미지는 지난 100년간 어떻게 달라지고 있었나? 그래서 [표1] 처럼 지난 100여 년간 각종 신문 지상에서 원균과 관련한 530건의 기사를 확보하여 각 시기별로 배열해 보았다.

먼저, 시기별 신문기사 수를 보면 1930년대가 38건으로 가장 많고, 해방후에는 특별히 1980년 이후 증가 추세이며, 2000년대에는 더욱 많아져서 319건이다.

1930년대는 이광수가 『동아일보』에 이순신을 연재한 시기였으며, 일본의

[표 1] 각 시기별 원균 관련 기사

년 도	각 신문사 및 기사 수	총 기사 수
1900년대	대한매일신보 1건, 황성신문 1건	2건
1910년대	권업신문 1건	1건
1920년대	동아일보 5건	5건
1930년대	동아일보 36건, 매일신보 2건	38건
1940년대	경향신문 3건, 동아일보 1건, 자유신문 1건	5건
1950년대	경향신문 2건, 동아일보 12건	14건
1960년대	경향신문 3건, 동아일보 8건, 매일일보 1건, 중앙일보 1건	13건
1970년대	경향신문 7건, 동아일보 12건, 중앙일보 9건	28건
1980년대	경향신문 12건, 동아일보 19건, 매일일보 2건, 중앙일보 8건	41건
1990년대	경향신문 10건, 국제신문 27건, 동아일보 14건, 부산일보 1건, 조선일보 7건 서울신문 3건, 중앙일보 10건, 연합신문 2건, 문화일보 1건, 한국경제신문 8건 매일경제신문 1건	62건
2000년대	국제신문 44건, 부산일보 8건, 스포츠신문 2건, 조선일보 37건 서울신문 23건, 경기일보 7건, 충북일보 1건, 동아일보 41건, 매일신문 10건 연합신문 10건, 중앙일보 5건, 한겨레 27건, 경향신문 19건, 경남도민일보 24건 경남일보, 평택시민신문 36건, 한국일보 46건, 국민일보, 문화일보 18건 세계신문 12건, 중도일보 7건, 새전북신문 5건, 한국경제신문 8건 내일신문 7건, 매일경제신문 16건, 강원일보 6건, 강원도민일보 9건	319건
총 개수		530건

대륙침략이 본격화되면서 조선인들도 침략전쟁에 적극적으로 참가할 의욕을 고취하고자 조선인 영웅의 무용담을 홍보한 결과였다. 또한 1980년대 이후에는 원균에 대한 재평가 작업이 시작되면서 원균 폄훼에 대한 반발 기사와 성웅 이순신 지키기 기사가 급증하면서 기사 수를 증가시켰다. [표2]처럼 시기별 원균관련 소설 발간실적 또한 신문기사의 변동과 비슷한 양상이다.

[표 2] 시기별 원균 관련 소설

년 대	소설명	출판사 (또는 신문사)
1910년대	신채호, 「이순신전」(1909)	대한매일신보
1920년대	無	無
1930년대	이윤재, 「조선을 지은 이들, 성웅 이순신」(1930~31) 이광수, 「이순신」(1932)	동아일보
1940년대	無	無
1950년대	김영수 · 설의식, 「성웅 이순신」(1952)	동아일보
1960년대	無	無
1970년대	이은상, 「충무공의 생애와 사상」(1975)	삼성문화문고
1980년대	이재범, 「원균정론」(1983)	계명사
1990년대	고정욱, 「원균 그리고 원균」(1994) / 김탁환, 「불멸」(1998)	여백/황금가지
2000년대	김훈, 「칼의 노래」(2001)	문학동네

나. 1900~10년대 : 무능 원균을 말하다

1900~1910년대 원균에 대한 평가는 '무능'이 이슈였다. 예를 들어 단재 신채호가 저술한 이순신전(대한매일신보 연재)에서도 '원균, 배설 등이 하는 방어는 실로 한심'하며, '우리 군사가 왜적과 싸웠으나 원균은 배를 버리고 도망하여 우리의 손실이 막대했다'고 하는 원균의 '무능'이미지를 키웠다. 신채호는 왜 원균의 무능을 강조했을까? 애국계몽운동이나 민족주의자들의 입장에서 본다면 대한제국 시기는 정말 우리가 근대화할 수 있는 절호의 시기였다.

마음은 급하고 개혁할 것은 차고 넘쳤다. 하지만 고종은 대한국 국제를 공포하면서 오히려 구본신참을 명분으로 근대적 개혁에 미온적이었고, 급기야 구래의 전통으로 회귀하려고 했다. 그렇게 어정쩡한 세월을 보내는 동안 대한제국은 개혁의 기회를 놓치고 새로운 사회시스템을 구축하는데도 실패하였다. 바로 이 점이 신채호로 하여금 조선 사회의 무능을 말하게 하고, 상징으로서 무능한 원균을 강조하게 된 것이었다.

그런데 신채호는 조선후기 문집에서 자주 나타나는 것과 같은 '모함 원균', '교화되

◎偉人遺蹟

△浣은 永川人이라 壬辰亂에 蛇浦僉使가되야 賊首를斬獲하니 功이多호고 又논調餉의功이有故로 李舜臣가 奏聞호야 助防將으로 陞任호얏다니丁酉水戰에 代帥元均이 沉醉不省호야 日本에 渡호야 矢死不屈호고 詩를作호야 曰王國干城將 漂流焦舌 流丹心昭白日 忠憤身在南荒 哭魂尋北闕 遊此身雖萬死何忍戴天 僬아흐고 浮海遠國호니 其氣節이羨 睡隱과相似호다云호니라

[황성신문] 1909년 9월 3일 3면 3단 위인유적

지 못한 원균'과 같은 도덕적 폄훼는 적극적이지 않았다. 즉, 원균이 이순신을 모함하고 남의 공을 탐내어 빼앗고 기생첩과 놀면서 방비는 살피지도 않았으며, 백성과 군인에게서 뇌물 받기에 급급한 그런 '전통적인 원균이미지'는 없었다. 오히려 '충무공의 파직과 하옥은 고니시 유키나가의 죄도 아니며 원균의 죄도 아니다'라고 하여 진짜 이순신 파직의 죄는 '조정의 신료 사당자(私黨者)'에게 있다고 했다. 신채호가 이순신의 하옥을 원균의 모략이 아닌 '당쟁(黨爭)'의 결과로 본 것은 다름 아니라 한말에 나타난 국가적 위기가 지배층의 당리당략의 결과라는 사실을 이순신의 사례를 통하여 보이려 했기 때문이었다.

민족주의적 관점에서 신채호는 원균의 '무능'을 강조한 만큼 이순신에 대해선 '구국' 의지를 강조하였다. 이러한 이분법 인식은 일본인이 조선을 지배하면서 조선은 당파 싸움으로 망했다는 근대화론을 퍼트릴 때 자주 활용된 논리였다. 실제로 애국계몽운동에 참가한 일부 조선인들은 일본이 '당쟁 망국론'을 제기할 때 공감하고 있었다. 개화하지 못한 전근대적인 붕당과 당파의 나라에서 이순신과 원균과 같은 인물이 조선사회에서 나온다는 것

은 민족주의자 입장에서는 새로운 영웅의 탄생을 말하는 것이었다. 그런데 친일파에게는 오히려 이순신은 특별하게 조선의 전통과는 다른 '별종'이었고, 원균은 조선이 망할 이유로 설명될 때 이용되는 '주종'이었다. 민족주의자에게 영웅이든, 친일파들에게 '별종'이든 모두 이순신의 존재는 조선 사회의 낙후성과 비합리성을 증명하는 수단으로 이용되었다. 결국 조선의 멸망은 당연하다는 설명을 할 때 이순신의 삶이 동원되었다.

　이런 논리와 유사하게 신채호도 새로운 조선의 탄생을 위하여 이순신을 주장하고 원균은 전통을 지키다 패망한 고리타분한 인물로 묘사되었다. 이처럼 이순신이나 원균을 보는 친일파들의 이해든지 민족주의자들의 이해든지 양측 모두 근대적인 개혁에 대한 기대를 담고 있다는 점에서 공통적이었다. 이것은 조선왕조 운영시스템 자체에 대해 적극적인 비판의 자세를 보이게 된 이유이기도 했다. 그러므로 아무리 원균이 무능하기로 유전자부터 잘못되었다는 인성론이나 인격론적인 비판은 아직 등장하지 않았다는 점이 조선후기의 원균 인식과 다른 점이었다.

　『황성신문』(1909년 9월 3일) 〈위인유적〉이라는 기사에서도 원균은 '심취불성(沈醉不省, 깊이 취해서 깨지 않은)'하여 전쟁을 제대로 하지 못한 '불성실한 면모'를 묘사하였다. 하지만 뇌물을 주고 이순신을 모함하는 그런 이미지는 없었다. 신채호는 단지 이순신을 긍정적으로 평가하기 위해 원균을 비판한 것이었다. 하지만 결과적으로 근대 사회에서 원균을 무력한 인물로 만든 출발점이 되었다. 아직 이순신과 원균은 서로 라이벌 관계로 설정된 부분은 없으며 원균을 간신, 악장으로 묘사하지도 않았다. 왜 그랬을까? 당시 신문에 나온 신채호의 글들은 대개 위인전 형태를 띠었다. 이는 한말의 망국 위기를 자각하자는 계몽적 의지를 담으려고 애쓴 것이었다. 오히려 원균을 배제하여 이순신과 라이벌을 만들거나 굳이 매국 역적으로 만들 이유를 신채호는 찾지 않았다. 역시 소설의 중심 내용은 일본과의 전쟁에서 승리하는 일이었다.

또한 『권업신문』(1913년 7월 6일)에도 '망치 않는 민족, 석인' 기사에서 '충무공이 애써 육성한 수군이 원균의 손에 의해 완전히 파괴'되었으나 충무공의 용기와 지략으로 일본군을 몰아내었다고 하였다. 이는 원균의 실책은 인정하되 이순신의 공로를 부각하려고 했을 뿐 원균을 부당하게 인격적으로 폄훼한 내용은 없었다. 『권업신문』은 1911년대 권업회가 블라디보스토크에 세워지면서 만들어진 신문으로, 나라를 되찾는데 굳이 같은 민족을 이분법적으로 나누어 피아를 구분할 이유가 없다는 인식이 느껴진다(양보미).

다. 1920~30년대 : 모함 원균을 말하다

애국계몽운동 시기나 식민지 초기 민족주의 의식이 형성될 무렵 원균은 주로 '무능'이라는 언술로서 비판받았다. 그러나 1920년대 이후부터 조선후기 문집과 비슷하게 원균의 인격적 피폐함에 대한 지적이 늘어났다. 원균은 겁이 많고, 고자질을 잘하며, 간신이고, 모함한다는 내용으로 원균에 대한 인격적 폄훼가 급속히 증가하였다. 이는 이순신 성웅론과 그의 독보적인 성격을 강조함으로써 조선 사회의 퇴행성을 강조하고, 조선 조정의 난맥상은 곧 간신 원균과 같은 인물이 조정에 가득했던 결과라는 논리의 연장이었다. 즉, '간신원균=조선조정'이라는 이미지 조작이 이뤄진 것이다.

『동아일보』(1921년 10월 9일) '이조인물약전'에 나오는 원균은 도망자였다. 즉, '배홍립은 성주 사람이다. 칠천량 전투에 원균이 패둔(敗遁)하니 배홍립이 홀로 적을 격퇴하고 한산의 역(칠천량해전)에서 9전 9승 하였다'고 한 대목에서 '패둔(敗遁)'이라는 단어는 원균이 도망한 일을 비하한 말이다. 이는 '원균의 무책임성'='조정의 무책임성'을 중의적으로 표현한 것이었다.

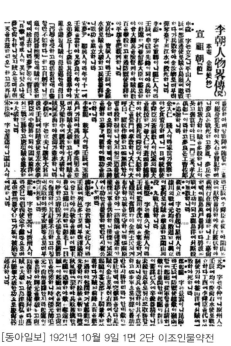

[동아일보] 1921년 10월 9일 1면 2단 이조인물약전

1920년대에도 원균이 칠천량 전투 중에 '도망'했다고 믿었다. 왜 이 시기 원균 관련 기사에서는 원균의 무책임성을 강조하고 있을까?『동아일보』(1930년 11월 6일) 연재소설 '조선을 지은 이들, 성웅 이순신'에서 이윤재(李允宰)는 원균이 본래부터 '시긔심(시기심)이 많은 사람으로 자긔(자기)가 선진(선배)이면서 도리어 공에게 절제 받게 되는 것이 부끄럽다는 기색이 있었다'고 하였다. 이는『선조수정실록』내용을 그대로 옮긴 것이다.

그렇다면 굳이 원균의 시기심을 묘사한 이유는 무엇일까? 이윤재의 글에서 종래까지 볼 수 없었던 원균의 인격에 대한 매도가 본격화되었다. 가령 "원균이 충청도에 가 있는 동안에도 밤낮 공을 훼방하기를 일삼으매 훼방하는 말이 나날이 조정으로 올라왔다"는 표현은 공사 구분을 하지 못하고 윗사람의 공무조차 훼방하는 수준 이하의 인격이라는 인격적 폄훼의 또 다른 표현이었다.

이어서『동아일보』에서 연재된 춘원 이광수의 '이순신'(1931년 6월 26일 연재 시작)에서는 무능한 이미지 위에 인격적 파탄자로서 도덕적으로나 책무 면에서 지탄받아야 할 피폐한 인격이라는 이미지를 종합적으로 다루었다. 즉, '모함 원균'이라는 입장에서 "원균은 이순신을 모함하여 그 자리에

[동아일보] 1932년 2월 6일 7면 8단 이순신(제136회), 원균이 호색하는 장면

통제사가 되었다"(1932년 2월 6일 제136회분)고 비판하였다. 아울러 '시기 원균'이라는 입장에서 "이순신이 신임하던 부하를 내어쫓거나 먼 섬의 만호, 권관으로 좌천시키는 등의 이야기를 소개하고 있다. 또한 '부패한 원균'이라는 입장에서 "원균이 서울서 떠날 때에는 '대관들에게 청을 받은 자제를 간부로 삼고 자신은 '제승당에서 밤낮으로 술 먹기와 계집 희롱에 나날을 보냈다"는 이야기를 썼다.

그러면서 '군사 조련, 병기 수리'는 뒷전이고, 관내를 순찰할 때는 '가련한 민가 처자나 과부를 빼앗아 제승당에 두고 첩을 삼았다'는 비인간적인 행태에 대한 비난이 이어졌다. 이순신은 제승당에서 제장을 모으고 군사 일을 의논하였으나 원균은 '제승당에 높이 담을 쌓고 그 속에 밤낮 파묻혀 있으면서 나와서 군무를 보지 않았으며 부하와도 접견하지 않았다'는 것이다.

따라서 본 소설은『선조수정실록』,『징비록』등의 원균 폄훼 기사를 이용하여 이순신 성웅화와 영웅화에 필요한 '모함 원균', '패륜 원균', '무책임 원균', '수탈자 원균상'을 종합적으로 주조하였다. 이처럼 춘원 이광수가 만든 다채로운 원균 이미지는 오늘날까지 원균에 대한 대중적 인식의 근간이 되었다. 서술 방식 면에서 이광수의 〈이순신〉은 일본을 무찌른 이미지가 아니었다. 오히려 치졸하고, 가렴주구하며 남의 공을 탐내고, 전투에 무기력한 이른바 부패한 조선정부의 사생아인 원균과 싸운 '별종'으로서의 이순신 이미지였다. 이런 구도로 '무능한' 조선(=원균)과 투쟁한 성웅 이순신의 모습을 주조하고, 이를 마치 무능한 조선을 무너뜨린 조선총독부의 식민지 권력에 대한 미화로 연결하여, 총독정치의 정당성을 말하는 수단으로 활용했다. 춘원 이광수의 본의든 아니든 결과가 그렇다는 말이다.

이광수는 〈이순신〉에서 조선이 망할 이유를 보여주고자 하였다. 즉, 승리한 이순신을 말하는 것으로서 민족을 논하고 싶었을 수도 있었다. 하지만 그의 사고 속에는 퇴폐적인 조선은 정체된 사회였고, 변화의 여지가 없으니 원균이 발호하는 그런 조선을 철저히 개조해야 한다고 믿을 뿐이었다. 원균의 뒷배인 부패한 조선정부는 원균과 합작하여 이순신을 제거하고 죽음에 이르게 한 '악의 축'이었다. 그리하여 민족적 영웅은 사라지고 나라 망친 간적(奸賊)만 횡행하는 조선사회가 되었다고 보았다.

이제 그에게서 종전까지 일본과의 싸움에서 승리하고 민족의식을 고취했던 '이순신'은 사라졌다. 이순신은 원균에게 모함받고 고향에서 버림받는 외로운 선지자 혹은 고독한 영웅이 되었다. 그런 조선이라는 고향과 원균을 놔두고는 조선민족은 희망이 없어 보였다. 이순신이 없으면 조선은 없다는 식의 논리는 일본이 없으면 조선도 없다는 논리와 다름 없었다.

결국 춘원의 〈이순신〉은 식민지 지배의 만행을 호도하는 데 기여했다. 그의 글은 민족공동체의 영웅인 이순신을 외로운 영웅으로 만들고, 나머지 모든 조선인과 조선사회는 무지몽매하고 퇴행적인 사회에 머물던 야만인의 틀 속에 몰아넣었다. 이제 일본과 싸운 영웅은 사라지고 낡은 조선과 싸운 이순신만 남게 되었다. 일본의 근대화 정책이 낡은 조선을 타파한 위대한 구세주와 같다는 생각을 조립하는 묘한 근대주의 의식만 횡행하게 만들었다. 그로 인해 일본군이 조선에서 저질렀던 식민지 지배의 파렴치한 행적은 더욱 조선 사회의 무능력 속으로 깊이 숨어버렸다. 누구를 욕할 것 없이 조선사회는 망할 만하고, 그래서 현재의 일본 식민지 지배마저도 낡은 조선을 구원한 성웅의 그것과 동일시된다는 사실을 우아한 문체로 위장하여 조선인 일반에게 전파하였다. 그의『민족개조론』은 이순신을 통해 이렇게 발현되었던 것이다.

그렇다면 이윤재와 이광수의 저작물에 나타난 원균은 어떻게 다른가? 국어학자이면서 민족주의 의식이 강한 이윤재의 〈성웅 이순신〉과 민족개조론적인 의식을 소유한 이광수의 〈이순신〉에서 각 등장인물에 대한 저자의 입장을 정리하면 [표3]과 같다. 두 소설은 선과 악, 유능과 무능이라는 이분법적인 인식과 극명하게 차별적인 이미지를 강조하는 점에서는 공통적이다. 하지만 이윤재는 원균과 이순신의 일본군 타파와 그 전공에 중점을 두고 있는 반면 이광수는 조선 내부의 모순과 알력, 당쟁, 그리고 원균의 모함과 찬탈의 결과로 이순신이 희생되었다는 내용을 중시하였다. 일본과는 적이지만 잘 싸운 왜군에 대해 장례를 치러줄만큼 왜적과의 화해도 모색한 인정 많은 이순신이 등장했다.

[표 3] 이윤재와 이광수의 이순신과 원균 관련 묘사

묘사 대상	이윤재	이광수
이순신	나라 구한 이순신	부패한 조선정부와 간신 원균으로부터 고통을 당한 이순신
원균	무능하고 겁이 많은 원균	인격파탄 원균 부패 조선을 지속한 악의 축 원균
제장들	원균과 배설만 부도덕	이순신과 류성룡 이외는 무능력, 부도덕
왜군	조선군의 위용을 보고 두려워하는 존재	이순신의 적이지만 도덕적인 여유를 나누는 관계
전쟁 과정	전쟁과정 상세 묘사	전쟁보다는 조선내부 갈등 중심
소설가의 인식과 사상	민족주의적 관심.일본에 저항하는 이순신 일본에 저항능력없는 원균	부패한 조선정부의 희생양 이순신 부패한 조선정부의 사생아 원균

라. 1940∼50년대 : 분열 원균을 말하다

1940~50년대에는 해방 이후 건국과 재건이라는 국가적 과제 아래서 국민적인 단결의 논리가 다양하게 원균이야기에 투영되었다. 즉, 이승만 정부가 마주한 과제는 특별히 좌익 세력의 발호로부터 국가를 보존하고, 그러면서도 '이승만 그룹이 주장하는 대한민국만이 진정한 대한민국이라는 사실'을 국민들에게 홍보해야 하는 과제였다. 그것을 위해선 신생 한국의 국민들이 '충량한' 자유주의적 국민으로 거듭나야 했고, 자본주의적 생활에 익숙한 인간형으로 탈바꿈하게끔 도와야 했다. 이런 과제를 앞에 두면서 이승만 정부는 무엇보다 국민적 일치단결을 교훈적이며 감동적으로 호소할 영웅이 필요하였다. 이에 대중적인 인기를 얻고 있던 이순신과 원균 스토리를 통하여 이상의 국민주의적 계몽 이데올로기를 전파하려고 하였다.

이러한 활용전략에는 또다른 의도도 있었다. 대한민국을 건국한 인사들은 상당수 항일투쟁이나 민족해방운동 경력이 있었으나 이승만 정부의 행정권을 쥔 사람들은 대체로 그런 경력이 부족한 우파 자유주의자들이 많았다. 그러므로 자신들도 이순신이야기를 통하여 애국적이고, 숭무(崇武)와 민족정신을 계승하고 있음을 홍보할 필요가 있었다. 또한 이순신과 원균을 극단에 놓고 국론분열의 폐해를 홍보함으로써 이승만 독재의 미화 혹은 국민 단결의 필요성을 강조하는데 응용하고자 하였다. 이런 상황에서 원균 이미지는 '분열'로 구축되었고, 원균과 같은 분열주의자가 조선을 위기에 빠지게 했다고 널리 홍보하였다.

『동아일보』(1948년 12월 19일)의 〈동양사상으로 본 충무공의 위훈〉에서는 '원균의 불찰로 충무공이 심혈을 기울여 길러놓은 우리의 수군이 여지없이 무너졌다'는 내용을 통하여 원균을 민족적 역량을 망친 인물로 묘사하였다. 『동아일보』(1952년 6월 6일)의 〈성웅 이순신(11)〉에서도 원균이 "전쟁은 할

줄 모르고 처첩만 끼고 노는 무력한 장수"이
며 "웃으면서 당파를 이용해 이순신에게 치욕
을 씻고서 다시는 이순신이 풀려나지 못할 것
이라고 유쾌해 하는" 인물로 묘사되었다.『동
아일보』(1952년 6월 7일)의 〈성웅 이순신(11)〉
에서는 원균이 "조정에서는 나하고 의기 상통
하는 성균관 대사성 남이신과 대간 박성이가
있으니 그까짓 옥포만호 하나쯤 겁날 것이 무
어겠소!"라고 하는 등 권력과 긴밀히 내통하
여 시대의 정의를 저버린 이미지를 형상화하
였다. 이시기의 원균이미지는 민족을 구한 이
순신을 개인적 원한으로 복수한 탐욕스럽고
이기적인 인간형이었다. 이기적인 개인주의
는 결국 국론분열을 초래하고 나라를 망친다
는 논리였다.

적어도 일제강점기 이윤재나 이광수 소설
에는 원균과 중앙권력자간의 구체적인 결탁
에 대한 묘사는 없었다. 당파 혹은 파당을 통
한 원균의 탐욕과 개인주의적 이기심의 관철
이라는 줄거리는 해방 이후 우리 대한민국 정
치가 처한 현실과 무관하지 않다. 사회주의도
개인적 이기심이며 이승만 독재에 저항하는
야당의 활동도 국가적인 공공선이 아니라 민
족을 분열시키고 나라를 도탄에 빠트리는 책
동이라고 매도하는데 원균 이야기는 역사적

[동아일보] 1948년 12월 19일
2면 1단 동양사상으로 본
충무공의 위훈下

사례로서 무척 적절하였다. 특히 6·25 한국전쟁 이후 이승만 독재에 반대하는 야당 세력의 분열적 행각에 대한 비판을 위하여 원균이야기는 더욱 의미있었다.

사회혼란 자체가 국민통합의 기대감과 권력층의 장기집권의 욕망과 결합하면서 원균과 이순신의 갈등은 보다 '당파론'방식으로 해석되었다. 이에 국민들을 통합하기 위한 '이순신'이 상기되었다. 그리고 국민통합의 장치자인 이순신의 화려한 귀환을 합당하게 하려면 그에 상응한 희생양이 필요했다. 그가 바로 '분열' 이미지로 매도된 원균이었다. 개인주의적이고 사익을 위해 모든 것을 헌신하는 원균이 있어야 역설적으로 그 모든 사회적 염원이나 권력층의 기대를 충족할 이순신 스토리가 완성될 수 있었다.

그런 면에서 50~60년대 '원균'은 '악의 축'을 그리고 이순신은 성웅의 가도를 열연하는 50~60년대 악역과 주연의 전문 배우였다. 그러나 두 사람 모두 자신의 실제와는 다른 창조된 형상의 주인공으로 왜곡되고 변형된 모습이었다. 수단화된 두 장군, 원균과 이순신이 갈 길은 극단의 충신과 간신, 애국과 매국이었다. 그러면서 지배층에 의해서 각각 강고하고 종교적인 맹목적 신념으로 구조화되었다. 이순신만 떠올리면 성웅이었고 원균은 반드시 악의 축이어야 했다.

마. 1960~70년대 : 사리사욕의 원균을 말하다

4·19혁명시기 원균과 이순신의 갈등을 사회정의 차원에서 바라보는 이야기가 자주 등장하였다. 『동아일보』(1961년 5월 6일)에 나오는 신석호의 『이순신과 그들』(최석남)에 대한 서평을 보면, 이순신과 원균의 이야기는 "뇌물과 모략중상이 성행하던 당시의 사회상을 여실히 기술하여' 오늘날의

[경향신문] 1970년 6월 24일 3면 5단 기자석

사회 실태와 비슷한 점이 많다고 하고 그 내 용이 내일의 건설을 위하여 무척 의미가 있으 리라" 보았다. 4·19혁명 이후 부정부패 척결 에 대한 사회적 염원이 비등하면서 '내일의 건설을 위하여 의미가 있는' 원 균 스토리가 시대적 정서를 반영하고 있었다.

『경향신문』(1970년 6월 24일)을 보면 박정희가 원균을 인용한 내용이 있 다. 박정희는 당시 1군사령부와 대구 공군군수사령부를 방문한 자리에서 임 진왜란 때 이순신 장군이 '원균의 모략으로 옥고를 치르고 나와 불과 10여 척으로 위장전술을 사용하여 명량해전에서 승리했다'고 하였다. 그러니 '북 괴의 공군력이 상당하다고 하는데 2대 1, 3대 1의 비율로 북괴를 격파할 수 있는 능력과 훈련을 쌓으라'는 주문을 하였다. 박정희는 왜 이런 말을 했을 까. 아마도 이순신이 원균과 달리 군사적인 능력(모략전술과 위장전술)이 탁 월했음을 보여주려는 사례로 보인다. 이는 박정희 자신이 그런 이순신의 군 사적인 능력을 구비한 인물이라는 은유에 더하여 당시 추진하던 남한의 군 비 증강정책을 이순신의 거북선 제작과 같은 유비무환 정신과 등치시키려 는 의도였다.

이어서 『충무공의 생애와 사상』(1975년)에서 이은상은 원균이 "충무공을 걸어 넘어뜨렸던 그 그물에 오히려 이제는 원균 자신을 덮어 씌웠다. 간첩 요시라의 그물이었다"고 하여 이순신을 모함하던 덫에 원균 자신도 걸려 죽었다고 묘사한 대목이 있다. 탐욕의 무절제가 보여주는 자업자득, 권선징악, 사필귀정의 세계로 원균을 몰아간 것이다. 종래의 개인주의의 화신이자 탐욕스럽고 자리만 탐한 원균은 이제 이른바 박정희식 조국근대화 사업에 적응하지 못하는 지극히 나쁜 인격의 소유자인 원균으로 업그레이드되었다. 이은상이 '지난날 충무공이 왜적을 잡으러 나가지 않는다고 모략하던 그 원균이, 자기는 왜 출전을 꺼리느냐'라고 반문한 것은 바로 조국근대화 사업에 '반대를 위한 반대'를 하는 당대 학생운동이나 반정부 세력에 대한 비판의 일환이었다. 그는 이순신을 '충무공'이라 하면서도 원균을 묘사하는 언술은 '모략'이라는 단어가 압도적으로 많았다. 겉으로 번지르르한 민주화 세력의 구호가 사실은 원균의 번지르르한 이순신 모함 주장과 일맥상통한다는 뜻이었다.

요컨대, 1960~70년대 원균 관련 이야기에서는 이은상이 본 것처럼 개인적 탐욕과 무절제의 화신인 원균이 자신의 간계로 인해 결국 스스로 망했다는 논리가 강조되었다. 반대로 규율과 질서의 화신인 이순신은 명량대첩에서 보인 유비무환의 정신과 총력안보의 태세로서 북한의 위협을 이겨내는 역사적인 모범사례가 되었다. 이것은 이순신과 원균의 행적을 원대한 계책 대 간교한 술책의 대립으로 설정한 것으로 박정희식 개발은 '원대한 계책'인 반면, 일부 반(反)유신집단의 목소리는 원균과 같은 '간교한 술책'이라는 인식을 확산시키는 수단이 되었다.

바. 1980~90년대 : 명장과 겁장 사이에 서다

이러한 수백 년에 걸친 원균 폄훼의 심화와 원균 · 이순신의 이항대립적 인식은 1980년대 이후 이재범의 「원균정론」을 위시하여 다양한 실증서가 나오고 다원주의를 강조하는 민주화 열기에 영향을 받아 조금씩 변화하는 기미가 보였다. 그간 패장·겁장·악장·부도덕·비인격으로 묘사되던 원균 이미지도 각종 사료비판과 실증이 본격화되면서 해금의 길을 걸었다. 이제 『선조수정실록』과 같이 목적에 오염되어 얼마나 훌륭한지 아닌지 여부를 따지는 흑백논리를 벗어나 폭넓게 원균 자체의 선택과 고민을 이해하려는 공감대가 커졌다. '교훈과 계몽의 역사'에서 이순신이 떨친 위력에는 못 미치지만 원균에게도 할 말이 있고, 실제로 원균이 욕을 먹어야 했던 그 많은 일들이 사료적 곡해나 과잉해석에서 비롯되어 실제 사실과 거리가 멀다는 지적도 도처에서 나왔다.

1980년 이정일은 「원균론」을 통해 종래의 '겁장 원균론'을 비판하였고, 1983년 이재범은 『원균정론』을 통하여 '악장 원균론', '간신 원균론'을 비판하였다. 오히려 그는 왕의 명령을 따를 줄 아는 '우직하고 싸움을 잘하는 장수'를 보았다. 『동아일보』(1983년 12월 2일)에서도 기왕의 원균론이 『선조실록』과 「녹훈봉작교서」 등의 자료에 근거하여 새롭게 변화할 필요가 있다는 주장이 제기되는 등 긴 세월동안 속절없이 지속된 원균에 대한 왜곡과 곡필에 대한 시정을 요구하는 목소리가 커졌다. 악장·겁장·망장·패장 등 다양한 형태로 정치적 목적의 희생양이 된 원균을 보면서 마음 고생하던 원주 원씨 종친회에서도 이러한 재평가 무드 속에서 1984년 5월 16일 "문교부의 개편 고교 교과서 내용(「나라를 사랑하는 마음」)이 원균을 모독"한다는 내용의 시정문을 건의하기도 하였다. 이러한 움직임은 박정희 정권 시절 '국난극복의 표상'이자 '총화단결의 영웅'으로 이순신이 치열하게 성웅화되는 속에서는 상상도 할 수 없는 일이었다.

1990년대는 학술서적보다는 소설이나 드라마에서 원균에 대한 평가가 변화하는 기미가 있었다. 학술 면에서 진전이 없었던 것은 원균 관련 자료의 발굴이 한계에 달하여 새로운 논의의 진전을 제약했기 때문이었다. 이 시점에는 다양한 각도에서 기존의 자료를 바탕으로 '인간' 이순신, '인간' 원균의 탐구를 시도하는 작품이 나왔다. 고정욱의 『원균 그리고 원균』(여백, 1994), 그리고 김탁환의 『불멸』(1998)이 그 성과였다. 이 두 작품은 원균을 겁장, 악장 같은 인성적 폄훼가 아닌 민족과 나라를 수호하는 '1등 공신'으로 이해될 충분한 이유가 있음을 증명하고자 하였다. 먼저, 고정욱은 "원균은 이순신·권율과 더불어 1등 공신"이라고 하면서 어린이용 위인전기에서는 "이순신은 구국의 화신으로 추앙받지만 원균은 어린이들이 읽는 위인전에서조차 이순신을 괴롭히는 악역, 비열한 간신으로 묘사"하는 불합리성을 비판하였다. 『불멸』에서는 1932년 『동아일보』에서 연재된 춘원의 이순신이 가지는 반민족적 이순신관을 비판하였다.

한편, 브라운관에서도 새로운 기미가 나타나났다. KBS 1TV 역사와 라이벌(1994)'이나 '임진왜란(1990)' 혹은 MBC의 '조선왕조 500년(1990)' 등에서도 원균의 패전에는 나름의 이유가 있다는 메시지를 담았다. 특히 조선왕조 500년을 연출한 신봉승은 『동아일보』(1990년 12월 4일)를 통하여 자신의 드라마는 "그 동안 야사에 의해 국민들에게 잘못 알려졌던 사실들을 『조선왕조실록』에 기초하여 바로 잡고 역사상으로 평가가 절하된 인물들을 재평가하는데 중점을 둔 사실을 밝혔다.

요컨대, 1980~90년대년대에 갑자기 증가한 원균 재조명 작업은 '박정희 시대에 정립된 이순신 성웅화'에 대한 반발이자 실제 역사에 대한 기대감, 호기심 그리고 실제 역사가 주는 현실적 위안이 팽배한 사회적 환경의 반영이었다. 그러한 반발은 진보적인(?) 민족주의 역사학자들이 주장하는 에드워드 헬럿 카(E.H. Carr) 방식 혹은 크로체 방식의 역사원리 즉 '모든 과거의 역사는 현재를 반영하고 나아가 현재는 과거와 대화한다'는 현재주의 역사이론에 대한 저항이기도 했다. 현재주의 역사의식은 자주 권력이 실제 사실을 왜곡하는데 기여하는 논리가 되었다. 이렇게 현재에 종속된 과거는 항상 승자의 역사라는 기억을 일깨우고 패자의 진실은 현재의 이념으로 지속적으로 왜곡되는 아픔이 있다는 점에서 주의가 필요하다. 이러한 90년대의 원균 재평가 사업은 역시 역사가 진짜의 사실과 진짜의 사료를 다루는 학문임을 다시금 일깨우는 계기가 되었다.

사. 2000년대 이후 : 옹호와 폄훼 사이에 서다

2004년에는 KBS 2TV에서 「불멸의 이순신」을 방영하여 이순신의 지략에는 미치지 못하지만 의리가 있고 우직한 원균상이 새롭게 그려졌다. 이 프로그램에 대한 '이순신' 지지층의 반감이 거셌지만 여론은 조금씩 원균과 이순신은 극단적으로 갈등하는 대립적 존재가 아니라 전쟁을 함께 동고동락하면서 빚어지는 인간적 갈등의 공동 담지자라는 점을 인정하기 시작하였다. 아울러 동인과 서인의 당파를 대변하는 당인으로 두 장군을 설정하는 것이 아니라 나라를 걱정하고 백성의 고민을 아파하는 '인간' 이순신 그리고 '열혈' 원균으로 묘사하기 시작하였다.

성웅에서 인간으로 연착륙하였고, 함께 나라를 고민한 시대의 명장으로 이해되면서 그들이 있었기에 진짜 조선을 구할 수 있는 힘이 무엇인지 이해하는 계기가 되었다. 이는 IMF 이후 수많은 우여곡절 끝에 민주당에 의한 수평적 정권교체가 두 번이나 이어지고 민주정치가 안정적 뿌리를 내리게 되었다는 시대적 상황과 관련된다. 즉, 이러한 사회적 변화는 보다 다원적인 시각에서 두 장군의 고민을 객관적인 입장에서 이해할 수 있는 기회를 주었다. 그런 과정에서 '이순신의 자살설', 암살설, 은둔설을 비롯하여 '원균명장론' 등 새로운 학설이 등장하였다. 이순신의 죽음마저도 새롭게 해석되기에 이르렀다.

이 시기에는 이순신과 원균을 이해할 만한 인간형으로 재구성하고자 한 김탁환의 주장과 이러한 원균 재평가 시도는 결국 이순신에 대한 부당한 모욕과 폄훼일 뿐이라고 본 송우혜와의 뜨거운 논쟁을 불렀다. 논쟁의 발단은 인기리에 방영된 KBS사극 「불멸의 이순신」에서 김탁환의 『불멸』과 김훈의 『칼의 노래』에 나오는 '용감한 원균' 모습을 모티브로 차용하면서였다. 『동아일보』(2004년 1월 9일)에서 송우혜가 김탁환이 '원균을 용맹하게 그리고 이순신을 비루하게' 그렸다고 논박하였다. 그러자 김탁환은 '원균을 높이기 위해 이순신을 폄훼했다'는 지적은 사실이 아니며, 나는 지금도 이순신이 구국의 명장임을 믿어 의심치 않는다"(『동아일보』, 2004년 1월 25일)고 반박하였다. 당시 『연합뉴스』(2004년 9월 7일)에서도 송우혜는 불멸의 이순신'이 원작으로 삼고 있는 『불멸』과 『칼의 노래』가 '원균명장론'을 은연중에 일깨워준다"고 비판하였다.

이시기 원균과 이순신 평가를 둘러싼 여러 가지 논쟁이 이채롭게 진행되었지만 두 가지 시선이 모두 제대로 이순신과 원균을 반영하는지 의문이다. 먼저, 이순신 옹호론자들이 보여준 '원균 명장론 비판'은 일면 엄격한 사실의 수호라는 명분은 있지만 정작 실증이 없고, 이순신에 대한 맹목적 충심으로 가득한 편애의 역사라고 해도 될 만큼 심각한 당파성의 폐해가 드러난다. 일부 글은 자기 신념과 정체성을 모독하는 원균용장론으로 매도하여 개인적 분노와 적개심을 공공연히 토로한 내용으로 도저히 역사라는 이름을 달 수 없는 경우도 많았다.

아울러 원균의 억울함에 초점을 맞추어 성립된 '맹목적 원균지지론'도 문제이다. 원균은 직분에 최선을 다했다고 믿어지는 몇 가지 사실적인 뒷받침은 분명히 있다. 하지만 이순신만한 역량에는 크게 미치지 못한 점도 인정해야 한다. 이이화처럼 마치 '이순신을 자기 보신에 능한 장수처럼 묘사하고 겁이 많아서 가토 키요마사를 잡지 않아 결국 정유재란이 발발한 것처럼 설명하는 것'은 확실히 역사 왜곡이다. 원균을 지지하든, 이순신을 지지하든 두 장군은 아이돌도 아니고 종교의 교주도 아니다.

그럼에도 많은 저술들이 특정한 사람에 대한 편애에 찌든 역사를 마치 바른 역사인양 주장하였다. 오직 사실 그 자체에 대한 탐구를 황홀한 과제로 삼고 실제 있었던 역사를 사랑하는 사람들만이 그러한 오만과 열등으로 가득한 역사에서 벗어날 자격이 있을 것이다. 그러한 천박한 출판 저널리즘의 유혹에서 자유롭지 못한 채, 인격 모독의 '원균 폄훼론'이나 맹목적 '이순신 편애론'에 경도된 것은 출발이 아무리 선의라고 하더라도 실제의 사실을 심히 왜곡하고 은폐하리라는 것은 물어볼 필요도 없다. 색안경을 끼고 바라본 하늘이 어찌 본래의 색을 보여 주겠는가?

원균장군 묘(평택시 도일동)

V

원균 바로보기,
편견의 역사를 넘어서

1. 사회적 목적으로 수단화된 인물, 원균

우리 근현대사에서 이순신과 원균의 일화가 주는 '본보기'나 '교훈'은 크다. 그런데 성웅, 겁장, 악장 등 많은 매콤한 단어들이 뒤범벅되어 온갖 인격적 폄훼를 일삼거나 외로운 영웅으로 성스럽게 우상화하는 현장을 목격하면 문득 그분들의 실제 삶에 대한 그리움이 간절해진다. 실제로 두 사람은 하늘과 땅만큼 인격과 됨됨이가 다르고 능력과 지모가 달랐던가? 바로 이 점이 원균=사욕, 이순신=멸사봉공 이라는 극단적 대비를 완성한 춘원 이광수의 연재소설 '이순신'을 보면서 드는 첫 번째 의문이다.

거기서 원균은 '통제사가 되어도 싸우지 않고, 적선이 없어도 말만 듣고도 한산 본영을 버리고 계집이나 몇 데리고 달아날' 그런 위인이었다. 이처럼 오랫동안 원균은 비열하고, 시기심 많으며, 용감하지만 지략이 없고, 계집이나 밝히는 사람이었다. 칠천량 해전에서 패전한 사람 이상으로 유전적 결함으로 인격적 파탄 상태에 있는 장애적 인간형이었다. 그래서 국가의 운명을 그런 인물에게 맡길 경우 수많은 고통이 따른다는 좋은 역사적 본보기로 활용되었다. 그리고 그런 본보기 만들기는 실제 사실을 대단히 교활하게 변형하거나 신념으로 꽉 채운 왜곡을 통하여 수행되었다.

그렇다면 이처럼 누군가의 신념과 편애를 후원하고자 '억지교훈의 역사'를 가공한 이들은 누구인가? 그리고 왜 그들은 실제와 다르게 그들을 보았으며, 두 사람의 일화가 어떠한 정치적·사회적 수요에 조응하여 각색되었는가? 이 점에서 교훈과 본보기로 위장된 역사에 대한 필자의 고민을 드러내게 된다. 사람들은 역사에서 교훈을 얻는가 라는 질문에 대부분 그렇다는 대답이 일반적이겠지만 교훈이란 자주 '다양한 방식으로 수단화된 역사'를 창출한다. 역사적 교훈은 사람마다 다르고, 달리 해석될 수 있다. 그리고 그것이 개인적 교훈에서 아름다운 국가적 본보기로 확대되려면 반드시 역사적 정의(定意)와 실증적 분석이 동반되어야 한다.

하지만 역사의 객관적 성찰이 없는 교훈은 자연히 중심을 잃고 현재의 필요에 기생하는 수단으로 전락하게 된다. 북한의 누구처럼 두만강을 하루에 10만 번을 건넜고, 일본군과 10만 번 전투했다는 창조된 역사가 '실제 있었던 사실'처럼 인민에게 세뇌되면서 바로 '교훈 위주의 역사'는 마치 실제 있었던 것으로 둔갑하는 것이다. 하지만 편애의 역사는 결코 실재하는 역사가 될 수는 없다. 그저 필요와 수요에 의해서 상상되고 추리될 뿐이다. 언제나 신념과 편애와 아집과 독선으로 가득한 사욕이 교훈의 형태로 공적인 사료를 통해 합리화 되더니 급기야 현행 권력의 합리화와 권력 창출의 수단이 되고 말았다.

이것이 바로 역사의 수단화이다. 교훈화된 역사는 애국이니 열정이니 교훈이니 하는 멋진 수사로 위장되지만 그것은 역사가 아니라 수단화된 교리로 기능할 뿐이다. 이런 부류의 역사는 사실적 근거가 없으니 더욱 관념적이고 도덕적인 논쟁으로 전락한다. 쓸데없는 이야기가 미담으로 각색된다. 누가 더 파렴치했는가가 모든 선악의 판단이 되고 마는 것이다. 선악과를 따 먹고 지옥에 빠진다는 성경 구절이 이 경우 역사에서 가장 처절한 형태로 증명된다. 따라서 그러한 국난극복의 역사와 성웅화 작업은 필연적으로 사료 선택에서부터 당파성을 확산하고 사실의 미화를 촉발하면서 실제의 역사와 멀어져 갔다. 이런 경향은 자연스럽게 고정욱(高廷旭) 같은 작가가 "이순신은 구국의 화신으로 추앙받지만 원균은 어린이들이 읽는 위인전에서조차 이순신을 괴롭히는 악역, 비열한 간신으로 묘사"된 것에 대한 반감을 일으키게 하는 이유가 된다.

시간적으로 보아 우선 조선후기에는 병자호란의 치욕을 벗어나는 일이 급했다. 의병장들은 지역사회에서 자신의 기득권과 헤게모니를 관철하는 승전의 역사, 충의와 절의의 역사에 대한 관심을 키우고 널리 홍보하고

자 했다. 그 과정에서 도망한 원균, 모함한 원균에 대한 이미지를 고착화하여 지역사회의 수장으로서 의병장 자신들의 도덕성을 높여가고자 하였다. 이런 논리가 확산되자 한때 원균의 수하들과 친척들은 그동안 가졌던 원균에 관한 기억이 지옥의 족쇄처럼 되었다. 어서 빨리 원균의 기억을 지우는 일이 당대를 살아야 하는 이들의 당연한 절체절명의 과제였다. 결국 원균에 대한 비판은 가장 가까운 측근이나 인척에 의해서 자행되기 시작하였다. 이런 기운은 영·정조 시대를 거치면서 국가권력의 요구와 엮이면서 구국의 화신 이순신, 망국의 흉적 원균이라는 이분법으로 선명히 대조되기 시작하였다.

개항기에 들어서면서 원균은 '무능한 원균'으로 이미지화되었다. 즉 무능한 원균은 그 자신이 나태했던 결과로 망국의 위기를 초래했으며, 반대로 이순신은 거북선을 만드는 등 '유능함'으로 국가적 위기를 이겨냈다는 논리가 주종을 이루었다. 이러한 입장은 1930년대 이광수 방식의 '이순신 담론'으로 이어진다. 이광수가 보는 이순신은 일본군과의 대립 관계보다는 조선사회의 복마전과 싸우는 투사로 그려졌다. 이순신은 정치적 이해에 충실하고 재물 앞에 파렴치하며 약탈적인 원균과 투쟁하는 사람이 되었다. 즉, 이순신은 더 이상 일본만을 무찌른 이순신이 아니었다. 이런 구도로 '무능한' 원균과 투쟁한 성웅 이순신은 마치 무능한 조선을 무너뜨린 일본제국주의에 대한 미화로 이어지고, 총독정치의 정당성을 말하는 수단으로 활용되었다.

1940~50년대 원균 이야기에는 해방 이후 건국과 전후 재건이라는 국가적 과제 아래 국민적인 일치단결의 논리가 강하게 투영되었다. 이승만 정권은 좌익 세력의 발호로부터 국가를 보존하면서도 이승만 그룹이 주장하는 대한민국이 진정한 대한민국일까? 라는 국민적 의문을 잠재워야 했다. 그것을 위해선 신생 한국의 국민들을 '충량한' 자유주의적 국민으로 거듭나게 할 필요가 있었고 이런 과제 아래서 이승만 정권은 국민적 일치단결을 교훈

적이며 감동적으로 호소할 영웅이 필요했다.

1960~70년대에는 노산 이은상이 본 것처럼 개인적 탐욕과 무절제의 화신인 원균이 자신의 간계로 인해 결국 스스로 망했다는 논리가 특별히 강조되었다. 반대로 규율과 질서의 화신인 이순신은 명량대첩에서 보인 유비무환의 정신과 총력안보의 태세로서 북한의 위협을 이겨내는 모범사례였다. 이는 박정희식 개발이 이순신과 같은 원대한 계책인 반면, 일부 유신 반대집단의 목소리는 원균과 같은 간교한 술책이라는 인식을 넓히려는 수단이었다.

물론 1980년대부터는 이정일의 「원균론」(1981)이나 이재범의 『원균정론』(1983)에서 그동안 '원균=겁장·악장' 관념에 대한 근본적인 문제점을 제기하고 새로운 연구방법을 고민하기 시작했다. 이들은 원균 폄훼를 초래한 사료인 『난중일기』, 『징비록』과 더불어 인조반정 이후 호란으로 국가적 위신이 추락한 상황에서 전란의 영웅 이순신을 다시 부추기려는 『선조수정실록』의 곡필을 우려하는 입장을 취했다. 그러면서 원균의 공로는 이순신의 공에 묻히고 많은 부분 후대의 곡필로 인해 왜곡되었다는 점, 필화를 당한 원균의 실제 모습은 이순신에 버금가는 용장이었다는 점을 『원균행장기』, 『난중잡록』, 『선조실록』 등의 사료를 통해서 밝히고자 하였다. 이른바 '원균편견극복론'의 대두라고 할 수 있다. 여기에 대한 반론도 만만치 않아 송우혜는 '원균명장론'이 저널 상업주의에 근거하며 '원균이 육진 시절에 보였던 명성'을 임란 시기까지 연장하여 유추한 내용이 명장론의 본체라고 했으며, 이재호는 '원균명장론'을 주장하는 것은 '왕개미가 큰 나무를 흔드는 격'으로 '제 능력을 모르고 덤비는 한심한 주장'이라는 비판을 이었다.

그나마 객관적으로 이해하고자 시도했던 김탁환의 글이나(1998), KBS1의 '불멸의 이순신'(2004) 조차도 여전히 원균은 실수투성이요 사려가 깊지 못한 인격체였다. '원균명장론'에 대한 비판은 일면 엄격한 사실수호라는 명분을 달고 있지만 정작 실증은 취약했다. 이순신에 대한 비판을 맹목적인 충심으로 가득한 자신의 신념을 상처주고 자신의 정체성을 모독하는 이른바 자존심의 상처로 이해한 듯하였다. 특히 "원균은 용맹하고 이순신은 소심하다는 설정에 맞추어 이순신을 너무도 비루하게 만들었다"(『동아일보』, 2004년 1월 9일 "역사 왜곡하며 이순신을 욕보이지 말라")는 말은 연인들이 실연할 때 발생하는 신경질적 반응의 또 다른 표현이 아닐 수 없었다. 내가 사랑하는 사람을 네가 어떻게 매도할 수 있는가? 이러한 맹목의 역사가 인격을 할퀴고 영혼을 할퀴고 진실을 할퀸다. 그러므로 편애의 역사는 역사가 아니다.

이러한 '이순신성웅론'에 맞서 '원균명장론'이 각축하던 1990년대, 그러한 인식의 혼란을 웅변이나 하듯 국사편찬위원회에서 편찬한 『신편한국사』(제29권)조차도 혼란스러운 '원균'의 모습이 등장하고 있다. 어느 항목에서는 임란 초기 '원균은 연해의 어선을 보고 적선으로 오인하여 100여 척의 전함을 침몰시키고 노량진으로 도주'했다고 하면서도, 몇 장만 넘기면 '원균이 전라좌수군이 출동하기 직전인 1592년 4월 중에 이미 영남 해역에서 적선을 분파'했다는 승전 기록을 적시하고 있다. 아울러 수군 승첩도 이순신의 지휘아래 있던 전라좌우수군과 원균의 경상우수군이 연합 전선을 이룩한 결과'라고 했다.

그렇다면 도망간 원균이 맞는가? 적선을 분멸한 원균이 맞는가? 『신편한국사』조차도 원균에 대한 인상이 이렇게 불확실하게 적시되었다면 항간의 많은 원균옹호론이나 비판론이 출현하는 것도 이러한 원균에 대한 불명확한 정보와 이해의 소산이 아닐까? 그동안 원균에 대한 불편한 심기는 원균이 이순신을 괴롭혔다는 빼곡한 『난중일기』 기록이나 '권세가와 사귀면서 날로 이순신을 헐뜯'거나 '임란 초기 모든 것을 버리고 도주'한 비겁한 겁장·패장 등에서 비롯된 것이 많았다. 그러나 한편, 선조 임금은 원균을 대단히 총애한 듯하며, 원균에 대한 이후의 평가가 상당히 사실과 다르게 누명처럼 씌어져 있다는 점도 이야기되고 있다.

이처럼 사실 확인이 불명확할수록 학술적인 일도양단의 섣부른 평가가 횡행하고, '사실의 불안'을 이용한 '현재의 이해관계'가 신속하게 관련 사실과 역사의 수단화를 촉발하였다. 마치 신탁통치에 대한 불안한 사실 파악이 오랫동안 미국 중심의 반탁 이념을 유지해온 것처럼 혹은 몇 가지 관변 통계가 '식민지근대화론자'들이 '일본제국주의가 마치 조선을 근대화하고 산업화한 것'을 증명하는 수단이된 것처럼 사실이 아닌 것이 마치 사실인양 현실의 요구에 맞춰 재조립되었다. 피해자가 가해자가 되기도 하고 갑과 을이 뒤섞였다. 모든 화근은 신념에 가득찬 주장을 일삼은 자들이 정작 사실에 대한 면밀한 고민을 하지 않은 결과였다.

2. 편애와 극단적 사고의 희생자, 원균

그렇다면 왜 그토록 이순신과 원균은 차별적으로 인식되어야 하고, 극단의 가치를 대변하는 인물로 끊임없이 재구성되어야 하는가? 거기에는 원균을 바라보는 깊은 근현대사의 흑막이 도사리고 있다. 탐욕과 좌절 혹은 생존을 위한 처절한 몸부림이 모든 도덕적 가치의 우위를 점하던 우리 근현대 150여 년의 역사속에서 친일, 반공 혹은 근왕주의를 매개로 성립한 기득권 세력이 자신의 사리사욕(물욕과 권력욕)을 합리화하기 위해선 기층 세계에 호소할 만한 역사적 미담 사례가 필요하였고 자신도 정의로운 삶에 몰두한 시기가 있었음을 실제 사례로서 보여주어야 했다.

그러한 목적 아래서 국난극복의 상징인 이순신과 사리사욕의 화신인 원균을 극단적으로 대비시켰다. 선과 악, 정의와 불의, 진실과 음모 양극의 존재를 선명히 함으로써 국민 모두가 지켜야 할 도덕 명제인 멸사봉공, 호국, 총화단결이라는 단어에 자신들의 이념(반공과 독재)을 교묘히 일체화시키려 했던 것이다. 성웅 이순신의 정신과 자질을 자신과 일체화하고 반대로 사사건건을 방해하는 조정은 못된 원균으로 매도 하였다. 하지만 이렇게 양극으로 대치하여 일방을 우월시하는 역사 왜곡은 상업화된 혹은 수단화된 역사에서 자주 드러나는 고약한 서술방식이다. 특별히 원균과 이순신의 이야기를 양극으로 놓고 일방을 우월시하는 서술은 누가 뭐라고 해도 수단화된 역사의 산물이다.

우리는 그동안 이러한 이분법적 세계관에 오염된 채 원균과 이순신을 바라보았고, 필요한 낭만이나 적절한 의협심으로 그들이 만든 가공된 연극을 진짜인양 즐겨왔다. 그들이 얼마나 실제와 다른 사람이었는지 혹은 이분법적 세계에서 희생된 또 다른 불행한 영웅이었는지는 상관이 없었다. '누군가의 편'이 되어야 했던 슬픈 성웅 이순신과 간신 원균, 수많은 원균이 사람의 진실과 자연스러운 운명의 흐름에 대한 신뢰를 놓쳤다. 실제의 사실을 지켜야 할 수많은 이순신과 원균 관련 저작물은 서로를 학문적 축적의 파트너로 존중하지 않았다. 원균을 옹호하려면 『선조수정실록』을 폄훼해야 하고, 이순신을 옹호하려면 『선조실록』의 허접함을 홍보해야 하였다. 그러다 보니 어느 정도 학문적 접근의 외형을 갖춘 연구도 있지만 대부분의 주장은 당파성과 신념으로 왜곡되고 흐려진 자기만의 원균, 자기만의 이순신을 그럴듯한 학문적 형상을 빌려 구축하고자 한 흔적이 뚜렷하다.

한편, 이순신을 지지하는 측에서는 『선조수정실록』과 『난중일기』 및 조선 후기 각종 문집에서 원균의 잔악성과 교만방자, 주색잡기, 안하무인 등의 도덕적 윤리적 약점을 통하여 결코 성웅에 필적할 수 없는 겁장, 악장 나아가 간신까지 폄훼의 폭을 확장하였다. 사실 『선조실록』만으로 판단한다면 원균의 행적은 도덕적으로 비판받을 이유가 그다지 없었다.

그러나 『선조수정실록』이 편찬되면서 많은 유림들이 수정실록의 내용을 금과옥조처럼 신봉했다. 거기에 칠천량 해전에서 패한 장수들이나 관련자들도 자칫 공신대열 혹은 관료사회에서 탈락하지 않으려는 고민이 착종하면서 죽은 원균에 대한 비판의 강도를 높여갔다. 그러면서 원균에 대한 새로운 평가를 기대하는 논리와 반대로 성웅 이순신의 위대함이 손실될까 우려하는 논리가 출동하기에 이르렀다.

그렇다고 그러한 논쟁은 학문적인 발전을 기동하거나 초래한 것도 아니었다. 각기 가졌던 논리와 포부는 서로에게 아무런 도움이 되지 못한채 끊임없이 신념의 대립을 재생산하였다. 실제의 역사에 대한 탐구보다는 처음부터 생산자에 의해 크게 왜곡과 도색된 사료를 무장하면서 무차별적이고 비전문적인 사료 진위 논쟁을 지속하였다. 이러한 논쟁은 학문적인 성찰보다는 마치 기독교 맹신자가 이슬람교를, 이슬람 맹신자가 기독교도를 생각하는 듯한 마치 교리전쟁같은 모습을 보여주었다. 원균에게 부당한 폄훼가 있었다는 사실을 인정하지 않는 이순신 옹호론자의 아둔함과, 이순신의 추락을 기초로 해야만 원균을 높일 수 있다는 원균 명장론의 이기심이 끊임없는 왜곡과 편파의 소용돌이를 만들어 갔다.

패전한 적이 없는 이순신의 위신을 추락시켜야 원균이 살고, 원균의 인격을 모독해야 이순신이 사는 이러한 괴이한 언술들이 상업적 출판의 그늘에서 다양한 인격화를 시도하는 상황은 지극히 우려할 만하다. 또한 수적인 우세를 앞세우고 권력의 뒷담화까지 가세하면서 일부는 거의 원균에 대한 적개심, '원균 역적론'으로까지 발전했다. 그러나 이 모든 것은 '누구를 위한 역사'에 골몰한 아둔함의 결과이고, 실제 있었던 그 자체의 역사를 사랑하는 사람이 할 짓은 아니다.

무언가를 위하여 신념을 총동원하고 거기에 어떤 사료든지 유리하게 자의적으로 해석하고, 그래서 얻어진 결론은 다시 자신의 신념과 지지하는 사람을 향한 우상화의 도구로 이용하는 것, 이것이 김일성 우상화와 다를 것이 무엇인가? 역사의 주요한 소재인 사료들이 철저하게 개별적인 신념과 호

불호에 이용당하는 데 대한 깊은 고민이 바로 이 저작을 만들게 된 중요한
이유였다.

3. 승리를 위해 함께 한 길, 원균과 이순신

1594년 11월 12일 원균과 이순신의 반목을 우려하는 조정 회의에서 선조
는 대단히 신념에 찬 어조로 "원균의 하는 일을 보니, 가장 가상히 여길 만
하다"고 하면서 "내가 저번에 남방에서 올라온 사람에게 원균에 대해 물었
더니 '습증에 걸린 몸으로 장기간 해상에 있으나 일을 싫어하는 생각이 없
고 죽기를 각오하였다'고 하였으니 원균의 뜻이 가상하다"고 하였다. 또한
1603년 공신책록을 할 때에도 선조는 원균의 공적을 인정하여 선무 1등 공
신에 올렸다. 논공과정에서 선조의 입김은 강력했고, 신하들과 논쟁을 벌이
면서까지 선조는 원균을 선무 1등 공신에 올렸다.

> 나는 일찍이 원균을 지와 용을 겸비한 장수로되 그 운명이 때를 잘못 만났으므
> 로 공은 이지러지고 일은 패하게 되니 그의 충성된 마음과 공적의 자취가 밝혀지
> 지 못하였도다. 지난번 영상이 남쪽에 내려갔을 때 원균이 민망하게 되었다는 뜻
> 을 말하더니, 영상은 그 말을 기억하고 있는가. 오늘날 논공에 있어 그를 도리어 2
> 등으로 하겠다니 그것이 어찌 원통하지 아니한가. 그렇게 되면 원균이 또한 지하
> 에서 눈을 감겠는가? ("선조실록』, 1603년 6월 26일)

그토록 원균을 아낀 선조와는 반대로 많은 사서들은 원균이야말로 후안
무치하고 교만방탕하며, 안하무인이며, 간악 잔혹하였던 사람으로 바라본
다. 그러한 폄훼의 출발점은 아마도 당대를 같이 살았고 평생 라이벌이던

이순신의 『난중일기』와 이순신의 치적을 높여가기 위해 만든 몇몇 사료였다. 이순신의 『난중일기』는 개인 기록이니 그렇다 해도 정사로서 자주 인용되는 『선조수정실록』에 나온 원균의 기록은 과연 믿을 만한가?

『선조수정실록』을 찬한 사람은 이식(李植,1584~1647)이었다. 그는 이순신과 같은 덕수 이씨 집안 사람이었고, 좌의정 이행의 현손이었다. 1610년 별시 문과에 급제하였고 설서, 선전관 등을 역임했다. 1618년 인목대비 폐모론이 일자 은퇴하고 경기도 지평에 낙향하여 택풍당을 짓고 학문에 매진하였다. 1623년 다시 이조좌랑으로 등용되고 이후 대사간, 대제학과 예조참판을 역임했다. 그러던 중 병자호란을 만났고, 1642년에는 김상헌과 함께 척화를 주장하다가 심양에 잡혀갔다. 겨우 돌아와서 1643년 대사헌과 형조 이조 예조판서를 역임한 인물이었다.

『선조수정실록』은 바로 심양에서 돌아오던 시점에 편찬한 듯하며, 특히 원균에 대해선 종전보다 강도 높게 일본군 앞에서 한없이 비겁하고, 권력에 빌붙어 아부하고, 백성과 군사를 괴롭힌 졸장·겁장·악장의 인상을 만들어냈다. 후금의 오랑캐에게도 목숨을 걸고 척화를 주장할 정도로 지조와 절조가 높았던 당대의 유림인 이식이 원균을 그토록 모질게 공박하는 붓을 든 이유는 무엇일까?

사실 모함을 즐기는 원균이라는 인상은 『선조수정실록』, 『난중일기』 등 몇 가지 사료를 제외하면 사실적인 증거는 그다지 많지 않다. 물론 옥포에서 한산대첩까지 승전한 내용을 공동장계하자는 약속을 이순신이 파기하면서 생긴 불화로 인해 두 사람 사이가 좋지 않았던 것은 사실이다. 예를 들어 최초의 승첩으로 기록되는 옥포해전은 분명 경상도 수군의 역할이 컸고 이는 이순신도 인정했다. 그리고 이순신은 『난중일기』에서 원균에 대한 많은 실망감을 표했지만 원균의 부장이었던 이운룡 신도비를 보면 원균과 그의 경상도 수하들이 얼마나 용감하게 일본군과 대적했는지 확인할 수 있다. 어쩌면 원균은 생각보다 훨씬 용감하였고, 쟁쟁한 부하들을 거느렸던 것 같다. 실제로 수사 원균에게 도망하지 말 것을 간언하여 이순신에게 구원을 요청하게 한 사람도 원균의 참모였다. 어쨌든 이순신이 '민족의 태양'이 되는 순간부터 원균은 항상 '태양을 가리는 먹구름'이었다. 많은 저작에서 항상 탁월한 애국심에 뿌리를 둔 이순신의 뛰어난 전략과 원균의 치졸한 사욕은 너무나 뻔한 모티브였다. 살고자 비겁했던 쪽은 원균, 죽고자 용감했던 쪽은 이순신이었다. 원균이 보다 악장이거나 겁쟁이일수록 이순신은 성웅이 되었고, 거기에는 '민족의 태양'과 같은 현란한 언술이 덧붙여졌다.

그런데『선조수정실록』에 대한 비판이 이식의 아들로부터 나오기 시작했다.『국조보감』(숙종 5년 1681년 5월 항목)을 보면『선조수정실록』의 편자 이식의 아들 이단하는 "선조 30년 간의 실록은 신의 아비 식(植)이 수정을 하였고 그 뒷부분 10년 치는 채유후가 계속 수정했으나 엉성하고 잘못된 곳이 더러 있습니다. 문학에 능한 신하를 시켜 책자를 내게 하면 좋을 것입니다"라고 하였다. 이는 아버지 이식이 찬한『선조수정실록』에 '엉성하고 잘못된 곳'이 더러 있다는 지적이다. 조선 사회에서는 이례적인 아버지 행적에 대한 아들의 비판이라 할 수 있다. 그러자 이민서 · 조사석은『실록』이라면 이만저만 중대한 기록이 아닌데 지금 한 개인의 소견으로 붓을 댄다면 뒷날 폐단이 있을 염려가 있습니다"라고 비판하였고, 숙종은 이를 받아들여서 다음 기회에 총재관이 입시했을 때 논의하자고 하였다. 이러한『선조수정실록』의 곡필은 굳이 율곡 이이의 '십만양병론'이 허구라는 증거를 내밀 필요도 없이 명백하다.

일단 1596년 10월 5일에 개최된 어전회의 기록을 보면 신료들이 보는 원균에 대한 몇 가지 장점이 나온다. 먼저 장점은 ① '몸을 깨끗이 하고 용감하게 잘 싸운다'(김응남) ② '억세지만 전쟁에 임해서는 쓸 만한 장수'(이원익) ③ '나랏일에 참으로 정성을 쓸 뿐 아니라 죽음도 겁내지 않는 자'(선조)

④ 함경도 종성에서 원균을 만나보았는데 비록 만 명이나 되는 적군 앞에서도 가로질러 돌진하는 용장(조인득) ⑤ 제 몸을 돌보지 아니하고 용감히 싸워 그 모두에 능하다(류성룡) ⑥ 의기가 북받쳐 공로를 세웠다(이정형).

그리고 1597년 1월 27일에 개최된 어전회의에서는 몇 가지 단점이 지적되었다. ① 피로한 군졸들을 잘 어루만지지는 못한다(류성룡) ② 한번 바다에서 전투한 다음에는 반드시 착오를 일으킨다(류성룡) ③ 군졸을 사랑할 줄모르고 또 인심도 잃어버린 사람(이정형) 등이었다.

이렇게 보면 원균은 대단히 단순하고, 돌격적이며, 제 몸을 돌보지 않는, 전투 능력이 대단한 용감한 장수라는 장점과 사람에 그다지 덕을 쌓지 못하고, 눈치를 몰라서 여러 사람으로부터 인심을 잃은 사람이라는 단점을 가진 사람이라고 정리할 수 있다. 따라서 적어도 원균은 교활하거나 간계가 많은 장수는 아니었다. 그러다보니 일각에서는 원균은 억울하며 사실은 이순신보다 더 명장이었다는 '원균명장론'이 대두되기도 했다. 실제로 당대에도 그런 명장론이 있었다.

(A)"이순신과 원균은 본래 사이가 좋지 않아 서로 헐뜯고 있습니다. 이순신은 왜변 초에 병선(兵船)을 모아 적의 진로를 차단하여 적의 목을 벤[斬馘] 공로가 많고, 원균의 경우는 당초 이순신과 협력하여 역시 적의 선봉을 꺾는 성과를 올렸으니 이 두 사람의 충성과 공로는 모두 가상합니다"(『비변사등록』, 1594년 11월 28일).

(B) 군사를 이끌고 나가 적을 무찌르던 해전초기에 돌전하여 앞장서는 용기는 원균에게 이순신이 미치지 못하였으며…전쟁에 임하여 이를 피하지 아니하는 용기는 원균에게 있었으나…다만 그때 원균에게도 큰 공이 없지 아니하였는데도 조정의 은전이 모두 이순신에게만 미치었고…원균은 수장으로서 그 재주가 장점일

뿐 아니라 천성이 충실하여 큰일을 당해 피하지 아니하고 돌격을 잘하였습니다 (정탁,『신구차』).

(C) "소신이 남방에 가서 들으니 왜적이 수군을 무서워한다 합니다. 원균에게 사졸이 따르니 가장 쓸 만한 장수요 이순신도 비상한 장수입니다. 단지 이들이 다투는 일이 무척 못마땅합니다" (『비변사등록』, 1597년 11월 12일).

(D) 이산해가 아뢰기를, "이후에는 힘껏 수군을 조치해야만 믿을 수가 있습니다. 신이 지난번 호서에 있을 적에 마침 원균을 만났습니다. 원균이 말하기를 '왜적을 무서워할 게 무엇인가?' 하기에 신은 처음 듣고는 망령되다 여겼습니다. 지금에 와서 보니 수군을 믿고 그런 말을 한 것을 알게 되었습니다 (『선조실록』, 1597년 1월 23일).

(E) 승정원에서 아뢰기를 "수군의 설립이 어제 오늘의 일이 아니고 직임을 맡아 통제한 사람도 하나 둘이 아니며 제도와 규모도 모두 정한 법식이 있었습니다. 이순신과 원균이 힘을 얻은 후로는 한결 같이 그때의 법제대로 40여 년을 써왔으며 일찍이 가감한 일이 없었습니다 (『비변사등록』, 1642년 3월 5일 ; 동일 『승정원일기』).

거의 모든 사례에서 원균과 이순신은 각기 역량이 탁월하니 힘을 합쳐야 승리를 장담할 수 있다고 하였다. 이순신을 지지하고 이순신을 죽음에서 구한 정탁(鄭琢)조차도 원균은 쓸 만한 장수라고 평가하였다. 무엇보다도 1595년 원균을 수군에서 교체하자 사간원이 올린 상소에 의하면 원균이 이순신과 더불어 당대의 명장으로 널리 인망이 있다고 하였다. 그만큼 임란이 발발했을 때 원균의 행적은 인상적이었다는 사실이다.

사간원이 아뢰기를, "경상수사 원균을 지금 내륙으로 옮겼으므로 군정이 해이해 지고 형세가 쇠퇴해져 수군의 일이 형편없어 졌으니, 후일이 참으로 걱정됩니다. 혹자는 '원균과 이순신은 다 일시의 명장으로서 서로 화목하지 못하니, 형세 상 둘 다 양립하기가 어렵다' 하는데 이는 너무도 생각이 없는 말입니다"(『선조실록』, 1594년 12월 19일).

공식적인 조정의 문서뿐만 아니라 일반 문집, 예를 들어 『고대일록』에서 도 "우수사 원균은 사망한 절도사 원준량의 아들로 평소 담력과 지략이 있 었다. 변란이 발발한 초기부터 전함에 올라 적을 방어하며 하루도 육지에 발을 내린 적이 없었다. 전라좌수사 이순신과 한마음이 되기를 약속하고는 전력을 다해 적을 추격해 격파했다. 적들이 더 이상 전라도를 넘보지 못하 게 된 것은 양 수사의 공로이다"라고까지 하였다.

초기 임란시기 원균이 보여준 활약에 대해서 당대 기록조차도 폄훼하거 나 과장되었다는 내용은 전혀 없었고, 상당수 문건이 이순신과 원균이 힘 을 합쳤기에 임진란 초기의 승전을 거둘 수 있었다고 하였다. 뿐만 아니라 1594년 10월 장문포 해전 당시에도 이순신과 함께 수륙병진 정책을 합의 하고 두 차례에 걸쳐서 합의에 따라 열심히 의병들과 전투를 수행하였다. 1595년 1월 수사에서 전직될 때에도 이순신과 함께 거제 지역 탈환전에 노 력했다.

충청병사로 옮겨갈 때에 사간원에서는 상소를 올려 '원균과 이순신은 일 시의 명장이니 결코 바다를 떠나게 해선 안 된다'는 말로 선조의 결심을 바 꾸려했다. 그런 '명장'이라는 말은 후대의 사람들이 그냥 만들어낸 것이나 '원균 패밀리'라고 하는 특정한 개인이 두둔하려고 만든 말이 아니라 사간 원의 공식적인 상소에 나오는 말이었다. 그가 이순신과 힘을 합쳐서 거제에 서 적들을 물리친 조선 수군의 양대 산맥이라는 표현은 그 어느 사서에서도 일치하고 있다.

그런데 원균을 긍정적으로 보는 자료들을 지나치게 신뢰하면 과도한 명장론으로 발전하기도 한다. 오늘날 일각에서는 원균도 이순신만큼 인격적으로 훌륭했고, 오히려 이순신보다 용감할 때도 있었다고 하면서 『선조수정실록』과 그를 찬한 이식(李植)을 비판하거나, 이순신 시장이나 행장기의 왜곡을 꼬집는 논의가 대두했다. 나아가 원균은 이순신을 모함한 적이 없으며 오히려 기망장계(欺罔狀啓, 거짓 장계를 올린 죄), 종적불토(從敵不討, 눈앞에 적을 두고도 치지 않은 죄), 탈인지공(奪人之功, 남의 공을 거짓으로 빼앗은 죄), 함인어죄(陷人於罪, 남을 모함한 죄), 무비종자(無比縱恣, 임금을 업수이 여기는 죄) 등의 죄로 인해 백의종군하게 되었다고 한다. '원균명장론'의 요체는 역시 이순신은 과장되었고, 원균은 왜곡되었다는 것이다. 거기에 담긴 대부분의 논의는 몇 가지 사료로 이순신이 옳았다느니 원균이 옳았다느니 하는 사료 조작이었다. 그 또한 '실재하는 역사'가 아니라 정치적 견해를 위해 '역사적 사실을 수단화'한 사례였다.

그럴 때마다 왠지 마음 한 쪽이 울적하다. 용감하게 적에게 돌진했던 원균의 이미지는 물론이고 고작 13척으로 세계사의 유래 없는 대첩을 이뤄낸 이순신의 위대한 이미지조차 상처받기 때문이다. 아무리 생각해도 그리고 누가 뭐래도 이순신과 원균 두 장군은 임진왜란 당시 조선의 바다를 왜적으로부터 보호하고 나라를 지킨 위대한 명장들이다. 원균이 있었기 때문에 이순신이 빛났다. 그리고 이순신이 있었기 때문에 원균이 공을 세울 수 있었다.

정유재란 당시 영중추부사였던 이산해가 이순신이 견내량에서 굳건히 지키고 부산의 적을 치지 않는 이유를 '이순신은 정운과 원균이 없기에 머뭇거리고 나아가지 않는 것입니다'(『선조실록』, 1597년 1월 23일)라고 하거나 윤두수가 어전회의에서 '이순신이 여러 가지 죄가 있어도 원균과 이순신을 모두 통제사로 만들어 서로 협세하게 하는 것이 옳을 것'(『선조실록』, 1597년 1

월 27일)이라고 한 것도 원균과 이순신이 얼마나 서로를 필요로 했는지 보여주고 있다.

문제는 조선의 자부심이 된 수군의 무장들이라서 쟁공이 필연적이었고, 그렇다보니 공을 둘러싸고 끝없이 반목한 사실이다. 물론 쟁공과 시기심은 인간의 일반사이기에 보기에 따라서 다양한 해석이 가능할 수 있다. 그런데 문제는 그런 쟁공이 인격적인 폄훼를 동반하면서 거론되고 그 속에서 쟁공하는 순수한 애국열정의 두 장군은 당대는 물론이고 후대에 이르기까지 그런 행적들이 끊임없이 새로운 해석자들에 의해 수단화되었다는 것이다. 즉, 이들은 권력과 시간이라는 놀이판에서 두는 말뚝처럼 활용되었다. 그들은 자신의 의지와 다르게 각 시대마다 실제 그들이 수행했던 일이나 업적이 각 시대의 정치적 목표에 의해서 수단화되고 재구성되었다.

그들의 모든 행적이 정치화된 언술로 재구성되면서 당대의 권력자나 지식인들이 자신의 이상이나 권력을 위해서 희생을 요구하는 수단이 되었다. 특히 이순신은 임란의 이순신을 넘어서 인조의 이순신이고 정조의 이순신이며, 민족개조의 선구자 이순신이자 국난 극복과 총력단결을 위한 민족중흥의 이순신으로 수단화되었다. 국민을 한마음 한뜻으로 모으기 위한 위인의 탄생은 그만큼 혹독한 악인의 시험을 통과해야 했던 것이다. 여기서 그 악역의 화신이 바로 원균이었다. 성웅을 위해 대표적으로 희생되어야 될 운명의 소유자는 역시 이순신에게 도전장을 낼만한 그런 능력자여야 함은 불문가지였다.

사실 원균 몰래 쟁공을 위한 장계를 올리면서 공을 혼자 차지했던 이순신의 마음이 어쩌면 하루하루 왜적과의 싸움에 지친 부하들에게 주어야 할 당연한 격려와 포상에 대한 욕심이었다면 세상을 살만큼 살아본 그 누가 이기적이라고 말할까? 오히려 세상의 아버지나 형님처럼 제 식구 챙겨가는 인생, 그래서 싫은 꼴도 보이는 것이 오히려 인간적이라고 한다면 이순신은 참으로 인간적인 장군이었다. 그런 논공쟁탈이 오히려 정상적이라는 판단은 잘못일까?

실제로 1594년 11월 정곤수는 '이순신 수하는 많이 당상관에 올랐는데 원균의 수하 중 우치적이나 이운룡 같은 사람은 그 공이 많은 데도 상을 받음은 도리어 다른 사람들만도 못하니 이로서 서로 다투고 있다'는 상소를 올리기도 하였다. 그렇기 때문에 포상에서 불리하게 된 원균의 억울한 느낌이나 그의 분노도 이해할만하다. 누가 그 자리에서 육두문자를 날리지 않은 장수가 있을까? 특히 자기 부하가 포상에서 밀릴 경우 수군의 사기 저하나 지휘권 약화 등의 문제가 발생할 가능성이 컸다. 도덕군자가 아니고 정상적인 인품이었으니 화가 나고 분노할 수밖에 없었다.

이 시점에서 새겨야 할 것은 아무리 이순신과 원균이 서로 쟁공을 벌이고 헐뜯고 해도 결국은 두 사람이 힘을 합친 옥포해전을 비롯하여 합포해전, 적진포해전, 사천해전, 당포해전, 제1차 당항포해전, 율포해전, 한산도해전, 안골포해전, 부산포해전, 웅천해전, 제2차 당항포해전, 제1차 장문포해전, 영등포해전, 제2차 장문포해전 등 모든 해전에서 승리했다는 점이다. 아울러 큰 승리가 아닐지라도 장문포해전만 해도 두 사람이 합심하여 이룬 승첩이었다. 두 사람이 함께 할 때 조선의 바다가 위태롭지 않았다는 것은 둘 다 나름의 자부심으로 바다를 자신 있게 지키려 한 결과였고 그런 탁월한 능력들이 서로의 눈에 가시가 되어 조금이라도 더 나으려고 쟁공하고 미워하고 질시하였던 것은 오히려 인간적이었다.

칠천량해전공원전시관 내 조선수군 조형물(거제시 하청면 연구리)

VI

결론

원균에 대한 평가 수준은
그 사회의 성숙수준을 규정한다

원균에 대한 평가 수준은 그 사회의 성숙수준을 규정한다

임진왜란 이후 긴 세월 동안 원균에 대한 다양한 이야기가 만들어지고 다양한 형태로 왜곡되거나 기이한 형태로 미화되기도 하였다. 그런데 그 공통점은 대부분 자신이 정한 특정한 편견과 편애에 기초하여 원균과 이순신의 행적을 극히 악과 선의 양극에 가까운 삶으로 재창조했다는 점이다. 그렇게 양극에서 두 사람을 대립시켜서 얻는 역사는 반드시 누군가의 목적과 편견에 종속된 사고를 초래한다.

그리고 분석 대상에 대해 색안경을 끼게 만들고, 결국 논리적으로 감당할 수 없는 영역은 인격적 침해를 통하여 자신의 편견을 정당화하려는 욕망을 부른다. 그러므로 원균에 대한 인격적 폄훼의 대부분은 이러한 편견과 편애의 역사에서 출발하였다. 그러나 누군가를 위한 당파성이 찌든 글에서, 그리고 인성과 도덕적 가치에 경도된 평가와 도덕적인 양극으로 몰아가는 서술이 만연한 곳에서 과연 '실재하는 원균'의 삶을 이해할 수 있을까? 그것은 불가능할 것이다.

그런데 그러한 편애와 편견의 글쓰기에도 나름의 역사적인 아픔이 있었다. 조선후기 등장한 원균에 대한 그 많은 인격적 폄훼를 다룬 문집이 의외로 원균의 인척이거나 측근에 의해서 자행된 경우가 많았다. 패장 원균과 함께 함으로써 모든 사회적 출로가 봉쇄당할 위기감이 그렇게 철저하게 원균을 저버리게 하였다. 자신은 원균과 달라야 충의롭고 절의가 있는 사람으로 인정되거나 혹은 가문의 영속을 기약할 수 있었다. 원균에 대한 인격적 모독은 오히려 인척이나 측근에서 더욱 심하게 자행했다.

사회적 원인도 있었다. 원균에 대한 인격적 폄훼 이미지는 의병장(=사족) 중심의 향촌질서 구축과정과 밀접한 관계가 있었다. 지역 향촌 사회에서는 임진왜란 이후 일본군과 전투한 지역의 의병장(=사족)들이 자신들의 전공을 바탕으로 자신을 중심으로 한 새로운 향촌의 패권을 장악하려고 하였다. 그 과정에서 의병장들은 일본군과 용감하게 싸운 기억을 신화화하고 체계화하려 하였다. 자연스럽게 도망·비겁·간신·무능력과 같은 이미지는 지역사회의 주도권을 쥐는데 용납할 수 없는 '배반'과 '불의'의 이미지로 정착하였다. 그리하여 의병장 자신들의 용감성과 충의 그리고 지역에 대한 책임감에 대한 강력한 이미지 확립 작업이 시작되었는데, 이것이 문중이고, 서원이고, 향약이었다. 이들은 모두 향촌 사회에서 의병장(=사족)의 역할을 강화하는 조치에 몰두하였다. 그러니 자연스럽게 전쟁에서 비겁한 행위를 한 사람에 대한 멸시가 뒤를 이었다. 모든 전장에서의 비겁한 행동에 대한 비판은 의병장 권력의 우월성을 보장하는 이미지로 활용되었다. 지역사회의 패권을 확보하기 위한 의병장들의 신화 작업에 패장 원균 이야기는 활용하기 좋은 사례였다.

한편, 그동안 우리는 지나치게 이분법적인 세상과 판단에 몰두하였다. 사실 인류 역사를 크게 보면 반드시 선과 악의 대립 관계로 발전한 것은 아니었다. 그러므로 철저하게 승자와 패자의 논리에 찌들고 편애의 역사에서 창조된 전통인 '선=이순신', '악=원균'이라는 해석은 역사로서 제대로 성립하기 어렵다. 그런 생각은 우리 수군의 오랜 문명사적 전통이 단지 한 사람의 태만과 나태로 쉽사리 무너질 하찮은 것으로 만드는 오류를 낳는다. 나아가 조선사회를 아주 후진 나라로 매도하려는 일본 제국주의자들의 상투적인 속임수이기도 했다. 거기에 춘원 이광수가 착각하였고, 친일파 근대화주의자들도 고스란히 그 덫에 걸려들었다.

그런 버릇이 아직도 남아 원균에 대한 인격적 폄훼의 고삐를 늦추지 않고 있다. 실제의 역사에는 늘 바른(바르다고 믿는) 생각과 바른(바르다고 믿는) 생각이 쉴 사이 없이 각축을 벌이는 법이다. 둘 다 올바르다는 신념에 기초하다보니 일방적으로 승리한 적이 없다. 그러니 늘 이기려고 수단과 방법을 가리지 않게 되고 그 중에서도 가장 손쉬운 방법이 인격적 침해이고 도덕적 상처이다. 갑자기 없던 아들이 나오고 남녀상열지사의 뒷담화로 상대를 음해하기도 한다. 그런데 세상은 이성과 이성의 충돌로 움직이는 것이다. 그렇게 쉽사리 도덕적인 사람과 비도덕적인 사람, 착한 사람과 나쁜 사람 그리고 좋은 사람과 이상한 사람간의 대립으로 만들어지는 것이 아니다. 이순신과 원균의 대립도 마찬가지다.

그들도 이성과 이성으로 대립하였지 선과 악으로 드라마틱하게 대립하지 않았다. 이성과 이성이 충돌하니 더욱 폭력적이고 인격적 폄훼가 동원되었다. 말이 잘 안 통하니 그렇게 욕을 한 것이다. 이처럼 무언가 실패한 원인을 어떤 한 개인의 인격 수준에서 찾으려 하는 시도는 참으로 유치하다. 그리고 몇 개의 사료만으로 짜서 사료 자체가 가지는 역사적 가치를 파악하지도 못한 채 상대를 음해하는 총탄으로 사용하는 그 모든 시도가 얼마나 용렬한지 모른다. 언제나 자신만 옳다고 믿는 '편애의 역사'는 아무리 논증을 해도 반대쪽을 편애하는 집단에게는 의미 없는 사료의 나열일 뿐이다.

그렇다면 두 장군이 냉정하게 보았던 그래서 둘 다 옳았다고 믿는 세상을 한번 바라볼 필요가 있다. 정작 원균은 당면한 시대적 과제를 어떻게 파악하고 어떻게 사고하며 어떤 행동양식을 선택하고 그것을 선택하기 위하여 무엇을 고민하였는지, 그리고 해결을 위하여 무슨 계책을 만들고 어떤 실천 유형을 탐색하려고 했는지 실제의 역사를 보고 싶다. 이에 궁극적으로 말하고 싶은 것은 오직 하나이다. 원균과 이순신은 임진왜란을 함께 겪고 합동하여 적을 물리친 조선의 수군 장군이요, 당대의 희망이었다는 사실이다. 두 사람이 함께 할 때 비로소 빛나는 우리 역사를 써낼 수 있었다는 사실이다. 전란 중에서 '원균이 없는 이순신은 공세적일 수 없었고, 이순신 없는 원균은 갈피를 잡지 못하였다는 사실'은 너무나 분명하였다.

두 사람이 병립하여 적들이 오는 길목을 막는 전략은 조정의 비변사 대신이나 현장에 있는 수군 장수들도 공감했던 전략이기도 하였다. 선조는 선조, 원균은 원균, 이순신은 이순신, 비변사는 비변사 다같이 전란의 극복을 위해 노력하였다. 그리고 국난을 극복하기 위해 수천 년 우리 역사가 만들어온 지혜와 교훈을 총동원하였다. 다만 현장 수군은 명나라 군대와 육군의 힘을 빌린 수륙병진 전략으로 승산있는 싸움을 하려고 했고, 비변사 대신은 민을 만한 우리 수군이 해로차단에 먼저 나서서 전쟁의 향방을 바꾸는 길을 택하였다. 이렇게 현장 수군과 비변사 대신의 이견이 복잡하게 얽히면서 급기야 이순신이 하옥되고 원균이 통제사가 되었으나 원균은 곧장 자신이 만든 해로차단 상소의 덫에 걸려서 이러지도 저러지도 못하는 상황에 몰렸다. 이 기회에 조정은 현장을 흔들었고, 자율성이 상실한 수군은 조정의 부당한 명령에 갈팡질팡하였다. 이는 조정이 현장의 목소리에 눈을 감고 귀를 막은 결과였고, 그 결과가 칠천량 패전이었다. 소통없는 사회 혹은 일방적인 명령 사회가 만든 비극이었다.

그런데 크게 보면 일본인들에게도 원균은 이순신처럼 조선 해역을 지킨 명장이었다. 일본인들의 기록을 보면, 이순신과 원균이 결코 다른 사람으로 파악된 적이 없다. 그냥 조선의 수군 사령관으로 동일시되었다. 도도 다타도라 집안의 가문일기인 『등당기』, 와키자카 야스하루의 행장록인 『협판기』, 일본군 종군 승려인 케이넨의 『조선일일기』 등에서 한결같이 이순신과 원균을 구분해서 파악하지 않았다. 그들 입장에서 보면 이순신이 하지 못한 일은 원균도 할 수 없었다. 원균이 못하면 이순신도 못하는 것이었다. 그런데 두 장군을 나눠서 설명하는 것은 우리 자신뿐이다.

물론 군공을 쟁탈하는 과정에서 원균이 인격적으로 거만하거나 포악하거나 하는 기록이 있다. 과연 이러한 기록은 믿을 만한가? 임란 초기 혼란스러운 시기 원균이 배를 버리고 도망갔다는 기록이나 운주당에서 술이나 마시고 기생과 놀았다는 소문 그리고 원균 부하들이 조선인 어부들의 목을 잘라 군공을 탐했다는 해괴한 소문이 여과없이 원균의 인격적 파탄을 설명하는 데 동원되었다. 과연 어느 정도까지 믿어야 하나? 하지만 사서를 제대로 읽은 사람이라면 어느 것도 전후의 모든 정황이나 사료의 정확도 수준 그리고 사건의 연속적 맥락을 감안할 때, 실제의 사실과 다르다는 것을 직감하게 된다. 후대에 그것이 크게 문제된 적이 없기 때문이다. 왜냐하면 사실은 사실로 재생산되지만 소문은 소문으로 금방 식기때문이다.

그렇다면 왜 이순신은 사지에서 승리하였고, 원균은 사지에서 패전하였나? 그런 면에서 이순신의 위대한 명량대첩은 이순신에 대한 수많은 모함과 억측을 초래한 기록이 실제 사실이 아님을 증명하는 것이다. 이순신이 없으면 조선도 없었다. 조선을 구한 이는 바로 이순신이다. 하지만 선조가 말했듯이 전투에서 지거나 이기는 것은 애국심의 수준하고 상관이 없었다. 원균도 애국적이었지만 장수로서 기교와 판단이 모자랄 경우 패전은 언제든지 가능하였다. 이순신과 원균의 구분 점은 인격의 차이가 아니라 군사를 움직이는 능력의 차이였다.

따라서 적어도 원균이 작전 지휘관이라면 나름의 정세판단과 필요한 조치라고 여기는 부분에 대한 자신만의 세계관을 가지고 칠천량 해전에 임했을 수도 있다. 패장은 분명하지만 그렇다고 『난중일기』와 『선조수정실록』만으로 그의 고민을 이해한다는 것은 대단히 비역사적인 논의이다. 사료 몇 줄에 마치 원균의 모든 것을 설명하고 폄훼하려는 시도도 역시 근시안적인 생각이다. 패장이니 그 점은 반드시 비판을 받아야 하지만 어떻게 패전했는지 본래의 전략과 실제의 패전 사이에 나타난 변수나 요인은 무엇인지 등 원균이 실패하게 된 진짜 이유를 보다 과학적이고 객관적으로 파악하는 것이 중요하다.

한편, 칠천량 패전이 과연 겁쟁이 원균 한 사람의 나태와 실수만으로 일어난 일일까? 그렇다고 모든 책임이 조선 양반사회 자체의 복마전 때문이었던

가? 전자는 우리 역사를 너무 빈곤하게 하고 후자는 우리 역사를 무책임하게 만든다. 특히 패전은 선조의 잘못 때문이니 당파싸움 때문이니 하는 총체적 책임론은 마치 뉴라이트 역사학자들이 일본인에 아첨하고 나라를 판 친일파에게도 할 말이 있고, 오히려 일제 강점기에는 '전 국민이 친일 행위를 했다'는 주장과 별반 다를 것이 없다. 건달이 약자를 괴롭혀도 주먹이 아니라 사회가 본래 그런 것이니 만큼 정당하다는 이야기와 아무런 차이가 없다. 그런 논리라면 이광수의 『민족개조론』을 어찌 욕할 수 있을까?

이광수는 동아일보에 〈소설 이순신〉을 연재하였고, 거기에는 언제나 야만적이고 미개한 조선왕조 체제의 모순에 대한 비아냥과 멸망의 당위성이 들어있다. 너무나 소중한 영웅(이순신)이 제대로 인정받지 못하는 비극이 이미 조선사회에 내재한다는 논리, 일본이 그런 조선왕조 체제를 근본적으로 바꾸는 이순신과 같은 존재라는 점을 전파하는 묘한 식민주의가 내재하고 있었다.

원균에 대한 긴 이야기를 이어오면서 원균이 이처럼 곡해를 받고 인격적 폄훼를 당한 단 하나의 이유를 확인하게 된다. 그것은 소통의 부재였다. 따라서 칠천량 전투의 실패 책임은 원균만의 책임이 아니며, 그렇다고 비변사 대신만의 책임도 아니었다. 단언하건데, 패전은 선조의 책임도 아니며, 도원수만의 책임도 아니며, 원균의 책임도 아니며, 비변사 대신들만의 책임도 아니었다. 즉, 조선사회가 복마전이라서 모든 책임이 있는 것도 아니었다. 좀 더 세련되게 각 주체들이 우리 역사가 만들어 온 과학적 전통에 대한 존경심을 가지고 현장 수군의 요구와 국가적 요구를 잘 접합하여 가진 역량을 최고도로 이끌어내지 못한 데 있었다.

지루한 전란 속에서 혹시나 일방적인 명령체계가 더 효율적이라는 욕심이 소통을 막았다. 공포와 일방성이 창조적인 이해를 막으면서 우리 수군의 전략적 대응이 경직화되었다. 바꿔 말해, 원균이 인격적으로 부족해서 책임이 있는 것이 아니듯 조정은 늘 당파싸움에만 골몰하지 않았다. 선조도 최선을 다했고, 비변사도 최선을 다했으며, 이순신도 최선을 다했고, 원균도 최선을 다했다. 다만 그러한 최선을 추구하는 주체들이 제대로 소통하지 못했고, 적재적소에 분배되지 못했으며, 서로 소통되지 못한 결과, 서로의 곡해와 오해로 혹은 사대적인 망상이 조미료가 되어 칠천량의 비극을 가져온 것이었다.

좀 더 성실하게 조정(비변사)의 마음을 읽어주는 수군 장수가 있었으면, 조금만 더 선조의 고민을 위로할 관료가 있었다면, 좀 더 이순신의 번뇌를 감싸줄 임금이 있었다면, 좀 더 원균의 선행후지한 적극성을 잘 다독여줄 도원수가 있었다면 하는 것이다. 작은 역량이 모여 국가사회를 만드는 법인데, 우리는 다양한 대한민국에서 오직 하나의 대한민국만 서로에게 강요한 것은 아닐까? 원균과 이순신이 함께 하였던 수많은 승리의 기억을 떠올려보면, 오늘날 우리 젊은이들이 앞으로 살아야 할 새로운 대한민국에 대한 기대와 비전이 조금은 느껴질 것이다.

함께 노력해서 일궈낸 우리 역사상의 멋진 승리와 신분을 넘고 이해관계를 넘어 얻어낸 황홀한 우리 역사상의 자랑을 다시금 떠올려보자. 임진왜란은 결코 외로운 영웅 한 사람이 이룬 전쟁이 아니었다. 오직 자신만의 편견과 진실을 위하여 상대를 수단화하고, 역사를 수단화하는 그런 사회가 지속되는 한 원균에게 가했던 그 수많은 곡필과 날조와 폄훼는 쉬지 않고 계속될 것이다. 소통이 없는 사회는 해선 안 될 짓도 정당화되곤 한다. 원균도 작은 퍼즐로 조국의 위기를 막고자 하였고, 이순신도 좀 더 큰 퍼즐로 민족의 동란을 막아냈다. 그런데 아직도 '원균 편애론'과 '이순신 편애론'을 신주처럼 모시려는 사람들이 서로 한 치도 용인하지 않는다. 서로 편견과 애호에 기초한 과잉해석으로 원균을 인격적 폄훼의 늪에서 좀처럼 해방시키지 않고 있다. 그런 어리석은 역사 서술이 종교적 신념이 되어 있는 한 그 사회는 진정 소통이 없는 외로운 사회일 뿐이다.

　누군가의 희생이 지속되어야 누군가의 정당성이 만들어지는 사회라면 그 누가 선진국이니 민주국가니 하는 칭송을 받을 수 있겠는가? 부디 패장의 허물 이상으로 원균을 인격적으로 폄훼하거나 모독하지 않길 기대한다. 원균과 이순신은 임진왜란을 이기는데 기여한 일시의 명장들이었다. 그리고 그들이 함께 함으로써 임진왜란을 승리로 이끌었고 나라를 구했다.

찾아보기

참고문헌

원전

- 선조실록
- 선조수정실록
- 비변사등록
- 승정원일기
- 국조보감
- 증보문헌비고
- 일성록
- 십이공신회맹록
- 난중일기
- 징비록
- 기원집
- 용주선생유고
- 기재사초
- 간양록
- 고대일록
- 난중잡록
- 다산시문집
- 만기요람
- 미수기언
- 이충무공전서
- 옥담시집
- 연경재전집
- 동애선생실기
- 선묘중흥지
- 임진록
- 정충장공실기
- 이충무공기공비
- 강덕룡 행장
- 명재유고
- 문홍군철권
- 호성선무원종삼공신도감의궤
- 각종 읍지

신문

- 동아일보, 조선일보, 조선중앙일보.

단행본

이재범,《원균을 바로본다》(신우사, 1982)
이재범,《원균정론》(계명사, 1983. 1992)
이민웅,《임진왜란 해전사》(청어람미디어, 2004)
이재범,《원균을 위한 변명》(학민사, 2004)
고정욱,《원균 1,2》(도서출판 산호와 진주, 2004)
김만중,《임금노릇 못해 먹겠다》(거숭미디어, 2004)
김태훈,《이순신의 두 얼굴》(창해, 2004)
남천우,《이순신은 전사하지 않았다》(미다스북스, 2004)
군산문화원,《충원공 최호 장군》(군산문화원, 2004)
유길만,《이순신과 도요토미 히데요시》(경향미디어, 2005)
박경식,《이순신과 원균 갈등과 리더십》(행림출판사, 2005)
배상열, 비봉 출판사 역,《난중일기 외전》(비봉출판사, 2007)
최용범, 함규진 공저,《다시 쓰는 간신열전》(페이퍼로드, 2007)

장학근,《조선, 평화를 짝사랑하다 - 붓으로 칼과 맞선 500년 조선전쟁사》(플래닛미디
　　어, 2008)
도현신,《원균과 이순신》(비봉출판사, 2008)
도현신,《임진왜란, 잘못된 상식 깨부수기》(역사넷, 2008)
이재호,《조선사 3대 논쟁》(역사의 아침, 2008)
이이화,《그대는 적인가 동지인가》(김영사, 2009)
이은식,《원균 그리고 이순신》(도서출판 타오름, 2009)
백지원,《조일전쟁》(진명출판사, 2009)
제장명,《이순신 백의종군 -하늘의 뜻을 알다-》(서울 : 행복한나무, 2011)
최우열,《조선이 뒤흔든 이순신의 바다 -조선과 일본은 누구와 싸웠는가-》(채륜,
　　2012)

논문

이정일, 〈원균론〉,《역사학보》89, 역사학회, 1981.
강영철, 〈임진왜란과 원균〉,《사학연구》35, 한국사학회, 1982.
이정일, 〈임란과 원균〉,《허선도교수 화갑기념 충무공 이순신 연구논총》, 1991.
강병식, 〈임란기 이순신과 원균에 대한 소고〉,《임란수군활동연구논총》, 1993.
장학근, 〈선조의 집권계략에 나타난 이순신 · 원균의 평가〉,《임란수군활동연구논총》,
　　1993.
장학근, 〈이순신, 원균의 시대별 여론추이와 평가〉,《동서사학》5, 서울 : 한국동서사학
　　회, 1999.
이민웅, 〈정유재란기 칠천량해전의 배경과 원균 함대의 패전경위〉,《한국문화》29, 서울
　　: 서울대 한국문화연구소, 2002.
김경록, 〈임진왜란 시기 수군지휘관 이순신과 원균의 리더십 비교〉,《이순신연구논총》
　　11, 아산 : 순천향대학교 이순신연구소, 2009.
박재광, 〈임진왜란기 이순신과 권율〉,《이순신연구논총》11, 아산 : 순천향대 이순신연
　　구소, 2009.
이규필, 〈18-19C 지식계층의 충무공 현양인식〉,《이순신연구논총》14, 아산 : 순천향대
　　학교 이순신연구소, 2010.
지두환, 〈조선 임진왜란 충신 열사에 대한 현창정책〉,《사학연구》100, 서울 : 한국사학
　　회, 2010.

이호준, 〈임진왜란 초기 경상도 지역 전투와 군사 체제〉,《군사》77, 서울 : 국방부 군사
　　　편찬연구소, 2010.

김경록, 〈'간양록'으로 본 이순신과 원균에 대한 인식〉,《이순신연구논총》16, 순천향대
　　　학교 이순신연구소, 2011.

신윤호, 〈"난중잡록"에 나타난 이순신과 원균〉,《이순신연구논총》16, 순천향대학교 이
　　　순신연구소, 2011.

김성우, 〈'망우당'곽재우에 관한 불편한 진실과 임진 의병 활동에 대한 재평가〉,《한국
　　　사학보》42, 서울 : 고려사학회, 2011.

임원빈, 〈"백사집(白沙集)"에 나타난 이순신, 원균관〉,《이순신연구논총》16, 순천향대
　　　학교 이순신연구소, 2011.

장준호, 〈"징비록"의 저술배경과 이순신, 원균에 대한 서술〉,《이순신연구논총》16, 순
　　　천향대학교 이순신연구소, 2011.

장학근, 〈"선조실록"과"선조수정실록"에 나타난 시대상황과 군공평가 – 이순신과 원균
　　　을 중심으로 –〉,《이순신연구논총》16, 순천향대학교 이순신연구소, 2011.

임익순, 〈통제사 이순신(統制師 李舜臣)과 원균(元均)의 지휘,통솔(指揮, 統率)에 대
　　　한 군사사학적(軍事史學的) 비교연구(比較研究)〉, 충남대학교 대학원 군사학
　　　과, 2012.

김강식, 〈조선후기의 임진왜란 기억과 의미〉,《지역과 역사》31, 경역사연구소, 2012.

사진 및 자료출처

문화재청(상당산성, 이운룡영정)

국사편찬위원회(선조실록, 선조수정실록, 승정원일기, 융경원년정묘식년문무과방목)

규장각한국학연구원(1872지방도, 대동여지도, 동여도, 대동방여전도, 해동지도, 충무
　　　공전서, 연경재전집)

칠천량해전공원전시관

원주원씨대종회(원릉군선무공신교서, 원주원씨족보)

동아일보

경향신문

황성신문

김인호

1997년 고려대에서 박사학위를 받고 동경경제대학 객원연구원을 거쳐 현재
동의대학교 사학과 교수로 재직하고 있다. 주요 논문으로 「17세기 이후 부산 오륙도
인식의 형성과 발전」, 「중일전쟁 시기 조선에서의 폐품회수 정책」, 「태평양전쟁
시기 북방엔블록과 조선간의 경제적 연관」 등 다수이며, 저서로는 『우리가 정말
몰랐던 조선이야기』1.2(자작), 『우리가 몰랐던 고려이야기』(자작), 『21세기 눈으로
조선시대를 바라본다』(경인), 『격동의 세계사를 말한다』(학고재), 『공존과 화해를
위한 한국현대사』(국학자료원), 『근대 한국지방사의 이해』(신서원), 『사론과
사실을 함께 한 한국의 역사와 문화』(목원대 출판부), 『역사의 경계를 넘는 격정의
기억』(국학자료원), 『오늘을 위한 우리역사』(한양대 출판부)등 다수이다.

원균이야기 **칠천량의 백파**

인　　쇄　2015년 6월 1일 초판 인쇄
발　　행　2015년 6월 10일 초판 발행
글 쓴 이　김인호
발 행 인　한정희
발 행 처　경인문화사
등록번호　제10-18호(1973년 11월 8일)
주　　소　서울시 마포구 마포동 324-3 경인빌딩
대표전화　02-718-4831~2　　팩 스　02-703-9711
홈페이지　http://kyungin.mkstudy.com
이 메 일　kyunginp@chol.com

ISBN　978-89-499-1079-6　03910
값 18,000원

※ 이 책은 2014년도 동의대학교 교내연구비에 의해 연구되었음(과제번호 : 2014AA133)